lonely planet

Monténégro

ÉDITION ÉCRITE ET ACTUALISÉE PAR

Peter Dragičević
Vesna Marić

PRÉPARER SON VOYAGE

SUR LA ROUTE

GARY JOHN NORMAN/GETTY IMAGES ©

PÊCHEURS, BOUCHES DE KOTOR, P. 32

ALDO PAVAN/GETTY IMAGES ©

PLAGE DE BULJARICA, P. 76

GREG HAHN/GETTY IMAGES ©

Sommaire

KOTOR P. 45

COUP DE PROJECTEUR

Bienvenue au Monténégro

Monténégro, Crna Gora, Montagne noire : un nom évocateur d'images dramatiques et romanesques. Ce pays envoûtant ne déçoit sur aucun de ces fronts.

Petit, mais si varié

Imaginez des plages dont la beauté n'a rien à envier à celle de son fameux voisin, la Croatie, des pics déchiquetés aussi spectaculaires que ceux de la Suisse, des canyons dont la profondeur rivalise avec celle du Colorado, des palais d'une élégance toute vénitienne et des villes aussi anciennes que celles de la Grèce antique. Ajoutez un climat méditerranéen et faites entrer le tout dans un territoire à peine plus grand que l'Île-de-France : vous commencez à avoir une idée de ce à quoi ressemble le Monténégro. On peut traverser le pays en une journée ou y séjourner un mois sans en épuiser tous les charmes ! Curieusement, ce minuscule État est habité par des géants – les Monténégrins figurent sans aucun doute parmi les plus grands habitants de la planète !

Entre mer et terre

À peine 100 km de côte, mais quelle côte ! Les montagnes plongent dans des eaux cristallines, et pour ajouter au côté spectaculaire, de vieilles villes fortifiées s'accrochent aux parois en gardant les pieds dans la mer. En été, les senteurs d'herbes sauvages, de conifères et de fleurs méditerranéennes imprègnent l'atmosphère.

Loin des foules

Si les plages sont prises d'assaut par les vacanciers venus d'Europe de l'Est, le calme règne dans les montagnes escarpées du Durmitor et des Prokletije, dans la forêt primaire de Biogradska Gora ou dans les petites villes et les villages où les habitants vaquent à leurs occupations quotidiennes. À pied, à VTT ou en kayak, on s'enfonce dans des endroits méconnus et sauvages. Et dans les coins reculés du Monténégro, il y a encore des ours et des loups qui rôdent...

Un pays entre deux mondes

À la frontière de l'Orient et de l'Occident depuis la division de l'Empire romain il y a plus de 1 600 ans, le Monténégro a conservé de son passé tumultueux un riche héritage culturel : mosaïques des villas romaines de l'Antiquité, monastères orthodoxes aux fresques flamboyantes, églises catholiques richement décorées, mosquées aux élégants minarets et imposantes forteresses.
À tout cela viennent s'ajouter les vestiges d'un État communiste qui réussit durant une cinquantaine d'années à garder ses distances à la fois vis-à-vis du bloc de l'Est et des puissances occidentales. Pour qui nourrit ne serait-ce qu'un soupçon d'intérêt pour l'histoire, le Monténégro est un pays passionnant.

Pourquoi j'aime le Monténégro

Par Peter Dragičević, auteur

Je me souviens parfaitement de l'émotion intense que j'ai ressentie lorsque j'ai découvert l'extraordinaire beauté des bouches de Kotor – une sensation qui m'envahit chaque fois que j'y retourne. Si tout le Monténégro devait s'incarner en une scène, ce serait le moment de la promenade lors des longues soirées d'été, ce moment où partout dans le pays, dans les grandes villes comme dans les petits villages, jeunes et vieux sacrifient à ce rituel social et se retrouvent dans la rue pour déambuler paisiblement. Je m'assois quelque part avec un verre de vin et une assiette de calamars grillés, et je contemple ce spectacle envoûtant. Le paradis !

Pour en savoir plus sur l'auteur, voir p. 192

Bouches de Kotor (p. 32)

Monténégro

0
50 km
Parc national du Durmitor
Lacs glaciaires reflétant l'image de montagnes majestueuses (p. 114)
La Tara
Rafting dans un canyon de 1 000 m de haut (p. 115)
Monastère de la Morača
Un voyage au XIIIe siècle (p. 111)
Parc national de Biogradska Gora
Forêt vierge (p. 113)
Perast
Atmosphère romantique et féerie baroque (p. 42)
BOSNIE-HERZÉGOVINE
SERBIE
KOSOVO
CROATIE
Priboj
Foča
Boljanići
Nova Varoš
Prijepolje
Šćepan Polje
Cehotina
Pljevlja
Rance
Novesinje
Ohac
Parc national du Durmitor
Canyon de la Tara
Piva
Trsa
Gacko
Bobotov Kuk (2 523 m)
Žabljak
Kosanica
Dobrakovo
Plužine
Goransko
Boričje
Njegovuda
Stolac
Rudnice
Treskavac (2 093 m)
Savin Kuk (2 313 m)
Miloševići
Tara
Bijelo Polje
Dobrilovina
Ravna Rijeka
Zlostup
Goslic
Bajovo Polje
Komarnica
Bukovica
Bistrica
Kruščica
Brzava
Timar
Šavnik
Mojkovac
Štitarička Rijeka
Krstača (1 755 m)
Poda
Mokro
Krnja Jela
Kraljevo Kolo
Dračenovac
Bileća
Ravna Vlaka (1 721 m)
Presjeka
Jasenovo Polje
Sjerogošte
Parc national de Biogradska Gora
Bac
Gvozd
Redice
Kalače
Vir
Kapa Moračka (2 227 m)
Crna Glava (2 137 m)
Rožaje
Lac Krupac
Nikšić
Raško
Kolašin
Kuside
Rubeža
Podbožur
Mateševo
Kulina
Vilusi
Lac Slano
Trebinje
Monastère de la Morača
Lastva
Međurječje
Osječenica
Andrijevica
Pusti Lisac (1 475 m)
Monastère d'Ostrog
Dubrovnik
Ivanica
Lim
Grahovo
Kucište
Murino
Peć
Izvori
Zagorak
Canyon de la Morača
Morača
Cavtat
Mt Lisac (1 586 m)
Han
Surdup (2 182 m)
Plav
Sitnica
Ledenice
Čevo
Danilovgrad
Gorica
Crkvice
Gusinje
Đeravica

Herceg Novi
Détente sur les places ensoleillées (p. 35)
Kotor
Entre les remparts, l'histoire vivante (p. 45)
Mausolée de Njegoš
Tombe avec vue (p. 92)
Budva
Une petite Dubrovnik, le calme en plus (p. 65)
Sveti Stefan
Un îlot de carte postale aux superbes plages (p. 75)
Rijeka Crnojevića
Un paisible village pour un déjeuner au bord de la rivière (p. 97)
Ulcinj
Un ardent morceau de culture albanaise (p. 84)
Stari Bar
Ruines énigmatiques à explorer (p. 83)
Parc national du lac de Skadar
Des prairies aquatiques couvertes de nénuphars (p. 97)
Monastère d'Ostrog
Sérénité et spiritualité à flanc de montagne (p. 106)
MER ADRIATIQUE
ALBANIE
ALTITUDE
2000 m
1500 m
1000 m
750 m
500 m
250 m
0
Debeli Brijeg
Herceg Novi
Morinj
Perast
Zelenika
Prčanj
Ljuta
Resna
Rose
Tivat
Kotor
Kobila
Radovići
Mirišta
Mausolée de Njegoš
Lovćen (1749 m)
Cetinje
Parc national du Lovćen
Rijeka Crnojevića
Budva
Pržno
Sveti Stefan
Rijeka Reževići
Petrovac
Sutomore
Brca
Bar
Stari Bar
Tuđemili
Godinje
Virpazar
Vranjina
Rvaši
Riječani
Gorica
PODGORICA
Zeta
Tuzi
Golubovci
Plavnica
Parc national du lac de Skadar
Lac de Skadar
Murići
Bobovište
Ckla
Pečurice
Krute
Vladimir
Kruće
Ulcinj
Štoj
Ada Bojana
Hani i Hotit
Ljašaj
Zagora
Kopljik
Shkodra
Muricani
Lac Koman
Puka
Cijevna
des Prokletije
Mt Kolac (2 534 m)
Mj Škeljzen (2 407 m)
Dragobija
Tropoja
Bajram Curri
Drin
Fierza
Lac Fierza
Lezha
Rresheni
Miloti
Laci
Burrel
Klosi
Bulqiza

16 façons de voir le Monténégro

1

Sveti Stefan

1 Petit village fortifié construit sur un îlot, Sveti Stefan (p. 75) est une pure merveille. Un coin de paradis méditerranéen où lauriers-roses, pins et oliviers émergent entre les toits de tuiles des maisons de pierre rose. Il faudra vous contenter de cette image de carte postale car l'accès à l'île est réservé aux clients du luxueux complexe hôtelier qui en est le propriétaire. Installez-vous sur la plage ou partez pour une petite balade à travers bois jusqu'à Pržno, et sortez votre appareil : difficile de rater la photo.

Mausolée de Njegoš

2 Au sommet de la Montagne noire (le mont Lovćen) se dresse un tombeau, gardé par deux géants de granit. Et dans ce tombeau, sous une voûte d'or, entre les ailes d'un aigle immense, repose un grand homme. Ce lieu de légende est la dernière demeure d'un héros bien réel du XIXᵉ siècle, le *vladika* (prince-évêque) Pierre II Petrović Njegoš. Le monument (p. 92), sobre mais émouvant, et les statues colossales parviennent à peine à distraire le visiteur de la vue impressionnante sur les paysages du Monténégro historique.

GREG HAHN / GETTY IMAGES ©

PAUL BRIRS / GETTY IMAGES ©

Kotor

3 Comme surgie des entrailles de la montagne, la petite cité offre un voyage dans le passé, au temps où les villes cachaient derrière leurs remparts un lacis de ruelles ombragées et des églises à chaque coin de rue. Moins parfaite sans doute que celle de Dubrovnik, moins étincelante que celle de Budva, la vieille ville de Kotor (p. 45) se révèle néanmoins beaucoup plus accueillante et tellement spectaculaire.

Monastère d'Ostrog

4 Aucune photo ne saura jamais rendre justice à l'extraordinaire monastère d'Ostrog (p. 106). Comment en effet capturer toute la hauteur de la paroi dans laquelle il s'encastre sans réduire l'édifice à un petit point blanc lumineux ? Croyant ou non, personne ne reste indifférent devant ce sanctuaire vénéré de tous les chrétiens orthodoxes. L'ensemble comprend plusieurs églises de pierre, et notamment d'incroyables chapelles troglodytiques dans le monastère du haut, dont les murs sont couverts de fresques séculaires.

3

4

PAUL WHITFIELD /GETTY IMAGES ©

MARTIN CHILD / GETTY IMAGES ©

MILIVOJE MISA MARIC /ALAMY ©

Parc national de Biogradska Gora

5 Une atmosphère de grande quiétude enveloppe ce parc national (p. 113) à la nature sauvage niché dans les plis du massif de Bjelasica. Outre le ravissant lac de Biograd, bien des merveilles attendent le randonneur le long des sentiers qui parcourent l'une des dernières grandes forêts vierges d'Europe. Un morceau de territoire vert différent des paysages de montagnes rocheuses du reste du pays, qui se pare de ses plus belles couleurs lorsque vient l'automne.

Lac de Biograd (p. 113)

Perast

6 Tapi au fond des bouches de Kotor, face à l'étroit passage donnant accès à la baie méridionale, Perast (p. 42) est un village romantique composé presque uniquement d'élégants palais et d'églises baroques. Un bateau permet de rejoindre Gospa od Škrpjela (Notre-Dame-du-Récif), l'un des deux îlots posés à quelques encablures, où s'élève une église coiffée d'une coupole bleu ciel et emplie d'ex-voto offerts par des marins reconnaissants.

Monastère de la Morača

7 On comprend que les bâtisseurs du Moyen Âge aient choisi pour construire un monastère le cadre du canyon de la Morača (p. 111), propice à l'élévation des âmes. Les grands maîtres de l'art orthodoxe ont rivalisé avec la beauté des lieux pour un résultat sublime, pratiquement inchangé depuis le XIIIe siècle, à l'exception des fresques aux couleurs un peu passées. Le sifflement des voitures qui filent sur la nationale en surplomb ne vient guère troubler la sérénité des lieux. De quoi rêver d'une vie monacale à s'occuper des ruches.

8

GAVIN HELLIER / GETTY IMAGES ©

9

PAUL WHITFIELD / GETTY IMAGES ©

Stari Grad (vieille ville) de Budva

8 Émergeant de l'Adriatique telle une petite Dubrovnik, la vieille ville fortifiée de Budva (p. 66) est ravissante. Plus tranquille que sa grande sœur croate, elle dégage une ambiance romantique et une joie de vivre toute méditerranéenne. Après avoir visité le labyrinthe de ruelles pavées, les églises minuscules et les charmantes galeries, après avoir bu un verre en terrasse et mangé un morceau de pizza, grimpez à la citadelle pour contempler la mer, puis redescendez à la plage : il y en a une de chaque côté.

Rafting sur la Tara

9 Des parois hautes de 1 300 m et couvertes d'arbres enserrent le superbe canyon de la Tara. C'est lorsque l'on est sur l'eau, au fond des gorges, que la vue est la plus saisissante – cela explique en partie que le rafting (p. 115) soit l'une des activités touristiques les plus prisées du pays. La descente comporte quelques rapides, mais en dehors du printemps (avril-mai), la sortie demeure assez paisible – on glisse sur des eaux cristallines à travers un paysage intact.

Parc national du Durmitor

10 On les appelle *gorske oči* (les "yeux de la montagne"). Dans ces 18 lacs glaciaires se mirent les superbes pics gris du massif du Durmitor. Le plus grand et le plus spectaculaire, le lac Noir (p. 115), doit son aspect d'encre aux pins noirs qui l'entourent et à l'ombre géante projetée par le pic de l'Ours (Međed). Au-delà du lac Noir, aisément accessible, et de la jolie balade qui permet d'en faire le tour, les chemins de randonnée du parc vous emmèneront plus haut, plus loin, vers d'autres "yeux". Le lac Noir

Ulcinj

11 L'ambiance est unique à Ulcinj (p. 84), la ville la plus méridionale du Monténégro, particulièrement les soirs d'été, lorsque le front de mer vibre au son de la pop orientale et ondule dans le va-et-vient des vacanciers. En levant les yeux, on observe une ville où les minarets côtoient une gigantesque sculpture socialiste, le tout dominé par les remparts imposants de la vieille ville. Plus loin sur la côte, les criques rocheuses cèdent la place à la belle étendue de sable de la Velika Plaža (Grande Plage) et à l'île d'Ada Bojana, paradis des naturistes. Mala Plaža (Petite Plage, p. 84)

WALTER BIBIKOW/ GETTY IMAGES ©

12

O-CHE / GETTY IMAGES ©

13

14

Parc national du lac de Skadar

12 À cheval entre le Monténégro et l'Albanie, le plus grand lac des Balkans (p. 97) est une fantastique réserve d'oiseaux migrateurs. Côté monténégrin, un parc national englobe des îles-monastères, de vieux villages de pierre réputés pour leurs vins, et les méandres de la Crnojević. Dégringolant de la montagne, la rivière serpente entre les nénuphars pour rejoindre le lac au pied de collines jumelles.

Stari Bar

13 La ville moderne et industrielle de Bar présente peu d'attraits pour les visiteurs, mais il suffit de parcourir quelques kilomètres dans les terres pour découvrir un petit bijou : la ville antique de Stari Bar (p. 83). Nimbées de mystère, ses ruines se dressent au sommet d'une colline au milieu d'oliviers millénaires. Fondée il y a quelque 2 800 ans, elle fut bombardée en 1878.

Herceg Novi

14 C'est dans la vieille ville, coincée entre le front de mer animé et la route très passante, que se cache l'âme de Herceg Novi (p. 35). Une profusion d'églises catholiques et orthodoxes, des terrasses de café sur des places ensoleillées et d'imposantes forteresses à la silhouette menaçante : commandez un verre de vin et délassez-vous. Les plages de la ville ne sont pas exceptionnelles, mais il suffit d'un saut en bateau pour rejoindre certaines des plus agréables du pays.

Rijeka Crnojevića

15 Lieu de prédilection de la dynastie des Petrović-Njegoš, ce petit village (p. 97) posé sur les rives de la Crnojević renferme de modestes maisons de pierre qui étaient jadis des demeures royales. Un joli pont de pierre enjambe la rivière et une promenade de marbre, d'où partent les bateaux et les kayaks à destination du lac de Skadar, la borde. Dans cette atmosphère paisible s'est installé l'un des meilleurs restaurants de poisson du Monténégro.

La route de Kotor au Lovćen

16 La simple joie de rouler en voiture en se laissant griser par la beauté des paysages est l'un des temps forts de la découverte du Monténégro. La Serpentine, qui zigzague entre Kotor et Cetinje (p. 48), figure parmi les routes les plus spectaculaires du pays, avec ses vues sur les bouches de Kotor et l'Adriatique en contrebas. Certes il faut avoir le cœur bien accroché, car la voie est étroite et le précipice vertigineux, mais la vue sur les montagnes gris lavande et les eaux turquoise est inoubliable.

15

16

L'essentiel

Pour plus d'informations, consultez la partie Monténégro pratique (p. 161)

Devise

Euro (€)

Langue

Monténégrin (langue slave très similaire au bosnien, au croate et au serbe)

Visas

Pour un séjour inférieur à 3 mois, pas de visa requis pour les ressortissants de l'Union européenne, de la Suisse et du Canada.

Argent

Vous trouverez des DAB un peu partout. Les cartes de crédit sont acceptées dans les grands hôtels, mais moins couramment ailleurs.

Téléphone portable

Les cartes SIM monténégrines s'utilisent sans problème dans la plupart des téléphones débloqués. Les tarifs sont élevés.

Heure locale

GMT + 1 heure (comme en France)

Quand partir

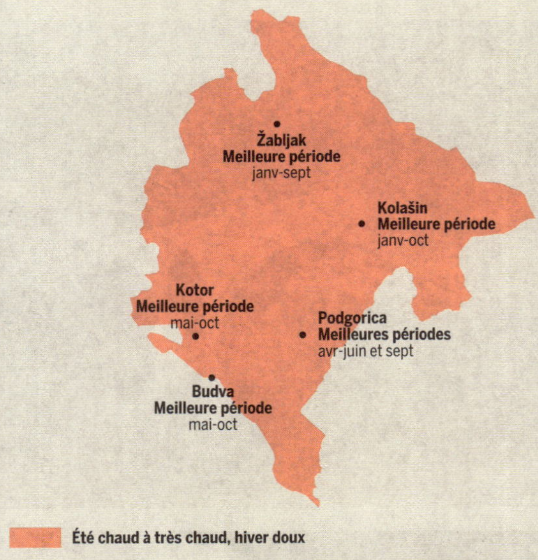

Haute saison (juil-août)

- La période la plus chaude, la plus sèche, la plus fréquentée et la plus chère.
- Réservez vos hébergements bien à l'avance ; certains établissements exigent un séjour minimum de trois nuits.

Moyenne saison (mai-juin et sept-oct)

- La meilleure époque, avec un bon ensoleillement et une eau à plus de 20°C en moyenne.
- Certains bars et restaurants de plage sont fermés, et les activités sont parfois plus difficiles à organiser qu'en haute saison.

Basse saison (déc-mars)

- C'est la saison du ski. À Kolašin et Žabljak, les prix s'envolent.
- Sur la côte, de nombreux hôtels, restaurants et bars ferment leurs portes, et les tarifs baissent.

Sites Internet

Office du tourisme du Monténégro (www.montenegro.travel). Très riche en informations, photos et ressources à télécharger.

Parcs nationaux du Monténégro (www.nparkovi.me). Couvre les cinq parcs nationaux. Informations sur les activités et les tarifs.

La culture au Monténégro (www.amb-montenegro.fr). L'ambassade du Monténégro en France propose des pages consacrées à la culture du pays passionnantes... et en français.

Le courrier des Balkans (http://balkans.courriers.info). Ce site d'information en français couvre l'actualité du Monténégro et propose aussi des dossiers de fond.

Destination Montenegro (www.destination-montenegro.com ; en anglais). Des pages intéressantes concernant la cuisine monténégrine et le *gusle*.

Lonely Planet (www.lonelyplanet.fr). Informations sur le pays, réservation d'hôtel, forum de voyageurs, etc.

Numéros utiles

Code d'accès international	✆ 00
Indicatif pays	✆ 382
Police	✆ 122
Ambulance	✆ 124
Assistance routière	✆ 9807

Taux de change

Suisse	100 FS	0,82 €
Canada	1 $C	0,77 €
Croatie	1 KN	0,13 €
Serbie	100 DIN	0,88 €

Pour connaître les derniers taux de change, connectez-vous au site www.xe.com

Budget quotidien

Moins de 80 €

- Lit en dortoir ou chambre chez un particulier : 10-15 € par personne
- Part de pizza : 2 €

80-180 €

- Chambre simple avec sdb dans un hôtel de catégorie moyenne : 25-80 € ; chambre double : 40-100 €
- Location d'un appartement : 50-150 €
- Repas dans un restaurant traditionnel : 10-30 €

Plus de 180 €

- Chambre simple dans un hôtel haut de gamme : 80-360 € ; chambre double 100-500 €
- Repas gastronomique : 30-50 €

Heures d'ouverture

Flexibles... Ne soyez pas surpris si les horaires affichés ne sont pas respectés. De nombreux établissements et prestataires travaillant essentiellement avec les visiteurs étrangers ferment entre novembre et mars.

Poste 7h-20h du lundi au vendredi, et parfois le samedi. Dans certaines petites localités, le bureau n'est ouvert que jusqu'en milieu d'après-midi, ou fermé entre 12h et 17h.

Banques 8h-17h du lundi au vendredi, 8h-12h samedi

Magasins 9h-20h. Ferment parfois quelques heures dans l'après-midi.

Restaurants, cafés et bars 8h-minuit

Arriver au Monténégro

Aéroport de Podgorica (p. 170). Course en taxi jusqu'au centre de Podgorica (9 km) : 15 €. Pas de bus.

Aéroport de Tivat (p. 170). Entre 5 et 7 € pour rallier Tivat (3 km) en taxi, 10 € pour Kotor et 25 € pour Budva. Pas de bus.

Aéroport de Dubrovnik (Croatie ; p. 171). Pas de bus direct pour le Monténégro, mais les horaires des bus en direction de la gare routière de Dubrovnik (35 Kn, 24 km, dans la direction opposée au Monténégro) sont calculés en fonction des arrivées. De Dubrovnik, deux bus par jour desservent Herceg Novi (10 €) et Kotor (14 €), dont un poursuit jusqu'à Podgorica (19 €). En général, les agences de voyages et les hôtels d'Herceg Novi proposent un service de transfert pour 40 €.

Comment circuler

Bus Des bus bon marché, fiables et confortables desservent les principales localités.

Voiture La plupart des sites sont accessibles en bus, mais la voiture vous permettra d'explorer en toute liberté les jolies petites routes du pays. Conducteurs débutants ou craintifs, attention : certaines routes sont très étroites et impressionnantes.

Train Moyen de transport bon marché, mais le réseau est limité et le matériel ancien (attention à la chaleur dans les voitures !). La ligne principale dessert Bar, Virpazar, Podgorica, Kolašin, Mojkovac et Bijelo Polje. Une seconde ligne relie Podgorica à Danilovgrad et Nikšić.

Pour plus de renseignements sur les transports, voir p. 170.

Quoi de neuf ?

Auberges de jeunesse

Les auberges de jeunesse ont fait leur apparition au Monténégro, principalement à Kotor et à Budva. Notre préférée est l'Old Town Hostel (p. 49).

Parc national des Prokletije

Né en 2009, le dernier parc national du Monténégro protège les montagnes qui marquent la frontière avec l'Albanie et le Kosovo. Espérons qu'une infrastructure discrète sera mise en place pour l'accueil des visiteurs (p. 123).

Cuisine du monde

La cuisine épicée est enfin arrivée à Podgorica avec l'ouverture du premier restaurant indien du pays (Mantra, p. 105), tandis qu'à Tivat, on peut désormais manger japonais (Mitsu, p. 55).

Galerie Miodrag Dado Đurić

En 2010, la mort de l'artiste le plus apprécié du Monténégro a porté un coup à la communauté artistique du pays, mais l'ouverture de cette galerie en son honneur est pleine de promesses d'avenir (p. 93).

Green Boats

Un regroupement de propriétaires de petits bateaux qui facilite la vie des voyageurs souhaitant circuler sur le lac de Skadar : les prix sont fixes et les horaires de départs coordonnées (p. 98).

Office du tourisme de Virpazar

Ce bureau récent propose une documentation sur le parc national du lac de Skadar et les domaines viticoles de la région. Les voyageurs indépendants peuvent ainsi accéder à l'un et aux autres beaucoup plus facilement (p. 99).

Porto Montenegro

Une prestigieuse marina dotée d'un musée naval, d'un élégant club de plage, d'un spa, de restaurants, de bars et, bientôt, d'un Regent Hotel a complètement transformé Tivat (p. 52).

Nouveaux hôtels dans le Nord-Ouest

Jusque récemment, l'offre hôtelière de Žabljak était à peine satisfaisante et celle de Nikšić, vraiment médiocre. Le Newcomers Hotel Soa (p. 119) et l'Hotel Marshal (p. 107) font souffler un vent nouveau sur ces deux villes.

Refuge de montagne de Za Vratlom

Entièrement rénové, tout comme son site Internet, ce refuge de montagne est désormais le plus confortable, le plus écologique et le plus facile d'accès du Monténégro (p. 40).

Kitesurf

Le kitesurf se pratique depuis des années à Velika Plaža, mais d'excellents clubs proposent désormais leurs services aux amateurs de frissons, à Velika Plaža et Ada Bojana, non loin (p. 88).

Front de mer de Dobrota

Après cinq années de travaux, les nids-de-poule sont bouchés, la plage publique est nettoyée, une promenade est installée et quantité de palais délabrés sont restaurés (p. 44).

Envie de...

Villes historiques

Kotor Figée dans le temps derrière ses murs, Kotor est une ville bien vivante malgré ses airs de décor de cinéma (p. 45).

Perast Dans la plus jolie ville du Monténégro, les édifices baroques bordent l'eau (p. 42).

Vieille ville de Budva Telle une mini-Dubrovnik, la vieille ville fortifiée de Budva s'avance sur l'Adriatique (p. 66).

Vieille ville d'Ulcinj Dominant la plage, les remparts d'Ulcinj enserrent un labyrinthe de ruelles pavées (p. 85).

Vieille ville de Herceg Novi Il n'a plus tous ses murs, mais le cœur aux rues de marbre de Herceg Novi compte nombre de places ensoleillées (p. 35).

Cetinje L'ancienne capitale royale est parée d'édifices du XIXe siècle et d'églises (p. 93).

Plages

Kraljičina Plaža Près de Čanj, une jolie bande de sable rose accessible en bateau (p. 80).

Drobni Pijesak Dissimulée en contrebas de la route côtière, cette crique isolée a pour décor des collines verdoyantes et une eau turquoise (p. 79).

Žanjic et Mirišta Deux plages nichées au pied d'un promontoire isolé près de la pointe de la péninsule de Luštica (p. 57).

Lučice Bordé de cyprès et de lauriers-roses, avec, au large, de pittoresques îlots surmontés d'églises, Lučice est un rêve méditerranéen (p. 76).

Sveti Stefan La vue sur l'île depuis le sable rosé est sublime ; la plage de Miločer voisine est encore mieux, mais son tarif est exorbitant (p. 75).

Vues splendides

Mausolée de Njegoš Perché sur l'un des pics de la Montagne Noire, ce tombeau domine un paysage époustouflant (p. 92).

Route Kotor-Lovćen Grand angle sur la baie de Kotor alors que vous négociez les virages de l'ancienne route autrichienne en direction de Lovćen (p. 48).

Sveti Stefan Arrêtez-vous dans les baies le long de la route nationale pour une vue fantastique sur l'île forteresse transformée en luxueux complexe touristique (p. 75).

Remparts de Kotor Un panorama sublime récompense l'épuisante ascension des 1 350 marches de la muraille de Kotor (p. 48).

Route Kolašin-Andrijevica De cette petite route de montagne la vue est magique sur les massifs du Komovi et des Prokletije ainsi que sur la vallée du Lim (p. 111).

Randonnées

Parc national du Durmitor Pour une balade autour du lac Noir ou l'ascension difficile du Bobotov Kuk (p. 117).

Massif de Bjelasica Les sentiers de ce massif moins escarpé que d'autres montagnes du Monténégro traversent la forêt intacte du parc national de Biogradska Gora (p. 113).

Massif de l'Orjen On doit au club de randonnée local les sentiers bien balisés et les excellents refuges de cette montagne escarpée (p. 39).

Parc national de Prokletije Une nature sauvage dont profitent les randonneurs expérimentés (p. 123).

ENVIE DE... VIN

Rarement servis dans les restaurants du pays, les vins monténégrins méritent une dégustation chez Mon Ami (p. 50), une cave de Kotor.

Parc national du Lovćen Des sentiers de randonnée sillonnent la montagne du Vieux Monténégro (p. 92).

Cuisine locale

Njeguši Ce village, qui produit les meilleurs *pršut* (jambon cru) et fromages du pays, est synonyme de cuisine monténégrine traditionnelle (p. 92).

Konoba Ćatovića Mlini Tapi dans un pli de la baie de Kotor, ce charmant restaurant familial fait honneur à la cuisine de la côte adriatique (p. 41).

Kolašin Les restaurants traditionnels de Kolašin servent une excellente cuisine de montagne monténégrine (p. 112).

Architecture et art religieux

Monastère d'Ostrog Visible à des kilomètres, ce monastère d'un blanc étincelant acccroché à la montagne est le site orthodoxe majeur du Monténégro (p. 106).

Monastère de la Morača Le plus beau monastère du pays renferme de jolies fresques et icônes (p. 111).

Cathédrale Saint-Tryphon Représentative de l'art roman, la cathédrale de Kotor a conservé quelques beaux trésors religieux (p. 45).

Mosquée Hussein Pasha Avec son minaret vertigineux, ses bulbes élégants et ses fresques délicates, c'est la plus belle mosquée du Monténégro, à l'intérieur comme à l'extérieur (p. 120).

Gospa od Škrpjela La magnifique église catholique au dôme bleu, sur l'îlot de Notre-Dame-des-Rochers, est pleine d'ex-voto argentés (p. 42).

SUETONE EMILIO / CORBIS ©

WALTER BIBIKOW / GETTY IMAGES ©

(Ci-dessus en haut) Un marché à Kotor (p. 45)

(Ci-dessus en bas) Icônes religieuses au monastère de Cetinje (p. 95)

Mois par mois

LE TOP 5

Carnaval, février et avril

Adventure Race Montenegro, septembre

Fašinada, juillet

Kotor Art, juillet-août

Nuit de Petrovac, août

Janvier

Le Nouvel An est rapidement suivi du Noël orthodoxe, le 7 janvier. La saison du ski démarre, avec des tarifs élevés, à Kolašin et Žabljak ; partout ailleurs, c'est la basse saison.

Février

La saison du ski bat son plein dans le Nord. Malgré des températures fraîches dans la baie de Kotor (en moyenne autour de 12°C), les habitants ne se privent pas pour faire la fête.

Fête du mimosa

Herceg Novi a une longueur d'avance sur le printemps avec cette fête née à la fin des années 1960. Au programme : concerts, rencontres sportives, majorettes et beaucoup de mimosa.

Carnaval

Kotor et Tivat, villes autrefois à majorité catholique, fêtent encore le début du carême. Bals masqués de style vénitien (pour adultes et enfants), concerts, représentations théâtrales et défilés.

Mars

La saison du ski se poursuit au nord, mais ailleurs, le printemps arrive avec des températures supérieures à 10°C à Podgorica et autour de 15°C sur la côte.

Fête du camélia

Après le mimosa, c'est au tour du camélia d'avoir son moment de gloire, à Kotor et Stoliv mi-mars.

Avril

On peut encore skier au début du mois mais, avec la fonte des neiges qui alimente la Tara, c'est celle du rafting qui prend le relais.

Carnaval de Budva

Avec l'arrivée des beaux jours, Budva se met à l'heure vénitienne fin avril, avec des défilés, de la musique folklorique, des concerts et des DJ.

Mai

Avec une vingtaine de degrés en moyenne partout, sauf en montagne, la fin du printemps est idéale pour visiter le Monténégro. C'est le meilleur moment pour le rafting ; les tarifs des hébergements restent raisonnables.

Championnat de water-polo

Les meilleures équipes du Monténégro (Herceg Novi, Kotor et Budva) s'affrontent lors de la saison de l'un des sports les plus populaires du pays. La finale a lieu en mai ou en juin.

Juin

La chaleur arrive, et les prix des hébergements sur la côte augmentent, sans atteindre encore des sommets. Les établissements touristiques rouvrent, notamment les bars et restaurants de plage.

Ville théâtre

À partir de mi-juin, le théâtre envahit Budva pendant six semaines. Les représentations se déroulent dans des lieux spectaculaires, comme la Citadela et devant les murs de la vieille ville.

Juillet

Les températures grimpent, les clubs de plage reprennent vie, les touristes envahissent les plages… et les prix s'envolent. Le temps est parfait pour la randonnée en montagne.

Kotor Art

En juillet-août, le festival de Kotor regroupe plusieurs manifestations, dont les Journées musicales de Don Branko (musique classique) et le Festival international de *klapa* (chants a capella de Dalmatie), à Perast. Début juillet, le festival du théâtre pour enfants (p. 49) accueille des compagnies internationales.

Purgatorije

Le Festival international de théâtre méditerranéen attire jusqu'en septembre des compagnies théâtrales qui se produisent sur la scène estivale de Tivat.

Fašinada

Le 22 juillet, au cours d'une manifestation vieille de plusieurs siècles, les hommes de Perast conduisent des barques chargées de pierres jusqu'à Gospa od Škrpjela, l'île artificielle créée par leurs ancêtres. Désormais, une régate de Perast à Tivat se déroule simultanément.

Août

C'est le mois le plus sec et le plus chaud, des incendies de forêt se produisent parfois. La fête continue sur la côte et le lac de Skadar est juste à point, mais à Podgorica, la chaleur est insoutenable.

Festival de la Zeta

La paisible Danilovgrad s'éveille à la fin du mois pour ce festival de trois jours. Sont organisés des compétitions liées à la rivière (pêche, courses de radeaux et de kayaks), un concours de beauté et une fête de la cuisine bio.

Nuit de Petrovac

Pendant deux nuits – les derniers vendredi et samedi du mois – cette ville balnéaire propose défilés de majorettes et spectacles, ainsi que du poisson frais, de la bière et du vin gratuits.

Septembre

Les températures redescendent à une vingtaine de degrés et la saison prend fin. Les prix baissent et certains établissements de plage ferment, malgré un temps toujours agréable. Une excellente période pour visiter le pays !

Adventure Race Montenegro

Fin septembre ou début octobre, cet événement multidisciplinaire (trek, kayak et VTT) réunit deux épreuves : le Coastal Challenge d'une journée dans la baie de Kotor, et l'éprouvant Expedition Challenge sur deux jours dans les montagnes du Nord (p. 116).

Octobre

Sur la côte, l'eau reste à une vingtaine de degrés mais il pleut de plus en plus. La saison du rafting prend fin. Les couleurs de l'automne enflamment le parc national de Biogradska Gora.

Novembre

Couvrez-vous et emportez un imperméable. C'est le mois le plus pluvieux et les températures descendent à une dizaine de degrés, avec des moyennes négatives en montagne.

Journées culturelles

Expositions artistiques, pièces de théâtre et concerts tentent de faire sortir les habitants de Tivat malgré la fraîcheur de la fin d'automne.

Décembre

Les précipitations sont importantes. Sur la côte, certains établissements restent fermés. Vers la fin du mois, il est parfois possible de skier.

Festival du vin et de l'ablette

Chassez l'humeur maussade de l'hiver en allant à Virpazar déguster les deux spécialités de la ville : le vin de production locale et l'ablette, le poisson du lac.

Itinéraires

5 JOURS L'essentiel du Monténégro

Un itinéraire de 425 km passant par les sites les plus emblématiques du Monténégro, à effectuer en voiture. La traversée de ce petit pays offre un aperçu des montagnes et permet de faire une journée de rafting – activité praticable entre avril et octobre.

Démarrez à **Herceg Novi** (p. 35) et suivez le littoral jusqu'à **Kotor** (p. 45), en vous arrêtant au moins une heure à **Perast** (p. 42). On ne compte plus les vieilles églises et les places pavées de marbre dans ces trois villes anciennes qui bordent la baie. Le lendemain matin, lancez-vous sur la route époustouflante qui traverse le parc national du Lovćen pour rejoindre l'ancienne capitale, **Cetinje** (p. 93), et arrêtez-vous en chemin au **mausolée de Njegoš** (p. 92). Poursuivez vers le nord par le canyon de la Piva et installez-vous pour la nuit dans l'un des camps de rafting proches de **Šćepan Polje** (p. 116).

Consacrez la matinée du jour suivant à une descente de la rivière, puis reprenez la route jusqu'au **monastère d'Ostrog** (p. 106). Poursuivez jusqu'à **Podgorica** (p. 101) et fêtez vos prouesses dans les bars de la capitale. Le quatrième jour, rejoignez **Virpazar** (p. 97) et embarquez pour une croisière sur le lac de Skadar. Descendez jusqu'à **Sveti Stefan** (p. 75), posez votre sac dans une chambre avec vue sur l'île et filez à la plage. Pour votre dernière journée, explorez la vieille ville de **Budva** (p. 66) et prenez du bon temps sur le sable !

2 SEMAINES

Monténégro : l'intégrale

Cet itinéraire de 770 km couvre la plupart des grands sites du Monténégro. Nous ne sommes pas trop directifs quant aux étapes, et le programme laisse le loisir de vous attarder un jour ou deux dans les endroits qui vous plaisent.

Installez-vous à **Herceg Novi** (p. 35) et faites une sortie en bateau ou en kayak pour découvrir Rose, l'île de Mamula, la grotte Bleue et les plages de la péninsule de Luštica. En route pour **Perast** (p. 42), arrêtez-vous à Morinj et Risan et ne manquez pas l'excursion jusqu'à l'île de Gospa od Škrpjela. Poursuivez jusqu'à la ville fortifiée de **Kotor** (p. 45), d'où vous pourrez rayonner vers Dobrota, Prčanj et Stoliv. Traversez ensuite le parc national du Lovćen pour rejoindre **Cetinje** (p. 93). La route de **Šćepan Polje** (p. 116), haut-lieu du rafting, passe par le **monastère d'Ostrog** (p. 106). Prenez la route panoramique qui part à l'est de Plužine et traverse le parc national du Durmitor, jusqu'à **Žabljak** (p. 115). Prévoyez un peu de temps dans le parc – le tour du lac Noir à pied s'impose.

Empruntez la route qui longe la Tara jusqu'au monastère de Dobrilovina et poursuivez par le **parc national de Biogradska Gora** (p. 113) – vous pouvez passer la nuit dans un bungalow ou bien dormir dans l'un des hôtels haut de gamme de **Kolašin** (p. 111). En chemin vers **Podgorica** (p. 101), faites une halte au monastère de la Morača. Après une journée à flâner dans la capitale, gagnez **Virpazar** (p. 97) et partez en croisière sur le lac de Skadar. Prenez ensuite la direction de Murići, contournez le mont Rumija et suivez la route qui s'écarte de la frontière albanaise et pique vers la localité côtière d'**Ulcinj** (p. 84). Étape impérative sur la plage de Velika Plaža avant de poursuivre le long de la côte. Explorez les ruines du village de **Stari Bar** (p. 83), avant de gagner la station balnéaire familiale de **Petrovac** (p. 76). Continuez le long de la côte, en faisant des haltes sur les plages de **Sveti Stefan** (p. 75) et **Pržno** (p. 74), pour conclure votre voyage dans la vieille ville fortifiée de **Budva** (p. 66) et sur sa promenade en front de mer.

Si vous n'êtes pas motorisé, de Kotor, pour aller à Cetinje et Ostrog ou faire une descente en rafting, optez pour une excursion à la journée. Remplacez la route Plužine-Žabljak par un bus Nikšić-Žabljak. Pour rejoindre Kolašin depuis Žabljak, vous passerez par Pljevlja ou Podgorica. De Virpazar, prenez le train jusqu'à Bar, puis un bus pour Ulcinj.

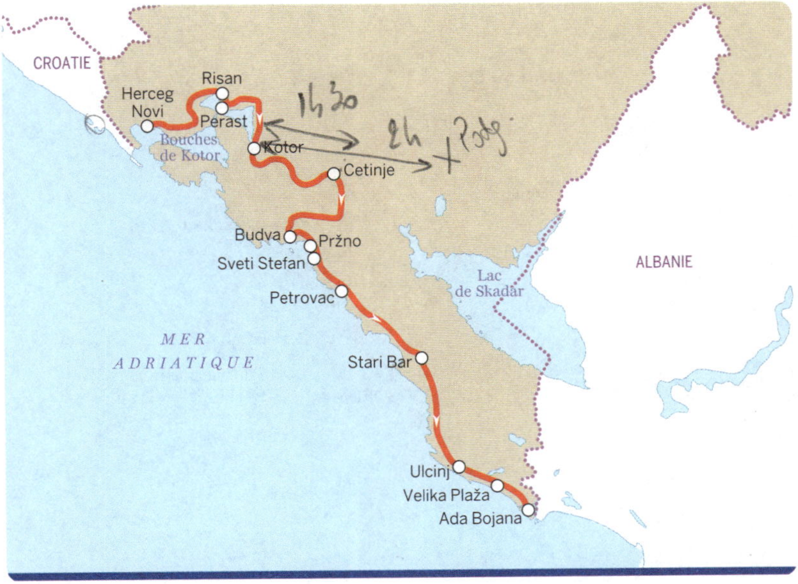

1 SEMAINE

La côte

Passez une journée à **Herceg Novi** (p. 35), avec une balade en kayak ou une sortie en bateau vers les plages de la péninsule de Luštica. Le lendemain, cheminez vers Kotor, au gré de haltes devant les mosaïques romaines de **Risan** (p. 41) et les splendeurs baroques de **Perast** (p. 42). Basé à **Kotor** (p. 45) pour la troisième journée, vous pouvez grimper en haut des fortifications, faire une randonnée sur la crête de Vrmac, explorer les villages côtiers des environs ou flâner durant des heures dans la vieille ville.

Si vous êtes en voiture, prenez la route en lacets qui monte jusqu'au parc national du Lovćen, gravissez les marches du mausolée de Njegoš et passez le reste de la journée dans les musées et les galeries de **Cetinje** (p. 93) ; puis rejoignez **Budva** (p. 65) pour la nuit. En bus, rendez-vous directement à Budva et réservez Cetinje pour un autre jour.

Pour les deux jours suivants, choisissez dans la portion de littoral (20 km) entre Budva et Petrovac un endroit où vous installer. Budva ne manque pas d'atouts, avec sa jolie ville fortifiée, sa vie nocturne animée, ses excursions faciles vers le monastère d'Ostrog et le lac de Skadar, et ses descentes en rafting sur la Tara. Sans prétention, **Petrovac** (p. 76) offre une ambiance plus familiale et de superbes plages. **Pržno** (p. 74) et **Sveti Stefan** (p. 75), les voisines, sont très bien pourvues en hébergements de qualité, en bons restaurants et en vues sur la côte.

Où que vous vous installiez, ne manquez pas la balade en sous-bois entre Sveti Stefan et Pržno. En voiture ou à vélo, vous atteindrez des baies reculées telles que Drobni Pijesak et Rijeka Reževići, ainsi que plusieurs monastères intéressants, comme ceux de Podmaine et Podostrog, dans les environs de Budva, et de Reževići et Gradište, près de Petrovac.

En poursuivant le long du littoral vers le sud-est, visitez les ruines du village de **Stari Bar** (p. 83) avant de rejoindre **Ulcinj** (p. 84). Une atmosphère particulière règne dans cette ville à la population majoritairement albanaise, où le bourdonnement des rues est presque palpable le soir. La vieille ville est intéressante et les amateurs de snorkeling se régaleront dans les criques rocheuses à l'est de la plage municipale. Non loin de là s'étire sur 12 km la belle étendue de sable de **Velika Plaža** (Grande Plage ; p. 88). De l'autre côté du Bojana, l'île naturiste d'**Ada Bojana** (p. 88) est quant à elle bordée de 3 km de plage.

1 SEMAINE

Le Nord secret

Cette boucle de 650 km combine itinéraires en voiture, visite de monastères isolés et randonnées au cœur de la nature. À effectuer hors de la période hivernale, la route Plužine-Žabljak étant fermée à cause de la neige et la saison du rafting s'arrêtant en octobre.

Consacrez la matinée à l'exploration de la capitale (et plus grande ville) du pays, **Podgorica** (p. 101), puis filez, via Danilovgrad, vers le **monastère d'Ostrog** (p. 106). La route passe ensuite par Nikšić et traverse des paysages de terres agricoles jusqu'au **monastère de la Piva** (p. 118), à l'entrée du canyon de la Piva. Elle franchit alors de multiples tunnels et rejoint la frontière bosniaque à **Šćepan Polje** (p. 116), haut lieu du rafting. Installez-vous pour la nuit dans l'un des camps des environs.

Entamez votre deuxième journée par une descente sur la Tara, puis sautez dans la voiture et remontez le canyon jusqu'à Plužine. De là, prenez la magnifique route qui traverse le parc national du Durmitor pour rejoindre **Žabljak** (p. 115). Passez le reste de la journée et le jour suivant sur les chemins de randonnée du parc.

Le quatrième jour, cap à l'est. Traversez le pont sur la Tara et gagnez **Pljevlja** (p. 119), au nord, dont vous visiterez la superbe mosquée et le joli monastère orthodoxe. Revenez sur vos pas, repassez le pont, puis longez la rivière vers le sud-est. Vous pouvez faire halte à l'Eko-Oaza Suza Evrope et rejoindre à pied le **monastère de Dobrilovina** (p. 115), très isolé ; une piscine naturelle est accessible en aval de la rivière.

Poursuivez jusqu'à Mojkovac, puis prenez vers le nord et contournez le massif de Bjelasica, avant de redescendre à Plav, via Berane. Posez vos valises dans le secteur et partez marcher dans le **parc national des Prokletije** (p. 123), et faites un saut jusqu'à l'ancienne ville ottomane de **Gusinje** (p. 123). Le lendemain, lancez-vous sur la route impressionnante qui passe par Andrijevica et rejoint la station de ski de **Kolašin** (p. 111) : les sentiers du **parc national de Biogradska Gora** (p. 113) sont à vous !

La route du retour, qui suit le canyon de la Morača, est tout aussi extraordinaire. À l'entrée du canyon, arrêtez-vous pour admirer les fresques et icônes du paisible **monastère de la Morača** (p. 111). La dernière portion de route qui vous sépare de Podgorica est magnifique mais périlleuse...

Préparer son voyage

Sports et activités

Les paysages variés du Monténégro permettent tellement d'activités de plein air que vous aurez vite envie de quitter les plages et leurs promesses de farniente. Les cinq parcs nationaux du pays, couverts de montagnes et de forêts, ponctués de rivières et de lacs, séduiront les amateurs de nature et de sensations fortes.

Sur l'eau

Rafting

La spécialité du Monténégro. Les agences de rafting sont nombreuses au bord de la Tara (p. 115), et il suffit de parcourir ses gorges spectaculaires pour le comprendre.

Kayak

La baie de Kotor et le lac de Skadar sont parfaits pour pagayer, et plusieurs prestataires sont spécialisés dans les sorties à la journée. Les kayakistes expérimentés peuvent descendre les rapides de certaines rivières du pays, mais mieux vaut se renseigner sur place car certaines sections sont dangereuses.

Plongée

Le Monténégro cache aussi des trésors sous l'eau : grottes, bancs de poissons, sources mais aussi épaves (les pirates d'Ulcinj ne chômaient pas, et la Seconde Guerre mondiale a enrichi la collection). La visibilité va de 10 m à 25 m mais est généralement autour de 15 m. Vous croiserez surtout des bancs de jeunes dentis, des daurades royales et quelques langoustes ou tortues de mer.

La meilleure période pour plonger s'étend de mi-mai à septembre, lorsque

Bon à savoir

Quand partir

La meilleure période pour les voyageurs en quête d'aventures est comprise entre mai et début juin, lorsque la fonte des neiges permet de belles sorties en rafting et que les fleurs sauvages éclosent.

Les températures de l'air et de l'eau sont au plus haut en juillet et août mais il y a foule sur les plages et des feux de forêt se produisent parfois pendant les étés les plus caniculaires. C'est un bon moment pour aller en montagne.

Septembre et octobre sont des mois propices pour profiter des couleurs automnales en randonnée. C'est aussi le moment où se déroule l'Adventure Race Montenegro (p. 116), une course multisport de haut niveau.

Les adeptes du ski se rendent dans le Nord entre janvier et mars.

À emporter

Prenez de bonnes chaussures de marche et pensez à emporter une boussole, une trousse de premiers secours et une torche. Si vous êtes un alpiniste confirmé, n'oubliez pas d'emporter tout le matériel nécessaire pour éviter les déconvenues.

l'eau en surface est à 25°C, et à 16°C à 30 m de profondeur (il vous faudra une combinaison en néoprène de 7 mm). On trouve des centres de plongée à Budva, Pržno et Ulcinj.

Kitesurf

À l'extrême sud de la côte, Velika Plaža et Ada Bojana sont devenues de hauts lieux du kitesurf en Méditerranée. Ces sites sont parfaits pour découvrir ce sport.

Sur terre

Randonnée

Grâce aux clubs de randonnée du pays, le Monténégro est doté d'un excellent réseau de sentiers – mais tous ne sont pas bien entretenus, ni bien balisés.

Que ce soit pour camper ou pour une journée de marche, préparez-vous à des changements soudains de température et à des orages, et souvenez-vous que les points d'eau sont rares.

La principale difficulté que rencontrent les marcheurs et alpinistes expérimentés est l'accès aux hébergements lors de longues expéditions. Il existe des refuges de montagne mais ils sont difficilement accessibles pour le voyageur indépendant. Les agences de voyages spécialisées peuvent vous aider et trouver un guide expérimenté.

Le lac de Biograd dans le parc national de Biogradska Gora et le lac Noir dans celui du Durmitor, ainsi que la crête du massif de Vrmac dans la baie de Kotor constituent de belles petites randonnées.

AGENCES SPÉCIALISÉES

Rafting, kayak et ski s'organisent facilement une fois au Monténégro, mais trouver un guide de montagne, des refuges, du matériel spécialisé et un support logistique pour des expéditions plus difficiles peut se transformer en cauchemar. Si vous prévoyez des vacances riches en action, mieux vaut passer par l'une des agences spécialisées suivantes :

- Black Mountain (p. 37)
- Montenegro Adventures (p. 103)
- Undiscovered Montenegro (p. 98)
- Montenegro Adventure Centre (p. 73)
- Explorer Tourist Agency (p. 112)
- Anitra Travel Agency (p. 107)
- Summit Travel Agency (p. 117)
- Active Travels Montenegro (p. 37)

Vélo

Avec autant de montagnes, le VTT est forcément au programme. L'office national du tourisme (www.montenegro.travel) a créé cinq sentiers, détaillés dans la brochure *Wilderness Biking* (disponible dans les offices du tourisme). Le **Tour de Montenegro** de 1 276 km parcourt le pays en 14 jours et ne convient qu'aux cyclistes chevronnés avec ses 30 km de grimpette.

La crête du massif de Vrmac (qui démarre près de Kotor), la boucle qui commence à Cetinje et traverse le parc national du Lovćen ou celle qui part de Virpazar et traverse le champ de Crmnica se prêtent à des sorties d'une journée.

Ski

La saison du ski s'étend de janvier à mars, la meilleure période se situant autour du Nouvel An. La station la mieux équipée se trouve près de Kolašin, mais c'est dans le parc national du Durmitor que l'on skie le mieux, sur le domaine situé près de Žabljak, qui comprend des pistes pour débutants et confirmés. Une autre petite station est installée près de Nikšić. Le ski de fond se pratique dans les parcs nationaux de Lovćen et du Durmitor.

Dans les airs

Parapente et parachute ascensionnel

Le Monténégro dispose de nombreuses falaises d'où l'on peut s'élancer, et si le deltaplane n'en est qu'à ses débuts, le parapente (p. 73) est en plein essor. Pour avoir la sensation de voler sans se jeter dans le vide, il y a le parachute ascensionnel. Ces deux activités sont proposées près de Bečići.

Les régions en un clin d'œil

Bouches de Kotor

Vues
Architecture
Gastronomie

Vues sur la baie

Qu'on les observe les pieds dans l'eau ou perché sur la route du Lovćen, les eaux sombres et les barrières montagneuses de la baie sont éblouissantes.

Comme un air de Venise

Les nombreux palais et églises en pierres étincelantes de la baie de Kotor doivent beaucoup à l'influence de la République vénitienne qui dominait autrefois la région. C'est à Perast, une petite ville aux innombrables édifices baroques, que cela est le plus manifeste.

Cuisine de la côte

Les produits de la mer constituent la base des meilleures spécialités culinaires du pays. Goûtez aux calamars grillés, à la soupe de poisson, au risotto à l'encre de seiche ou aux poissons grillés, simplement assaisonnés d'huile d'olive, d'ail et de persil.

p. 32

Côte adriatique

Plages
Histoire
Fête

Plages

Une eau claire, des montagnes en arrière-plan et un soleil à son zénith, ici, les plages correspondent au rêve méditerranéen. Parasols et chaises longues ont envahi les plus accessibles, mais on peut échapper à la foule des touristes dans les endroits isolés comme Kraljičina Plaža ou Drobni Pijesak.

Villes fortifiées

Des rues en marbre de la vieille ville de Budva aux ruelles pavées d'Ulcinj, en passant par les ruines de Stari Bar, les villes fortifiées de la côte vous feront voyager dans le temps.

Clubs et bars de plage

L'été, Budva devient la capitale monténégrine de la fête. Top Hill, la discothèque en plein air, accueille régulièrement quelque 5 000 personnes jusqu'au bout de la nuit, tandis qu'au bord de l'eau, une rangée de clubs et bars de plage attirent les clients 24h/24.

p. 63

Centre du Monténégro

Nature
Histoire
Monastères

Parcs nationaux

Des profondeurs du lac de Skadar aux hauteurs du Lovćen, les parcs du centre du Monténégro protègent de nombreux habitats d'animaux sauvages. Le parc de Skadar notamment est l'une des plus importantes réserves d'oiseaux migrateurs d'Europe.

Capitale royale

Une grande partie de l'histoire, de la culture et de l'identité nationale du Monténégro est liée à Cetinje, l'ancienne capitale royale, comme en témoignent ses palais et ses musées.

Bastions spirituels

Adossé à la montagne, le monastère d'Ostrog est le plus spectaculaire des nombreux monastères orthodoxes du pays. Disséminés sur le lac de Skadar, les monastères qui se dressent sur de minuscules îlots sont tout aussi émouvants.

p. 90

Montagnes du Nord

Nature
Activités
Monastères

Majestueuses montagnes

Du Durmitor, au nord-ouest, au Prokletije, au sud-est, en passant par le Bjelasica, les montagnes aux pentes escarpées dominent le pays. Elles constituent autant de paysages extraordinaires qui ne cessent d'étonner.

Parc national du Durmitor

Le Durmitor est le haut lieu des activités de plein air au Monténégro. Rafting, randonnée et ski sont les plus répandus, mais on peut aussi pratiquer l'escalade, le canyoning et l'alpinisme.

Fresques et icônes

Situé dans un cadre enchanteur, le monastère de la Morača recèle un nombre incroyable d'œuvres d'art religieux. Sans doute le plus beau du Monténégro, il ne parvient toutefois pas à faire de l'ombre à ceux de Piva, de Dobrilovina et à celui de la Sainte-Trinité à Pljevlja.

p. 109

Dubrovnik (Croatie)

Vues
Architecture
Histoire

Une ville sur la mer

Entourée d'épais remparts, la vieille ville de Dubrovnik est d'une beauté époustouflante, et les points de vue ne manquent pas pour l'admirer. Faites le tour des fortifications pour un cadrage au plus près ou empruntez le téléphérique jusqu'au mont Srđ pour une vision panoramique.

De la pierre et du marbre

Se promener dans la vieille ville, c'est comme parcourir un livre d'histoire de l'architecture européenne. Partout le regard découvre d'impressionnants édifices de style roman, gothique, baroque ou Renaissance. Ravagée par la guerre, Dubrovnik a aujourd'hui recouvré sa splendeur.

Musées

Pour en savoir plus sur la république de Raguse, visitez le palais du Recteur ou révisez l'histoire plus récente au musée de la Guerre patriotique et à la War Photo Limited.

p. 124

Sur la route

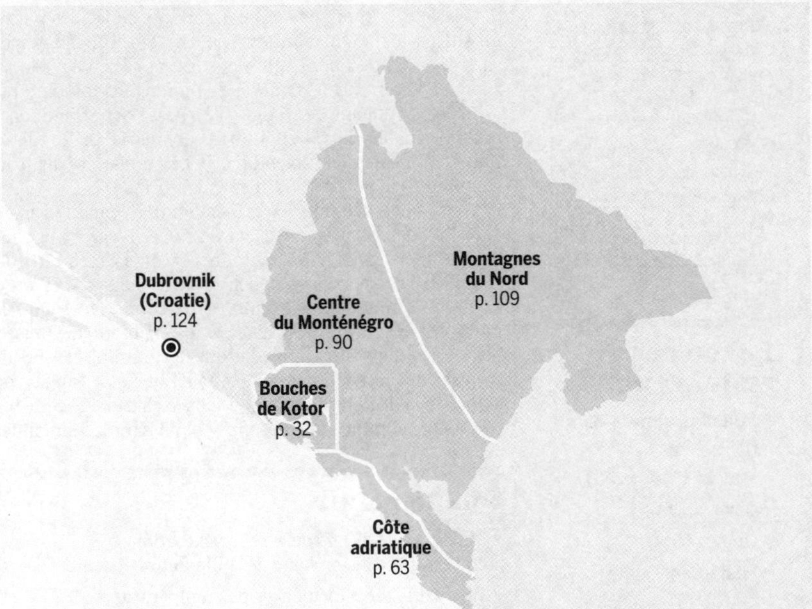

Montagnes
du Nord
p. 109
Dubrovnik
(Croatie)
p. 124
Centre
du Monténégro
p. 90
Bouches
de Kotor
p. 32
Côte
adriatique
p. 63

Bouches de Kotor

Dans ce chapitre ➡

Le top des restaurants

- Konoba Ćatovića Mlini (p. 41)
- Konoba Feral (p. 38)
- Galion (p. 50)
- One (p. 55)
- Restaurant Conte (p. 43)

Le top des hébergements

- Old Town Hostel (p. 49)
- Camp Full Monte (p. 40)
- Palazzo Radomiri (p. 44)
- Forza Mare (p. 44)
- Villa Kristina (p. 57)

Pourquoi y aller

Joyau du Monténégro, les bouches de Kotor (Boka Kotorska, ou simplement la “Boka”) séduiront à la fois les amateurs de paysages scandinaves et les amoureux de vieilles pierres. Lorsqu’on arrive du nord-est (de Croatie), l’enchantement va grandissant en pénétrant dans les replis de ce splendide “fjord méditerranéen” flanqué de montagnes toujours plus escarpées et émaillé de vestiges d’un passé riche d’influences multiples. Mais le trajet inverse, depuis la belle ville de Kotor, est également splendide, la baie s’élargissant peu à peu pour finalement s’ouvrir sur l’Adriatique.

Vous pouvez très bien vous installer une semaine ou deux dans l’un des villages nichés dans une échancrure et partir chaque jour explorer les moindres recoins de ce territoire compact. Les sportifs se dépenseront à pied, à VTT ou en kayak. Les amateurs de culture partiront en quête des multiples églises ou des richesses qu’exposent les musées. Les férus d’histoire apprécieront les réminiscences des empires qui se sont succédé ici. Quel que soit l’angle sous lequel on la découvre, on tombe sous le charme de cette baie considérée comme l’une des plus éblouissantes du monde.

Quand partir

- Mai, doux et assez sec, voit la végétation méditerranéenne exploser en mille fleurs et senteurs.
- Juin est le mois idéal, avec des températures supérieures à 25°C, des pluies très faibles et des prix encore raisonnables.
- Juillet et août sont les mois les plus chauds, les plus secs, les plus chers et les plus fréquentés.

Histoire

Si elle se confond parfois avec celle du pays, l'histoire mouvementée de ce petit territoire possède ses particularités. Peuplée par les tribus illyriennes, comme la plus grande partie de la côte est de l'Adriatique, la Boka fut ensuite intégrée dans la province romaine de Dalmatie. De somptueuses villas surgirent alors le long du littoral de Risan. À la fin du Ve siècle, alors que l'Empire s'effritait suite aux incursions de barbares venus du Nord, la baie de Kotor tomba entre les mains des Ostrogoths, puis des tribus slaves.

Les clans slaves de la Boka vivaient dans des sortes de cités-États, qui entretenaient des liens avec l'Occident (Rome) comme avec l'Orient (Byzance). Kotor fut finalement intégrée à la principauté de la Dioclée

À ne pas manquer

1. Les ruelles pleines de charme de la vieille ville de **Kotor** (p. 45), pour flâner sans but précis
2. Les lacets et les panoramas de la **Serpentine** (p. 48), la route qui relie Kotor et le parc du Lovćen
3. La splendeur baroque des églises et palais de **Perast** (p. 42), ville chargée d'histoire
4. Un rafraîchissement à une terrasse ombragée sur la Trg Herceg Stejpana, à **Herceg Novi** (p. 38)
5. Une balade à pied jusqu'à **Gornji Stoliv** (p. 51), émouvant village en ruine qui domine un paysage tranquille
6. Les petites routes et les oliveraies de la **péninsule de Luštica** (p. 56)
7. Une journée de **kayak** (p. 37) à la découverte de forteresses insulaires, de plages inaccessibles et de grottes marines

(Duklja), considérée comme l'ancêtre du Monténégro moderne. Sous l'influence politique de Rome au moment du grand schisme entre les églises d'Occident (catholique) et d'Orient (orthodoxe), en 1054, la Dioclée fut annexée en 1190 par la Rascie (Raška, qui deviendrait la Serbie). Un évêché orthodoxe fut créé, mais Kotor et Perast, qui comptaient toujours une importante population catholique, conservèrent une certaine autonomie.

En 1379, le roi Étienne Tvrtko Ier de Bosnie lança une offensive contre la baie. Malgré la résistance de Kotor, qui s'allia à Venise, les Bosniens s'emparèrent de vastes portions du territoire et fondèrent en 1382 le port de Herceg Novi. La Bosnie et son territoire de la Boka tombèrent aux mains des Ottomans en 1463.

Ravitaillé depuis les montagnes de l'intérieur (territoire désigné désormais sous l'appellation de "Monténégro"), Kotor survécut à un siège des Ottomans en 1538. Risan eut moins de chance et tomba l'année suivante. Malgré les ravages de la peste bubonique, qui fit plus de 3 500 victimes à Kotor en 1570, les habitants parvinrent à repousser une nouvelle offensive des Ottomans en 1572, cette fois encore avec l'aide de Venise et du Monténégro. En 1657, pas moins de 10 000 hommes furent envoyés par l'Empire ottoman pour faire le siège de la ville, en vain : ils durent rebrousser chemin après 22 jours seulement.

À Risan, le haïdouk (rebelle) Bajo Pivljanin réussit à mettre fin à 145 années d'occupation ottomane. Les Ottomans furent peu après totalement évincés de la Boka, l'ensemble de la baie passant sous la domination vénitienne. La République maintint son emprise jusqu'à ce qu'elle soit vaincue par Napoléon, en 1797.

Peu réjouis à l'idée de passer sous administration française, les habitants se placèrent en 1813 sous la protection du Monténégro et de ses alliés russes. Mais dès l'année suivante, la Russie céda la Boka à la France. Quelques années plus tard, le Monténégro, appuyé par les Britanniques, parvint à récupérer le territoire, mais là encore la Russie intervint, cette fois pour remettre le territoire entre les mains de l'Autriche.

Durant toute la période de domination vénitienne, puis autrichienne, la Boka était, comme à l'époque romaine, considérée comme appartenant à la Dalmatie (province côtière de l'actuelle Croatie). Il reste qu'avant la montée du nationalisme au XIXe siècle, les habitants de la baie étaient bien davantage des "Bokelj" que des "Serbes" ou des "Croates". C'est la religion qui, peu à peu, vint dessiner les contours de l'appartenance ethnique : les orthodoxes se revendiquaient comme Serbes et les catholiques comme Croates. Le mouvement panslaviste trouva un terrain fertile dans cette région abritant depuis toujours une population mélangée - certaines églises comptèrent même deux autels au même moment, un catholique et un orthodoxe. La constitution, à l'issue de la Première Guerre mondiale, du royaume des Serbes, Croates et Slovènes (la future Yougoslavie) fut généralement bien accueillie par la population locale.

La Boka ne fut intégrée au Monténégro, l'une des six républiques constituant la République populaire (puis socialiste) fédérative de Yougoslavie, qu'après la Seconde Guerre mondiale. La population catholique/croate s'est depuis fortement réduite, en particulier à la suite des conflits des années 1990. En 1910, Herceg Novi, Perast, Dobrota, Kotor, Prčanj, Tivat et Budva étaient toutes majoritairement catholiques. Aujourd'hui, les catholiques ne représentent que 10% de la population totale des bouches de Kotor.

Climat

Dans leur partie la plus extérieure, les bouches de Kotor jouissent d'un agréable climat méditerranéen. Orienté sud-ouest, Tivat est l'un des endroits les plus ensoleillés de la région. Les hautes falaises qui surplombent la baie intérieure sont souvent dans les nuages. Avec 5 300 mm de pluie par an en moyenne (et un record de 8 065 mm en 1937 !), Crkvice, village du massif d'Orjen situé au-dessus de Risan, est considéré comme la localité habitée la plus arrosée d'Europe. En raison de la nature karstique du terrain, heureusement, toute cette eau est absorbée rapidement par la pierre calcaire, épargnant aux villes en contrebas de violentes inondations.

Depuis/vers les bouches de Kotor

La Jadranski Put (route de l'Adriatique) relie les bouches de Kotor à Dubrovnik (Croatie) au nord-ouest et Budva au sud-est. Une nouvelle route a été construite à partir de Lipci, près de Risan, pour rejoindre l'axe Trebinje (Croatie)-Nikšić.

Depuis Kotor, une spectaculaire petite route (la Serpentine), étroite et vertigineuse, qui date de l'occupation autrichienne, rallie Cetinje.

Toutes les localités de la baie sont bien desservies par des bus depuis/vers Budva et Podgorica. Certaines lignes vont jusqu'à Sarajevo (Bosnie-Herzégovine) et Belgrade (Serbie). Deux bus effectuent chaque jour la liaison Kotor-Dubrovnik via Herceg Novi.

L'aéroport de Tivat accueille des vols nationaux et internationaux.

Comment circuler

Tout le littoral est longé par une route, qui devient particulièrement étroite entre Kotor et le terminal des car-ferries, ainsi que dans la péninsule de Luštica. À Kotor, la route principale emprunte un tunnel et ressort à proximité de l'aéroport de Tivat. Un car-ferry effectue la navette entre Kamenari et Lepetane, au point le plus étroit de la baie.

La Boka est desservie par trois grandes lignes de bus. Herceg Novi est reliée à Kotor par la route côtière, avec arrêt dans toutes les localités en chemin, et à Tivat par le car-ferry. De Kotor on peut aussi rejoindre Tivat, par le tunnel.

Les bateaux se révèlent un mode de transport très commode en été, en particulier entre Herceg Novi et les plages de la péninsule de Luštica. On en trouve aisément en juillet-août dans les ports de plaisance, mais plus difficilement le reste de l'année.

Herceg Novi Херцег Нови

11 100 HABITANTS

Rien ne semble justifier un arrêt dans Herceg Novi – surtout lorsque l'on arrive de Croatie tout émerveillé encore par la visite de Dubrovnik. Et pourtant, juste en dessous de la morne voie express, se niche une jolie vieille ville (Stari Grad), animée et agrémentée de places ensoleillées. Les plages de galets et les terrasses en bord de mer sont très appréciées des baigneurs, qui profitent des eaux plus limpides de l'embouchure de la baie. Absorbant au fur et à mesure les villages alentour – notamment Igalo, une ancienne localité thermale réputée pour ses boues minérales –, la ville s'étendue le long de la côte.

Si, comme son nom l'indique ("Novi" signifie "nouveau"), Herceg Novi est bien l'une des localités les plus récentes des Bouches, elle n'est pas tout à fait une jeunesse non plus, à 630 ans passés. "Herceg" (on prononce "her-tseg") fait référence au duc (*herceg*) Stjepan Vukčić d'Herzégovine, qui fortifia la ville au XVe siècle.

À voir

Ulica Njegoševa RUE

La vieille ville (Stari Grad) de Herceg Novi se montre sous son jour le plus séduisant lorsqu'on la découvre depuis la portion piétonne de l'Ulica Njegoševa, pavée du même marbre que les rues de Dubrovnik et flanquée d'élégants édifices construits pour la plupart au XIXe siècle. L'artère débouche sur la **Trg Nikole Đurkovića**, une place bordée de cafés que tout le monde appelle place Belavista, d'où une volée de marches conduit à la jolie **tour de l'horloge** (1667), ornée de mâchicoulis. C'était autrefois la porte principale de la ville.

Église de l'Archange-Saint-Michel ÉGLISE ORTHODOXE

(Crkva Sv Arhanđela Mihaila ; 7h-minuit juin-août, 7h-21h sept-mai). Entourée de palmiers, cette église orthodoxe joliment proportionnée dresse sa façade d'un blanc éclatant au milieu de la Trg Herceg Stjepana. L'édifice, doté d'une coupole, fut construit entre 1883 et 1905. L'archange est représenté sur la mosaïque surmontant le portail, sous une élégante rosace.

Kanli-Kula FORTERESSE

(Tour ensanglantée ; 1 € ; 8h-minuit). La forteresse massive que l'on découvre depuis la route principale était une sinistre prison à l'époque ottomane (1482-1687). Du haut de ses murs imposants, on jouit d'une belle vue sur la ville. Remarquez les motifs de croix et de bateaux gravés sur les murs du donjon, en dessous de la série de mâts.

Église Saint-Jérôme ÉGLISE CATHOLIQUE

(Crkva Sv Jeronima). La principale église catholique (1856) de la vieille ville domine la Trg Mića Pavlovića. N'ouvre en principe que pendant les offices.

Fortemare FORTERESSE

Reconstruit par les Vénitiens à l'époque de leur domination sur la ville (110 ans, mais que l'on se rassure, les Autrichiens, les Français, les Russes, les Monténégrins, les Austro-Hongrois, les Serbes, les Allemands et les Italiens prirent leur place ensuite), le bastion situé sur le front de mer de la ville est aujourd'hui utilisé pour des projections de films l'été. Les ruines de la **Citadella**, victime du terrible tremblement de terre qui a frappé le littoral en 1979, émergent de la mer en contrebas.

Herceg Novi

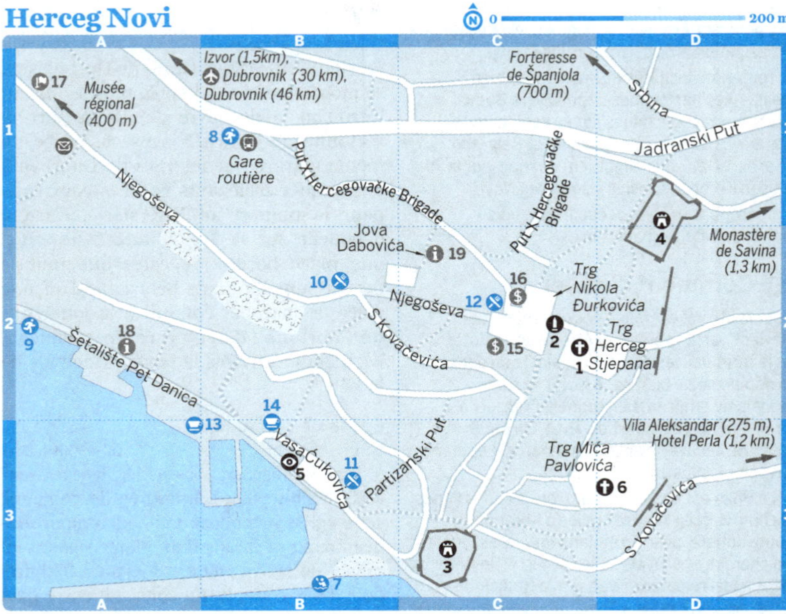

Herceg Novi

À voir
- 1 Église de l'Archange-Saint-Michel C2
- 2 Tour de l'horloge C2
- 3 Fortemare C3
- 4 Kanli-Kula D1
- 5 Ancienne gare ferroviaire B3
- 6 Église Saint-Jérôme D3

Activités
- 7 Kayak Montenegro B3
- 8 Trend Travel B1
- 9 Yachting Club 32 .... A2

Où se restaurer
- 10 Da Vinci B2
- 11 Konoba Feral B3
- 12 Marché C2

Où prendre un verre et sortir
- 13 Jadran A3
- 14 Nautica B3

Renseignements
- 15 Banque CKB C2
- 16 Banque Opportunity C2
- 17 Consulat de Serbie A1
- 18 Kiosque d'information touristique A2
- 19 Office du tourisme C2

Šetalište Pet Danica FRONT DE MER

Baptisée en mémoire de cinq jeunes femmes prénommées Danica qui trouvèrent la mort durant la Seconde Guerre mondiale, cette promenade longe la mer sur plus de 5 km entre Igalo et Meljine. Bars, boutiques et pontons en béton pour la baignade se succèdent, laissant à l'occasion la place à une petite crique de galets ou à un promontoire rocheux percé d'un tunnel. Le parcours emprunté par la promenade est celui de l'ancienne voie ferrée qui reliait Zelenika à Sarajevo via Herceg Novi et Dubrovnik. L'ancienne **gare**, un bâtiment en pierre au pied de la vieille ville, a été transformée en café.

Musée régional MUSÉE

(Zavičajni muzej ; www.rastko.rs/rastko-bo/muzej ; Mirka Komnenovića 9 ; 1,50 € ; 9h-18h lun-sam). À l'exception du bâtiment lui-même, un fabuleux palais baroque couvert de bougainvillées d'où l'on contemple une vue exceptionnelle sur la mer, le principal intérêt de ce musée est son impressionnante galerie d'icônes.

Monastère de Savina MONASTÈRE ORTHODOXE
(Braće Grakalić bb ; ⌚6h-20h). Perché à flanc de colline à la limite est de la ville, ce paisible monastère orthodoxe jouit d'une vue magnifique sur la côte. Il est dominé par l'élégante église de la Dormition (Crkva Uspenja Bogorodice, littéralement "l'église du dernier sommeil de la Mère de Dieu"), un édifice construit au XVIIIe siècle dans une pierre rosée extraite sur l'île de Korčula, en Croatie. À l'intérieur (shorts, débardeurs et bikinis proscrits), on admire une belle iconostase dorée. La petite église du même nom juste à côté, beaucoup plus ancienne, pourrait dater du XIVe siècle. Elle abrite des vestiges de fresques.

Du grand rond-point de Meljine, sur la route principale, suivez les panneaux.

Forteresse de Španjola FORTERESSE
Si elle doit son nom à la brève présence espagnole dans la ville, en 1538, la forteresse fut néanmoins construite essentiellement par les Turcs. À en croire les bouteilles vides et les graffitis présents, elle est aujourd'hui un point de rendez-vous des adolescents du coin. Un panneau la signale sur la route principale, mais vous devrez ensuite bifurquer à gauche dans une voie sans indication, peu après Srbina 34.

Activités

Quantité de prestataires, souvent d'origine étrangère, proposent un service professionnel et respectueux de l'environnement, faisant de Herceg Novi probablement le meilleur endroit du pays pour organiser des activités de plein air.

Kayak Montenegro KAYAK
(☎067-382 472 ; www.kayakmontenegro.com ; location 1 h/4 h/8 h à partir de 5/15/25 €). Cet excellent prestataire propose des excursions à la journée dans la baie (vers Rose et Dobreč ou bien Mamula et Mirišta, 45 €, matériel compris) ou au lac de Skadar. Vous pouvez aussi louer un kayak, simple ou double (service toute l'année ; de juin à septembre location également possible à un stand situé à côté de la marina).

Black Mountain SORTIES SPORTIVES ET NATURE
(☎067-640 869 ; www.montenegroholiday.com). Très bonne agence généraliste qui peut organiser à peu près n'importe quelle activité, dans tout le pays, et notamment : VTT, plongée, rafting, randonnée, parapente, canyoning, sortie en bateau et dégustation de vin. S'occupe au besoin aussi de la logistique (hébergement, location de voiture, transferts, etc.).

> **QUE D'ESCALIERS !**
>
> Dans la ville extrêmement pentue qu'est Herceg Novi, le plus court chemin pour rejoindre la plage depuis la route est d'emprunter l'un des multiples escaliers. Ces *stepenište* ne manquent pas de charme, mais font de Herceg Novi l'une des villes du Monténégro les moins praticables pour les personnes à mobilité réduite.

Active Travels Montenegro SORTIES SPORTIVES ET NATURE
(☎068-658 285 ; www.activetravelsmontenegro.com). Rafting, randonnée, canyoning, visite de vignobles et excursions touristiques conduites par des guides locaux maîtrisant bien l'anglais.

Trend Travel EXCURSIONS EN BUS
(☎031-321 639 ; www.trendtravelmontenegro.com ; gare routière, Jadranski Put). Sortie à la journée à Dubrovnik (18 €), Ostrog (20 €), Risan/Kotor/Budva/Sveti Stefan (25 €), Trebinje (30 €), Perast/Njeguši/Lovćen/Cetinje (35 €) et au lac de Skadar (45 €). Propose également du rafting (70 €) et un service d'hébergement (chambres à partir de 10 €/personne, appartements à partir de 25 €).

Yachting Club 32 PLEIN AIR
(www.yachtingclub32.com ; Šetalište Pet Danica 32). Loue Jet-Skis (50 € les 20 min), pédalos (8 €/heure) et VTT (3/6/15 € pour 1 heure/3 heures/1 journée).

Fêtes et festivals

Fête du mimosa DÉFILÉ, MUSIQUE
(www.hercegfest.co.me ; ⌚février-mars). Fleurs jaunes, majorettes, concerts et manifestations sportives.

Sunčane Skale FESTIVAL DE MUSIQUE POP
(www.suncaneskale.org ; ⌚juillet). La première semaine de juillet, cette "Marche du Soleil" réunit durant trois jours de nombreux interprètes locaux et internationaux.

Sinestezija Festival ART
(www.sinestezija.me ; ⌚juillet). Fin juillet, Herceg Novi se transforme durant 10 jours

en espace d'art contemporain, accueillant diverses expositions et manifestations en plusieurs endroits de la ville.

Foire internationale du livre LITTÉRATURE
(fin juillet). Prix Nobel de littérature à l'époque de la Yougoslavie, Ivo Andrić a habité au 65 Njegoševa, et Herceg Novi cultive depuis sa réputation de ville d'écrivains, notamment avec cette manifestation.

Festival du film de Herceg Novi CINÉMA
(www.ffhn.me ; début août). Une semaine de projections de films de la région.

Où se loger

On trouve des chambres chez l'habitant à partir de 15 €/personne environ. Repérez les panneaux indiquant "*sobe*" ou bien passez par une agence de voyages locale, par exemple Trend Travel (p. 37).

Izvor AUBERGE DE JEUNESSE €
(069-397 957 ; www.izvor.me ; Jadranski Put bb, Igalo ; dort 12 € ; P). Caché sur les hauteurs d'Igalo, cet établissement modeste se compose de 4 chambres communes sans fioritures qui donnent sur une terrasse surplombant la baie. Le jeune et sympathique gérant parle bien anglais. Restaurant traditionnel sur place (plats 4-9 €). De la gare routière, suivez la direction d'Igalo sur 1,5 km et repérez, juste avant une barrière métallique rouge, le petit panneau en bois portant l'inscription "Извор", qui indique la direction d'une petite route montant sur la droite. Pas facile à trouver !

Vila Aleksandar HÔTEL €€
(031-345 806 ; www.hotelvilaaleksandar.com ; Save Kovačevića 64 ; s/d 51/82 €). La décoration date un peu, mais presque toutes les chambres de cet hôtel disposent d'un balcon avec vue sur la mer. La piscine de céramique bleue et la terrasse ensoleillée sont très séduisantes aussi. Le restaurant donne sur la promenade en front de mer, d'où un escalier descend sur la plage de galets.

Hotel Perla HÔTEL €€€
(031-345 700 ; www.perla.me ; Šetalište Pet Danica 98 ; s 84-112 €, d 104-140 €, app 170-215 € ; P). À un quart d'heure à pied du centre, mais parfait pour ceux qui privilégient la plage. Le personnel de cet établissement moderne de taille moyenne est efficace (et anglophone), et les chambres sur l'avant disposent d'une terrasse particulière, avec vue sur la mer. Location de vélos (2/10 € l'heure/la journée).

Où se restaurer

Herceg Novi offre quantité d'adresses en été, rarement très bonnes. Il existe des endroits sympathiques où déguster un plat de pâtes et un verre de vin, notamment sur la promenade en front de mer et sur la Trg Herceg Stjepana.

Marché MARCHÉ €
(Trg Nikole Đurkovića ; 6h-15h lun-sam, 6h-12h dim). Venez vers 8h si vous voulez trouver les meilleurs fruits et légumes, quitte à jouer des coudes avec les habitantes.

Konoba Feral POISSON €€
(Vasa Ćukovića 4 ; plats 7-17 €). La carte du Feral ("lanterne de bateau") fait évidemment la part belle aux produits de la mer. Le calamar grillé, excellent, est servi avec une énorme portion de salades et de légumes de saison.

Da Vinci ITALIEN, POISSON €€
(Njegoševa bb ; plats 5-15 € ; petit-déj, déj, dîner). Une terrasse caressée par la brise pour contempler la baie et une petite salle chic à l'intérieur. Pâtes et pizzas côtoient poissons et fruits de mer du coin.

Où prendre un verre

Nautica CAFÉ, BAR
(Vasa Ćukovića 24 ; 8h-1h). Installez-vous au bar ou en terrasse et sirotez un café, un cocktail ou un smoothie en lisant vos mails. Concerts certains soirs.

Jadran CAFÉ, BAR
(322 018 ; Šetalište Pet Danica 34). On apprécie les petits-déjeuners anglais (3-5 €), mais c'est à l'heure où les buveurs sérieux entrent en piste que la jolie terrasse en bord de mer, qui domine la piscine de water-polo, donne le meilleur d'elle-même.

Renseignements

Il y a plusieurs banques avec DAB sur la Trg Nikole Đurkovića.

Kiosque d'information touristique (Šetalište Pet Danica bb ; 9h-23h mai-sept). Autres kiosques à Igalo (Sava Ilića bb), Kamenari (à 500 m du ferry) et près du grand rond-point de Meljine.

Office du tourisme (031-350 820 ; www.herceg novi.travel ; Jova Dabovića 12 ; 9h-22h tlj juil-août, 9h-16h lun-ven et 9h-14h sam sept-juin). Installé au-dessus d'une maison, le principal office du tourisme est un peu difficile à trouver.

Comment s'y rendre et circuler

BATEAU

On trouve des bateaux-taxis l'été. Comptez entre 10 et 15 € pour aller jusqu'à une plage de la péninsule de Luštica – on obtient parfois un meilleur tarif à Igalo, où il y a plus de concurrence.

BUS

La **gare routière** (☎ 031-321 225 ; Jadranski Put) se trouve juste au-dessus de la vieille ville. Il y a de nombreuses liaisons vers Kotor (4 €, 1 heure), avec arrêt dans toutes les petites villes de la baie. Pour Budva (5 à 6 €), les bus passent soit par Kotor (1 heure 45), soit par le ferry et par Tivat, ce qui est généralement plus rapide (attention à l'attente au ferry, cependant). Cetinje (7 €, 2 heures 30) et Podgorica (9 €, 3 heures) sont desservies fréquemment ; certains bus poursuivent jusqu'à Rožaje (18 €, 4/jour).

À l'étranger, Dubrovnik (10 €, 2 heures environ, selon le temps de passage de frontière, 2/jour), Sarajevo (24 €, 7 heures, 2/jour au moins) et Belgrade (33 €, 13 heures, 7/jour au moins), entre autres, sont desservies.

TAXI

Taxi More (☎ 19730 ; www.taximore.com ; prise en charge 1,30 €, 70 c/km). Tarif fixe vers l'aéroport de Dubrovnik (25 €), Tivat (30 €), Kotor (40 €), Budva (55 €) et l'aéroport de Podgorica (100 €). Ajoutez 10 € en cas d'attente au ferry de Kamenari.

VOITURE

La circulation dans les rues à sens unique et souvent embouteillées étant très pénible, vous avez intérêt, si vous venez pour la journée, à vous garer dans le parking en face de la gare routière. Dans le centre il y a deux zones de stationnement, à 50 c ou 80 c l'heure (5 € la journée). Achetez votre ticket auprès d'un agent ou dans un kiosque, entourez la date et l'heure d'arrivée et placez-le sur le tableau de bord.

Environs de Herceg Novi

Vers l'ouest, Herceg Novi s'étire le long de la côte jusqu'à **Igalo**, réputé pour les vertus thérapeutiques supposées des boues de ses fonds marins. En suivant la baie vers l'est, on traverse les localités côtières de **Zelenika**, **Kumbor**, **Đenovići** et **Baošići** avant d'arriver au chantier naval de **Bijela**, le plus grand site industriel des Bouches.

> **À VÉLO LE LONG DE LA CÔTE**
>
> À vélo, on peut pédaler en bordure de mer entre Igalo et Kamenari, en n'empruntant la route principale que pour de brefs tronçons. L'été, on avance un peu moins vite en raison des promeneurs, mais le terrain est beaucoup plus plat, plus sûr et plus agréable que par la route.

À voir

Mamula — ÎLE

Gardien de l'entrée de la baie, ce petit îlot circulaire (200 m de diamètre seulement) porte le nom du général austro-hongrois qui, au milieu du XIXe siècle, fit ériger le fort encore présent aujourd'hui. Il fut utilisé par les Italiens comme prison durant la Seconde Guerre mondiale.

De nombreuses excursions dans la baie, de même que l'un des circuits de Kayak Montenegro, font étape à Mamula. Vous pouvez sinon prendre un bateau-taxi, ou bien louer un kayak et pagayer une heure environ pour l'atteindre.

Massif de l'Orjen — MONTAGNE

L'imposant massif de l'Orjen, qui sépare Herceg Novi de l'Herzégovine, culmine au **Zubački kabao** (1 893 m), qui domine même le célèbre mont Lovćen, la véritable "montagne noire". Les érables persistants et les chênes blancs qui poussent entre les formations karstiques des versants inférieurs cèdent la place, au-dessus de la limite des neiges hivernales, aux hêtres et aux sapins.

Le cadre naturel se prête idéalement à la randonnée et au VTT, mais il faut impérativement emporter de l'eau avec soi. Le karst poreux absorbe en effet rapidement les précipitations. Sachez aussi que la montagne est recouverte de neige six mois par an et qu'un orage peut éclater à tout moment en été, y compris les jours les plus torrides.

Un sentier démarre près de la gare routière de Herceg Novi (balisage rouge et blanc) ; en partant dans la direction de Kotor, prenez la première route à gauche,

INTERVIEW

LA MONTAGNE MAGIQUE

Marko Vučinić, membre du club alpin de Subra, nous livre ses conseils pour randonner autour de Herceg Novi.

Le massif de l'Orjen

De la gare routière, on peut grimper directement jusqu'au refuge de Za Vratlom, ce qui représente quatre heures de montée plutôt ardue. Ou bien rejoindre en voiture l'ancien Motel Borići, et de là poursuivre à pied jusqu'au refuge (une heure de marche). Il faut prévoir impérativement des chaussures de randonnée (pas de baskets) et 3 litres d'eau au moins quand il fait chaud.

Du refuge, il est possible d'explorer le massif dans la journée. Il y a plus de 60 km de sentiers balisés. On peut faire appel à un guide par l'intermédiaire du club. Il ne faut pas oublier que l'on se trouve en terrain vraiment sauvage – on découvre encore des grottes et d'autres éléments topographiques inconnus. Il faut en outre être préparé pour toutes les conditions climatiques, car le temps change parfois soudainement.

En théorie, on peut aussi entreprendre la Traversée des montagnes côtières, une randonnée de 150 km – sept jours – entre Herceg Novi et le lac de Skadar, mais le problème est celui de la logistique. Le sentier n'est balisé que sur le trajet des deux premiers jours et il n'y a que deux refuges. Ensuite, il faut tout porter : tente, nourriture, eau...

Sans chaussures de randonnée

De Herceg Novi, une marche plus facile permet de monter par une piste jusqu'à Ilinica et l'église orthodoxe Sv Ilija. Le site, avec un panorama du Monténégro et de la Croatie, est magnifique au coucher du soleil. Il y a là une tombe où sont enterrés des soldats français de l'armée napoléonienne.

La boucle fait 16 km environ au départ de Herceg Novi. Suivez la côte, traversez Igalo et repérez le sentier qui part en montant ; ou bien continuez jusqu'au village de Žvinje et montez à partir de là.

qui bifurque tout de suite vers la droite. C'est le départ de la Traversée des montagnes côtières, un itinéraire difficile qui mène jusqu'aux rives du lac de Skadar.

Planinarski Klub Subra (www.pksubra.me ; guide 70 €/jour), le club alpin local, gère deux refuges dans le massif et propose des guides.

Où se loger

Camp Full Monte CAMPING €
(☎067-899 208 ; www.full-monte.com ; empl par pers 10 € ; ⊙mai-sept). Caché dans les montagnes à proximité de la frontière croate, ce petit camping écolo et naturiste tenu par des Britanniques dispose d'eau chaude produite par l'énergie solaire, de toilettes à compost (sans odeur ne vous inquiétez pas) et de beaucoup, beaucoup d'intimité. On peut louer des tentes (avec literie complète) pour 5 à 15 € par pers, et commander des repas (petit-déj/déj/dîner 3/4/7,50 €).

Refuge de Za Vratlom REFUGE €
(☎069-348 600 ; www.pksubra.me ; adulte/enfant dort avec draps 20/15 €, sans draps 15/10 €, camping 8/5 €). À 4 heures de marche de Herceg Novi, ce bâtiment de pierre est perché à 1 160 m d'altitude. Récemment rénové, il fonctionne désormais à l'énergie solaire et dispose d'un système de recyclage de l'eau, de confortables chambres communes de 4 lits avec draps, d'un grand dortoir pour les voyageurs munis d'un sac de couchage, d'une cuisine rénovée et, bien sûr, de toilettes. Ajoutez 15 € au prix de la nuitée pour la pension complète.

Refuge d'Orjen Sedlo REFUGE €
(☎067-829 519 ; www.pksubra.me ; 10 €/pers, réservation minimum 50 €). Ce refuge installé au cœur du massif de l'Orjen, à 1 600 m d'altitude, n'ouvre que sur demande. Il possède un groupe électrogène et propose 20 couchettes (apportez votre sac de couchage), des toilettes et une cuisine. Repas sur réservation.

Casa del Mare HÔTEL €€

(☎031-673 706 ; www.casadelmare.me ; Kamenari bb ; ch 90-100 €, app 110-120 € ; P ❄ 📶). Situé sur la portion de route très empruntée qui mène au car-ferry, ce séduisant petit hôtel possède des chambres spacieuses avec terrasse et vue sur la mer. Il n'y a que la route à traverser pour s'installer dans un hamac, une chaise longue ou un transat sur la plage privée de galets blancs.

Complexe touristique Fanfani HÔTEL €€

(☎031-676 103 ; www.fanfanimontenegro.me ; Đenovići bb ; s/d 40/50 €, bungalow 45 €, plats 7-18 € ; P ❄ 📶). Cet ensemble avec jardin ombragé et petite plage de galets privée s'organise autour de l'Hotel Milena, un bâtiment de pierre traditionnel comprenant 8 chambres à l'étage et un restaurant très apprécié au rez-de-chaussée. Des petits bungalows blancs sont disséminés tout autour.

Où se restaurer

Leut POISSON €€

(Braće Pedišić 59-61, Meljine ; plats 5-18 €). Vos efforts pour dénicher ce restaurant très apprécié des habitants seront récompensés par une excellente cuisine de la Boka, servie sur une grande terrasse face à la mer. Au grand rond-point de Meljine, suivez le panneau en direction de Savina et prenez la première à gauche.

Al Posto Giusto ITALIEN €€

(www.harmonyoftaste.com ; Nikole Kovačevića 6, Igalo ; plats 6-19 €). Présente aussi à Tivat et Belgrade (Serbie), cette enseigne entretient sa popularité avec d'excellentes pizzas au feu de bois.

Morinj Моринь

224 HABITANTS

Tapi dans le premier pli de la baie intérieure, Morinj comprend, comme nombre de petits villages côtiers, une partie basse (*donji*) et une partie haute (*gornji*), dominée par l'étincelante coupole argentée de l'église Sainte-Petka (Crkva Sv Petke). Le principal attrait de Morinj reste néanmoins sa jolie plage abritée. Elle est parfois envahie par les algues, mais l'eau est généralement claire et la vue sur la baie, superbe.

Le village, qui compte une poste et une épicerie, abrite de sérieux concurrents aux titres de meilleur camping et meilleur restaurant du pays.

Cet endroit paisible a été le cadre d'un sinistre épisode lors de l'explosion de la Yougoslavie : l'incarcération entre 1991 et 1992 de quelque 300 prisonniers croates. Quatre anciens réservistes de l'armée yougoslave ont été condamnés à des peines d'emprisonnement pour crimes de guerre commis contre ces détenus.

Où se loger et se restaurer

Autocamp Naluka CAMPING €

(☎032-373 101 ; www.naluka.montenegro.com ; empl adulte/enfant 4/1 €, tente/voiture/camping-car 3,50/3/8 € ; ⏲mai-sept). Plantez votre tente sous les mandariniers et les oliviers, tout près de l'eau qui jaillit d'une source toujours à 10° C – trop froid pour attirer les moustiques et parfait pour maintenir votre bière au frais ! Il n'y a que des toilettes à la turque, mais tout le camping est rigoureusement entretenu par le propriétaire (qui parle anglais).

♥ **Konoba Ćatovića Mlini** MONTÉNÉGRIN, POISSON €€

(☎032-373 030 ; www.catovicamlini.me ; plats 8-24 € ; ⏲11h-23h). Une rivière aux eaux limpides passe sous cet ancien moulin rustique qui, sous ses allures de modeste *konoba* familiale, abrite l'un des meilleurs restaurants du Monténégro. Installez-vous, et observez les oies qui vaquent alors que vous goûtez ce délicieux pain arrosé d'huile d'olive qui a surgi comme par magie. La carte fait la part belle au poisson et comporte aussi des spécialités traditionnelles de Njeguši.

Depuis/vers Morinj

Morinj se trouve à 30 minutes de bus de Herceg Novi et de Kotor.

Risan Рисан

2 040 HABITANTS

Les estivants aiment ses petites plages, mais ignorent souvent cette ville d'allure un peu délabrée dont le front de mer est défiguré par un hôtel massif. Risan est pourtant la plus ancienne cité des bouches de Kotor, sa création remontant au moins au IIIe siècle av. J.-C. La reine illyrienne Teuta se retrancha ici durant l'invasion romaine et fit de la petite ville fortifiée sa capitale. Vaincue, Risan vit fleurir sur ses rivages de somptueuses villas, dont l'une est aujourd'hui le principal point d'intérêt de la ville.

Les fondations de cette vaste demeure et ses belles **mosaïques** (2 € ; 9h-19h 15 mai-15 oct) ont été mises au jour en 1930. Des employés parlant anglais sont présents sur le site (protégé des intempéries par un toit) pour expliquer le plan du bâtiment. Le sol de la salle à manger est décoré de fleurs, d'herbes, de vignes et de calamars, tandis que d'autres pièces présentent de savants motifs géométriques. Point d'orgue de la visite, la chambre est ornée d'un superbe Hypnos (dieu grec du sommeil) représenté allongé sur un coussin.

Après avoir admiré les mosaïques, prenez donc à pied à travers le parc ombragé où se cache l'élégante **église orthodoxe Saint-Pierre-et-Saint-Paul** (Crkva Sv Petra i Pavla ; 9h-11h), un édifice de 1796, pour rejoindre la Trg 21 Novembra, la place principale, d'où monte **Gabela**, une jolie ruelle dont l'intéressant pavage à motifs date de l'occupation ottomane.

Les bus circulant entre Herceg Novi et Kotor s'arrêtent à Risan.

Perast — Пераст

270 HABITANTS

Avec son allure de petit morceau de Venise qui aurait dérivé dans l'Adriatique et se serait ancré dans la baie, Perast bruit du souvenir mélancolique de l'époque où elle faisait figure de riche et puissante cité. Cette ville minuscule organisée autour d'une seule rue ne renferme pas moins de 16 églises et 17 palais autrefois somptueux. Si certains ne sont plus aujourd'hui que d'étranges ruines d'où surgissent bougainvillées et figuiers sauvages, d'autres bénéficient de la vague de rénovation qui déferle sur la ville. Michael Douglas et Catherine Zeta-Jones y auraient acheté une demeure pour la coquette somme de 2 millions d'euros.

De la nationale, en surplomb, le village descend à flanc de colline jusqu'au front de mer, bordé d'une étroite route, Obala Marka Martinovića. Au cœur de la localité, l'église Saint-Nicolas se dresse sur une petite place bordée de palmiers dattiers et des bustes d'habitants célèbres.

À voir

Musée de Perast — MUSÉE

(Muzej grada Perasta ; 032-373 519 ; adulte/enfant 2,50/1,50 € ; 9h-19h). Joliment conservé, le palais Bujović (1694) a été transformé en musée consacré à la glorieuse histoire maritime de la ville. Le bâtiment mérite à lui seul la visite, de même que l'extraordinaire vue depuis le balcon (photographes, à vos appareils !).

Église Saint-Nicolas — ÉGLISE CATHOLIQUE

(Crkva Sv Nikole ; musée 1 € ; musée 10h-18h). Entamée au XVIIe siècle, la construction de Saint-Nicolas n'a jamais été achevée – et, compte tenu du déclin de la communauté catholique dans les Bouches depuis, on doute qu'elle le soit jamais. Le musée renferme des habits sacerdotaux joliment brodés ainsi que les reliques de plusieurs saints. Du haut du clocher (55 m), on découvre un panorama sur la baie.

Sveti Đorđe et Gospa od Škrpjela — ÎLES

Deux îles particulièrement pittoresques émergent tout près de Perast. Sveti Đorđe (Saint-Georges), la plus petite, est un récif naturel abritant un monastère bénédictin bâti à l'ombre des cyprès.

Des bateaux effectuent régulièrement la traversée (5 € aller-retour) jusqu'à sa grande sœur, Gospa od Škrpjela (Notre-Dame-du-Récif), un îlot artificiel élevé au XVe siècle autour d'un rocher où serait apparue une icône de la Vierge. Le 22 juillet, les habitants de Perast se rendent en barque jusqu'à l'île en emportant des pierres pour commémorer sa construction. Richement ornée, l'église (1630) renferme de somptueuses peintures, des centaines d'ex-voto en argent et un petit **musée** (1 € ; 10h-18h). Pièce particulièrement étonnante, l'icône brodée de la Vierge à l'Enfant a été confectionnée en partie avec les propres cheveux de l'artiste.

Fêtes et festivals

Gađanje Kokota — CULTURE

(Tir au coq ; 15 mai). Cette manifestation célèbre la victoire remportée en 1654 par la ville sur les Turcs. La compétition consiste à tirer sur un coq attaché sur un bateau voguant au large. Les festivités comprennent une procession, une messe solennelle catholique et des danses traditionnelles (*kolo*) sur la place.

Fašinada — CULTURE

(www.fasinada-cup.com ; 22 juillet). Dans une procession de barques décorées, les descendants mâles des grandes familles de Perast se rendent tous les ans sur l'île de Gospa od Škrpjela pour y déposer des pierres. La manifestation s'accompagne aujourd'hui

LE CAR-FERRY KAMENARI-LEPETANE

Les bouches de Kotor ont une forme bien particulière. Leur entrée est gardée par deux péninsules, qui abritent une première baie où se trouvent Herceg Novi et Tivat. Les terres se resserrent alors en un détroit ouvrant sur une deuxième baie très spectaculaire. Des **car-ferries** (voiture/moto/passager 4,50/1,50/gratuit ; 24h/24) font la navette (départ tous les quarts d'heure à peu près, toutes les heures après 22h) au point de passage le plus étroit, entre Kamenari (15 km à l'est de Herceg Novi) et Lepetane (5 km au nord de Tivat). Le passage dure 5 minutes environ.

L'autre option pour rejoindre Kotor consiste à prendre la route qui longe la baie. Faites au moins une fois ce trajet magnifique, en voiture ou en bus. Seulement 43 km séparent Herceg Novi de Kotor, mais il faut facilement une heure pour les parcourir, voire plus si l'on se retrouve coincé derrière un camion sur la petite route sinueuse.

Le ferry se révèle sans aucun doute plus rapide pour rejoindre Tivat ou Budva, mais la file d'attente peut être horriblement longue en été (des kilomètres parfois !). Le gain de temps pour aller à Kotor est alors minime. S'il n'y a pas d'attente au ferry et que vous avez déjà pris la route côtière, vous pouvez quand même prendre le bac et rejoindre Kotor par le tunnel au sud de la ville. Vous ne gagnerez guère plus de 10 minutes, mais vous économiserez un peu de carburant.

Les bus effectuant la liaison Herceg Novi-Budva empruntent l'une ou l'autre route.

d'une régate de deux jours entre Perast et Tivat, la Coupe de la Fašinada.

Festival international de klapa MUSIQUE
(www.festivalklapaperast.com ; juillet ou août). Deux jours de chants traditionnels dalmates a capella.

Où se loger

La charmante et paisible Perast est une base parfaite d'où explorer les Bouches. Des habitants louent des chambres l'été.

Boka Bay B&B APPARTEMENTS €€
(www.bokabay.com ; app 50-75 € ;). Un studio et un deux-pièces mansardés agréables, avec vue sur mer, sdb et kitchenette. Réservation impérativement par courriel.

Hotel Conte APPARTEMENTS €€€
(032-373 687 ; www.hotel-conte.com ; app 100-160 € ;). Davantage qu'un hôtel, le Conte est un ensemble de studios et de trois pièces de luxe aménagés dans des bâtiments anciens autour de l'église Saint-Nicolas. La présence du passé est palpable entre ces murs de pierre, y compris dans l'appartement le plus luxueux, équipé d'anachroniques ajouts – un sauna et un Jacuzzi. La différence de prix (20 €) des appartements avec vue sur la mer se justifie.

Per Astra HÔTEL €€€
(032-373 608 ; www.perastra.me ; d à partir de 139 € ;). Ce bâtiment ancien en pierre, situé tout en haut de la ville (excellent pour la forme, mais les escaliers se révèlent parfois difficiles le soir), offre 11 suites à la déco très soignée, une belle vue et une petite piscine.

Où se restaurer et prendre un verre

Konoba Otok Bronza MONTÉNÉGRIN, POISSON €€
(032-373 607 ; plats 7-13 €). On n'oublie pas ce bâtiment du XIIe siècle (vous avez bien lu) et sa salle aux allures de grotte où une source d'eau de montagne jaillit dans le mur de pierre. Il propose une cuisine traditionnelle à prix raisonnables, mais on peut aussi simplement prendre un verre de vin de pays sous la treille.

Restaurant Conte POISSON €€€
(032-373 687 ; plats 9-20 € ;). La terrasse fleurie de l'Hotel Conte compose un cadre très romantique pour un dîner au bord de l'eau, qui fera naturellement la part belle aux spécialités de la mer. Choisissez parmi les poissons frais que l'on vous présente et attendez que le produit revienne à votre table, parfaitement cuisiné et servi avec élégance.

Piratebar BAR
(chaise longue/parasol 2,50/1,50 €). Ce petit bar de plage niché sous la route à la sortie de Perast en direction de Risan sert café, boissons glacées et cocktails. Également le meilleur endroit de Perast pour la baignade.

Renseignements

La **poste** (8h-14h40 lun-sam) est située en face de la place principale. Il n'y a ni banques, ni DAB, ni cybercafés.

Depuis/vers Perast

Vous trouverez des parkings payants aux deux entrées de la ville. L'accès des voitures au centre est restreint.

Il n'y a pas de gare routière. Les bus (un par heure au moins) font un arrêt sur la route principale en haut de la ville. Le trajet pour n'importe quelle destination dans les Bouches entre Kotor (25 minutes) et Herceg Novi (40 minutes) ne coûte en principe pas plus de 3 €.

Toutes les excursions en bateau dans les Bouches font escale à Perast.

Dobrota Доброта

8 200 HABITANTS

Dobrota s'étire le long de la côte sur 5 km à partir du nord de la vieille ville de Kotor. Malgré la proximité de sa célèbre voisine, ce faubourg résidentiel a conservé sa personnalité bien à lui. Alors que Kotor regarde vers l'intérieur des terres, Dobrota est tourné vers la mer.

Un grand nombre de palais délabrés ont été rénovés ces dernières années par des investisseurs étrangers, et certains surpassent en splendeur leurs homologues de Perast et Kotor. Une élégante promenade pavée a été aménagée en front de mer.

À voir

Saint-Matthieu et Saint-Eustache ÉGLISES

Ces deux imposantes églises sont les édifices majeurs de Dobrota. Saint-Matthieu (Crkva Sv Mateja), la plus ancienne (1670), arbore une façade baroque, une coupole bien proportionnée et une flèche élancée. L'immense Saint-Eustache (Crkva Sv Eustahija) date de 1773, à l'exception du clocher (XIXe siècle). Elle est entourée d'un petit cimetière clos de murs. Les deux églises ouvrent rarement leurs portes – hélas, car Saint-Matthieu renferme semble-t-il une peinture de Bellini, et Saint-Eustache un Véronèse.

Žuta Plaža PLAGE

Dobrota est de fait la plage de Kotor. Des plates-formes de baignade privées occupent une grande partie du front de mer, mais cette petite étendue de galets, tout près de Kotor, reste accessible à tous. Au pied des parois abruptes de la montagne, l'endroit offre un bel environnement pour le bain – sachez néanmoins que la qualité de l'eau n'a pas toujours été irréprochable ici.

Où se loger

À l'écart de l'effervescence et du bruit de la vieille ville, Dobrota fait une base parfaite pour l'exploration de Kotor.

Palazzo Radomiri HÔTEL HISTORIQUE €€€

(032-333 172 ; www.palazzoradomiri.com ; s 80-90 €, d 120-130 €, ste 150-220 € ; mars-oct ; P). Ce ravissant palais du XVIIIe siècle couleur miel a été aménagé en hôtel de charme de grande classe. Certaines chambres sont plus vastes et plus impressionnantes que d'autres, mais les 10 jouissent d'une vue sur la mer et sont luxueusement meublées. Petit espace de gym, sauna, piscine, ponton privé, bar et restaurant.

Forza Mare HÔTEL DESIGN €€€

(032-333 500 ; www.forzamare.com ; Kriva bb ; ch 180-252 € ; avr-oct ; P). Un pont courbé au-dessus d'une petite piscine soulignée de carreaux verts : avant même d'arriver à la porte de cet hôtel ruisselant de marbre et d'ardoise, on se sent envahi par l'opulence régnant ici – rien d'étonnant à ce que Tina Turner, Jay-Z et Beyoncé aient cédé à l'éclat des lieux. Au pied de l'escalier on trouve une petite plage privée, un restaurant haut de gamme et un spa.

Où se restaurer

Restoran Ellas POISSON €€

(032-335 115 ; www.restoranelas.com ; Dobrota 85 ; repas 8-20 €). Depuis la terrasse sur le toit, on profite de la belle vue sur la baie en savourant l'une des nombreuses spécialités de la mer préparées à la dalmate – ne vous fiez pas au nom et à la décoration évoquant la Grèce.

Restoran Stari Mlini POISSON €€€

(032-333 555 ; www.starimlini.com ; Jadranski Put ; repas 12-20 €). Cela vaut la peine d'aller jusqu'à Ljuta, juste au nord de Dobrota, pour découvrir ce superbe restaurant installé au bord de la baie dans un moulin du XVIIIe siècle. Plus onéreux que d'autres établissements, il propose une cuisine excellente et un cadre merveilleusement romantique – mais la qualité du service peut varier.

Renseignements

Centre de soins de Kotor (Dom zdravlja ; ☎032-334 533 ; www.dzkotor.me ; Jadranski Put bb). Principale clinique de Kotor.

Apoteka Aesulap (☎032-334 699 ; Jadranski Put bb ; ⏲7h-23h). Pharmacie située à côté du centre de soins.

Comment s'y rendre et circuler

Une route à sens unique longe la mer en direction du sud et de Kotor. On la rejoint soit par la Jadranski Put, à son extrémité, soit par une rue transversale (à mi-chemin environ). Circulation très embouteillée en été.

Kotor — Котор

4 800 HABITANTS

Blottie entre des montagnes ténébreuses et les eaux changeantes d'un recoin de la baie, la ville de Kotor est aussi belle que son écrin. Édifiés à partir du IXe siècle – et remaniés jusqu'au XVIIIe –, ses remparts massifs grimpent à l'assaut des parois rocheuses abruptes en surplomb, se fondant pratiquement avec le gris de la montagne lorsqu'on les regarde de loin. Superbement éclairés la nuit, ils viennent alors se refléter dans l'eau et plongent la ville dans un halo doré. À l'intérieur des murailles, un dédale de ruelles pavées entraîne le visiteur vers des places cachées et bordées d'églises, de boutiques, de bars et de restaurants.

Même au plus fort de l'affluence touristique, en juillet-août, lorsque les voiliers et les yachts opulents envahissent le port, Kotor ne sombre pas dans le "bling-bling" qui imprègne d'autres sites de la côte. La raison en est que ce petit recoin de la baie ne rivalise pas avec certaines stations côté plage et baignade. Mais question ambiance de charme, histoire vivante et architecture, Kotor est l'un des chapitres essentiels du carnet de route des voyageurs au Monténégro.

Histoire

Fondée par les Romains sous le nom d'Acruvium, Kotor fut intégrée à la province de Dalmatie, mais la ville telle qu'on la connaît aujourd'hui doit beaucoup aux quelque 400 ans de présence vénitienne – elle s'appelait alors Cattaro. Intégrée une première fois au Monténégro en 1813, elle fut promptement remise à l'Autriche et demeura dans son giron jusqu'à la fin de la Première Guerre mondiale. Catholiques et orthodoxes ont cohabité harmonieusement dans cette région, mais les premiers, qui représentaient 51% de la population en 1900, ne sont plus que 18% de nos jours. Moins de 11% des habitants se revendiquent aujourd'hui Croates.

À voir

La meilleure chose à faire à Kotor est de se perdre dans le dédale des rues. La ville étant toute petite, vous ne tarderez pas à en connaître tous les recoins... toutefois, il y a quantité de vieilles églises à découvrir et de places ombragées où s'arrêter prendre un café.

Porte de la Mer — PORTE

(Vrata od Mora). Construite pendant la période vénitienne (1420-1797), en 1555, la principale entrée de la ville arbore le lion ailé de saint Marc, symbole de Venise, que l'on retrouve en d'autres lieux de la ville. Une inscription au-dessus de la porte rappelle la date de la libération de la ville de l'occupation nazie, avec l'étoile communiste et une citation de Tito. En passant sous l'arcade, observez le relief du XVe siècle représentant la Vierge et l'Enfant entourés de saint Tryphon et saint Bernard. De l'autre côté, sur la Trg od Oružja (place d'Armes), la curieuse pyramide de pierre située devant la **tour de l'Horloge** (1602) est un ancien pilori où les citoyens coupables de fautes étaient exposés à la vindicte publique.

Cathédrale Saint-Tryphon — ÉGLISE CATHOLIQUE

(Katedrala Sv Tripuna ; Trg Sv Tripuna ; 2 € ; ⏲8h-19h). Édifiée au XIIe siècle, reconstruite à plusieurs reprises après des séismes, la cathédrale catholique est le monument le plus remarquable de Kotor. Les deux clochers baroques ont été ajoutés après la destruction totale de la façade, en 1667 – celui de gauche ne fut jamais achevé. Avec ses colonnes corinthiennes élancées et ses piliers de pierre rose soutenant une série de hautes voûtes, l'intérieur, tout en teintes douces, est un chef-d'œuvre d'architecture romane. Le retable de vermeil sculpté est le trésor le plus précieux de la ville. Un escalier mène au reliquaire, une chapelle abritant de belles icônes, un inquiétant crucifix (1288) ainsi que, derrière une grille, des reliques de saints dont celles du patron de la ville, l'un des premiers martyrs, vénéré aussi bien par les catholiques que par les orthodoxes.

Kotor

0
100 m
Dobrota (1,1 km), clinique (1,1 km),
Apoteka Aesulap (1,1km),
Perast (13 km), Risan (17,1 km),
Herceg Novi (43 km)
Tabačina
Échelle de Cattaro (150 m)
Jadranski Put
Škurda
Trg od Drva
Trg od Mlijeka
Trg Sv Luke
Accès aux remparts
Trg od Kina
Trg od Oružja
Trg Bokeljske Mornarice
Poste
Trg od Brašna
Trg Sv Tripuna
Trg od Salata
Bouches de Kotor
Source du Gurdić
Šuranj
Škaljari
Limili (200 m), Prčanj (4 km)
(250 m), Tivat (11 km), Budva (23 km)

Kotor

À voir

1 Tour de l'horloge B4
2 Porte du Gurdić D6
3 Musée maritime du Monténégro C4
4 Porte de la Rivière D2
5 Porte de la Mer B4
6 Église Saint-Luc C3
7 Collégiale Sainte-Marie D3
8 Église Saint-Nicolas C3
9 Cathédrale Saint-Tryphon C4
10 Remparts de la ville D3

Activités

11 Kayak Montenegro A1

Où se loger

12 Hotel Astoria C4
13 Hotel Monte Cristo D4
14 Hotel Vardar C4
15 Montenegro Hostel C4
16 Old Town Hostel D5
17 Tianis C1
18 Villa Duomo C4

Où se restaurer

19 Bastion D3
20 Galion B6
21 Marché B4
22 Roda B7
23 Stari Grad C3

Où prendre un verre et sortir

24 Bandiera D5
25 Citadella B3
26 Havana D4
27 Maximus B3

Achats

28 Antiques Stanković C3
29 Caves Mon Ami D3

Renseignements

30 Consulat de Croatie B4
31 NLB Montenegrobanka B4
32 Banque Opportunity B4
33 Kiosque d'information touristique B4

Musée maritime du Monténégro — MUSÉE

(Pomorski muzej Crne Gore ; www.museummaritimum.com ; Trg Bokeljske Mornarice ; adulte/enfant 4/1 € ; 9h-18h30 lun-sam, 9h-13h dim avr-oct, 9h-14h tlj nov-mars). Ce superbe palais du début du XVIIIe siècle abrite un musée célébrant, sur trois niveaux, la valeureuse histoire maritime de Kotor. Un audioguide (gratuit) permet de mieux comprendre la collection comprenant photographies, peintures, uniformes, armes richement décorées et maquettes de navires.

Église Saint-Luc — ÉGLISE

(Crkva Sv Luke ; Trg Sv Luke). Cette jolie petite église en dit long sur l'histoire des relations entre Serbes et Croates à Kotor. Édifiée en 1195 en tant qu'église catholique, Saint-Luc a possédé entre 1657 et 1812 deux autels, un catholique et un orthodoxe, pour une utilisation à tour de rôle. Elle fut ensuite transférée à l'Église orthodoxe. Des fragments de fresques du XIIe siècle ont survécu, de même que deux superbes iconostases peintes : l'une, du XVIIe siècle, se situe dans l'église principale, l'autre, du XVIIIe siècle, se trouve dans la chapelle Saint-Spyridon – un saint lui aussi vénéré par les fidèles des deux cultes.

Église Saint-Nicolas — ÉGLISE ORTHODOXE

(Crkva Sv Nikole ; Trg Sv Luke). En pénétrant dans cette église orthodoxe (1909) sobre, on s'imprègne de l'atmosphère mystique créée par le silence, l'odeur d'encens mêlé de cire d'abeille, la beauté de l'iconostase aux panneaux d'argent sculpté, le contraste du bois sombre sur les murs gris et nus, et la lumière filtrant à travers la coupole et les vitraux tout simples.

Collégiale Sainte-Marie — ÉGLISE CATHOLIQUE

(Crkva Sv Marije Koleđate ; Trg od Drva). Cette église catholique érigée en 1221 sur le site d'une basilique du VIe siècle arbore d'imposantes portes de bronze sculptées (XXe siècle). À l'intérieur, on remarque un crucifix plus grand que nature et particulièrement sombre, ainsi que le cercueil de verre de la bienheureuse Hosanna de Kotor (1493-1565), qui vécut recluse dans une cellule adjacente à une église pour se consacrer à la prière.

Porte de la rivière — PORTE

(Porte Nord). Dans le paisible secteur nord de Kotor, à côté de la Trg od Drva (place du Bois), cette porte donne sur une douve emplie des eaux claires de la bouillonnante rivière Škurda. Elle fut construite en 1540 en mémoire de l'attaque menée l'année précédente par la marine ottomane contre la ville.

Porte du Gurdić — PORTE

(Vrata od Gurdića). Peu de touristes poussent jusqu'à ce secteur de l'extrémité sud de la ville, où les maisons ne laissent plus qu'un

VAUT LE DÉTOUR

LA PETITE ROUTE DU LOVĆEN

La Serpentine, surnom de la route reliant Kotor au mont Lovćen, cœur historique du pays, compte parmi les plus beaux itinéraires du Monténégro. Prenez la direction du tunnel de Tivat et bifurquez à gauche juste après le cimetière. Continuez sur 5 km, puis tournez à gauche au niveau du fort (panneau en direction de Cetinje). La route, étroite mais bonne, grimpe alors sur 17 km en une succession de 25 virages en épingle à cheveux révélant chacun une vue plus saisissante que la précédente. Prenez votre temps et gardez votre sang-froid : vous devrez vous ranger sur le bas-côté ou reculer si une voiture arrive en face. Le panorama depuis le sommet s'étend sur toutes les Bouches, jusqu'à la mer Adriatique. À l'entrée du parc national du Lovćen, vous pouvez soit continuer tout droit et rejoindre Cetinje par le chemin direct, via Njeguši, soit piquer à droite et poursuivre par la route panoramique, qui traverse le parc.

étroit passage menant à une porte fortifiée (dont certaines parties remontent au XIIIe siècle) et à un pont-levis au-dessus du Gurdić. Bien loin de la foule, il ne faut guère d'imagination pour se retrouver transporté dans le passé.

Remparts de la ville FORTERESSE
(2 € ; ⌚24h/24, accès payant 8h-20h mai-sept). Kotor est dominée par le mont Saint-Jean, l'un des petits sommets du massif du Lovćen. Au IXe siècle, on commença à élever des fortifications à flanc de paroi et au XIVe siècle, la ville entière était protégée derrière une enceinte, qui ne cessa d'être complétée et renforcée jusqu'au XIXe siècle. Les sportifs graviront les 1 350 marches (1,2 km) pour parvenir au sommet de la forteresse. À 260 m au-dessus du niveau de la mer, on profite du sentiment d'avoir accompli un exploit... et d'une vue inoubliable. Accès près de la porte Nord ou derrière la Trg od Salate (place de la Salade) ; évitez les heures chaudes et prenez de l'eau en quantité.

Les plus vigoureux pourront s'attaquer à l'**Échelle de Cattaro**, un ancien chemin de caravaniers qui démarre près de la Škurda et grimpe en lacets pour rejoindre le sentier de la Traversée des montagnes côtières, dans le parc national du Lovćen.

Circuits organisés

Plusieurs bateaux de croisière amarrés face à la vieille ville effectuent des sorties dans les Bouches. Le tarif s'élève généralement à une quinzaine d'euros la journée. Les solutions moins collectives s'avèrent hors de la portée de bien des bourses : comme il faut un permis pour naviguer dans la Boka, les sociétés de location de bateau prévoient des formules avec skipper, très onéreuses.

A Day Out On Monty B VOILE
(☎067-859 309 ; www.montenegro4sail.com ; croisière 4 heures/6 heures/8 heures 295/460/550 €, adulte supplémentaire 30/40/50 €). Si vous ne voulez pas dépenser 1 000 € pour une sortie sur un yacht de luxe, optez donc pour une balade avec Katie et Tim, des Anglais qui vivent avec leurs deux petits chiens sur un voilier de 13 m. Le prix de base vaut pour quatre adultes (enfants et adolescents ne paient pas). Si vous êtes moins nombreux, possibilité de partager les coûts avec d'autres voyageurs.

Avel Yachting PLAISANCE
(☎032-672 703 ; www.avelyachting.com ; sortie à la journée 1 200-1 500 €). Location de voiliers et de yachts à la journée ou pour des périodes plus longues.

Kayak Montenegro KAYAK
(☎067-382 472 ; www.kayakmontenegro.com ; 5/15/25 € pour 1 heure/4 heures/8 heures). Ce prestataire de Herceg Novi s'installe aussi à Kotor l'été pour louer des kayaks. Sur le front de mer, au nord de la vieille ville.

Fêtes et festivals

Saint-Tryphon FÊTE RELIGIEUSE
(⌚14 février). La Saint-Valentin n'a pas le monopole du 14 février. Les habitants célèbrent le patron de la ville en se rassemblant pour la messe, puis lors d'une procession à travers les rues de la ville. Des festivités ponctuées de musique et de danses traditionnelles ponctuent le tout.

Carnaval d'hiver CARNAVAL

(février). Deux semaines de bals masqués, de défilés et de spectacles, dans la pure tradition du carnaval vénitien.

Fête du camélia FLEURS

(mi-mars). Hommage est rendu à la fleur qui s'épanouit dans de nombreux jardins de Kotor à la mi-mars, avec élection d'une reine lors du grand bal.

Journée de la marine de la Boka CULTURE

(26 juin). Depuis 1420, on remet solennellement le drapeau et les clés de la ville aux marins en costume traditionnel, qui dansent ensuite le *kolo* (ronde folklorique).

Kotor Art ARTS DE LA SCÈNE

(www.kotorart.org). Le festival d'été de Kotor rassemble plusieurs manifestations culturelles, dont le **festival du théâtre pour enfants** (www.kotorskifestival.com ; début juillet), les Journées musicales de Don Branko (musique classique dans les églises et sur les places de la ville, de mi-juillet à mi-août, avec des artistes internationaux), le Festival de *klapa* (ensembles vocaux traditionnels) de Perast, et une série d'ateliers, de conférences et de spectacles associés.

Défilé de mode international MODE

(fin juillet). De grands couturiers envoient leurs collections pour des défilés sur une estrade érigée devant la cathédrale.

Carnaval d'été CARNAVAL

(août). Une version condensée du grand carnaval, à une période plus touristique.

Nuit de la Boka CULTURE

(mi-août). Concours de barques décorées dans les Bouches.

Où se loger

La vieille ville ne manque pas de charme, ni de bruit ! En été, la musique retentit des bars jusqu'à 1h du matin toutes les nuits, avant le passage vers 6h des camions-poubelles et le démarrage dès 8h des conversations devant les cafés. Pour les chambres chez l'habitant, adressez-vous au kiosque touristique.

Old Town Hostel AUBERGE DE JEUNESSE €

(032-325 317 ; www.hostel-kotor.me ; près de la Trg od Salata ; dort 12-14 €, ch sans sdb 30 €, app 40 €). Les fantômes de la famille Bisanti ne peuvent que se réjouir de voir leur palais du XIIIe siècle si joliment ramené à la vie. Les vieux murs de pierre renvoient désormais l'écho des joyeuses conversations de voyageurs ravis de se retrouver sous les armoiries de la famille, dans un cadre à la fois historique, confortable et convivial, le tout à prix raisonnable. Exceptionnel !

Montenegro Hostel AUBERGE DE JEUNESSE €

(069-270 510 ; www.montenegrohostel.com ; Trg Bokeljske Mornarice ; dort 13-14 €, s 17 €, d 50 €, sans sdb 40 € ;). Difficile de trouver plus central, mais cela a un prix : prévoyez des bouchons d'oreilles si vous avez le sommeil léger. Pour le reste, cette auberge simple est parfaite.

Hotel Monte Cristo HÔTEL €€

(032-322 458 ; www.montecristo.co.me ; près de la Trg Bokeljske Mornarice ; ch 75-90 €, app 115-150 € ; P). La vieille demeure de pierre ne remportera certes pas la palme du design, mais elle offre un accueil chaleureux, des chambres impeccables et joliment carrelées, et un emplacement hypercentral. Assez bruyant en raison du restaurant au rez-de-chaussée.

Tianis APPARTEMENTS €€

(032-302 178 ; www.tianis.net ; Tabačina 569 ; app 60-120 € ; P). Bien situé sans être trop au cœur de la mêlée, cet établissement sympathique propose plusieurs appartements à prix raisonnable, de tailles diverses et disposant pour certains d'une terrasse avec une vue superbe sur la rivière Škurda et la vieille ville.

Hotel Astoria HÔTEL DE CHARME €€€

(032-302 720 ; www.kotor.astoriamontenegro.com ; Trg od Brašna ; s 120-150 €, d 150-180 € ;). Une atmosphère empreinte de fantastique règne dans cet hôtel apparemment conçu par un fan du *Seigneur des anneaux*. Les couloirs ont l'allure de grottes et une princesse guerrière tout droit sortie d'un roman de fantasy semble surveiller la réception, mais les chambres, luxueuses, sont très confortables. La spacieuse Junior Suite contemple la baie.

Hotel Vardar HÔTEL €€€

(032-325 084 ; www.hotelvardar.com ; Trg od Oružja ; s 115-169 €, d 155-230 € ; P). Bel hôtel situé sur la place principale, somptueusement rénové et équipé d'un élégant mobilier. Les oreillers sont moelleux et les salles de bains en marbre splendides... mais tout ce luxe ne protège hélas pas du bruit.

Villa Duomo APPARTEMENTS €€€
(☎032-323 111 ; www.villaduomo.com ; près de la Trg Bokeljske Mornarice ; app 120-240 € ; P ❄ wifi). Le Duomo allie à merveille confort moderne et ambiance traditionnelle. Entre les murs de pierre brute, lits bateaux en bois, vieux téléphones et bureaux anciens côtoient TV à écran plasma, lecteurs de DVD et, dans certaines chambres, Jacuzzi. Le petit-déjeuner est servi sur une jolie terrasse intérieure.

Où se restaurer

Les ruelles pavées de Kotor sont bordées de nombreux restaurants, boulangeries et snacks. Les becs sucrés apprécieront le strudel aux cerises, l'une des spécialités locales. On peut faire ses courses au **marché** (⌚7h-14h), au-dessous des remparts et au **supermarché Roda** (Jadranski Put ; ⌚6h-23h), sur la route menant à la gare routière.

Stari Grad POISSON €€
(☎032-322 025 ; www.restoranstarigrad.com ; Trg od Mlijeka ; plats 8-18 €). Installez-vous directement sous la treille du patio entouré de murs de pierre et préparez-vous pour un délicieux – et plantureux – repas. Vous aurez le choix entre les poissons que l'on vous présentera, ou bien vous commanderez l'une des appétissantes spécialités traditionnelles à la carte.

Bastion MONTÉNÉGRIN, POISSON €€
(www.bastion123.com ; Trg od Drva ; plats 8-18 € ; ⌚10h-24h). Cet établissement situé un peu à l'écart de la frénésie du centre propose du poisson frais et des viandes grillées. Profitez des tables à l'extérieur si le temps est clément.

♥ **Galion** POISSON €€€
(☎032-325 054 ; Šuranj bb ; repas 10-21 €). Dans un cadre follement romantique, avec vue sur la vieille ville et les bateaux de plaisance amarrés dans le port, le très chic Galion propose des spécialités de poisson et des viandes grillées traditionnelles. Généralement fermé l'hiver.

Où prendre un verre et sortir

Les rues et les places de Kotor bruissent des éclats des conversations de tous les bars et cafés présents. Faites votre choix !

Havana BAR
(Trg od Zatvora ; ⌚8h-1h ; wifi). L'été, le Havana investit une petite place sombre de la vieille ville et utilise le mur du bâtiment voisin comme écran pour les vidéos pop et les retransmissions sportives. Si le temps se dégrade, repliez-vous à l'intérieur (salle à la déco cubaine avec bar central) pour finir votre cocktail.

Bandiera BAR
(près de la Trg od Salata). Rares sont les touristes qui poussent jusqu'à ce coin sombre de la ville. Che Guevara sur les murs et rock dans les baffles.

Citadella BAR
(☎032-311 000 ; www.cattarohotel.com ; près de la Trg od Oružja). Ce grand bar en terrasse situé en haut des fortifications est assez touristique, mais offre une vue imbattable sur la baie, la ville et les remparts.

Maximus CLUB
(☎067-216 767 ; www.discomaximus.com ; près de la Trg od Oružja ; 5 € ; ⌚23h-5h jeu-sam, tlj en été). Dans la discothèque la plus chaude du Monténégro, l'ambiance festive culmine l'été quand DJ internationaux et stars locales se succèdent sur scène.

Achats

Caves Mon Ami VIN
(près de la Trg od Mlijeka ; dégustation 4 € ; ⌚9h-15h et 17h-24h). Les vins locaux sont rares sur les cartes des restaurants. Cette belle petite boutique vous permettra de découvrir une sélection de crus monténégrins. Elle propose des dégustations de cinq vins et trois sortes de *rakija* (alcool de fruits), et vend de jolies bouteilles peintes à la main.

Antiques Stanković ANTIQUITÉS
(☎069-071 819 ; www.antiquesstankovic.com ; Trg Bokeljske Mornarice). Une malle au trésor pleine de médailles de l'époque socialiste, de pièces romaines, de bijoux anciens, de costumes traditionnels et d'autres objets intéressants.

Renseignements

Vous trouverez la **poste**, ainsi que plusieurs banques avec DAB, sur la place principale, la Trg od Oružja. Il y a une **clinique avec urgences** à Dobrota.

Limili (☎082-325 511 ; Njegoševa 13 ; 7 € pour 5 kg). Ce pressing vous lavera votre linge pour le lendemain. Sur la route de Muo, après l'ancien Hotel Fjord (abandonné).

Kiosque d'information touristique (☎ 032-325 950 ; www.tokotor.me ; devant la Vrata od Mora ; ⌚ 8h-20h avr-nov, 8h-18h déc-mars). Cartes et brochures gratuites. Renseignements sur les chambres chez l'habitant.

Depuis/vers Kotor

La route de Tivat et Budva part de l'artère longeant la mer, à un carrefour situé au sud de la vieille ville. Attention, la circulation est incompréhensible à cette intersection. La route emprunte ensuite un long tunnel.

La **gare routière** (☎ 032-325 809 ; ⌚ 6h-21h) se trouve au sud de la ville, sur la route menant au tunnel. Il y a des bus pour Herceg Novi (4 €, 1 heure), Budva (3,50 €, 40 minutes), Tivat (2,20 €, 20 minutes) et Podgorica (7 €, 2 heures) toutes les heures au moins. Kolašin (12 €, 4/jour), Dubrovnik (Croatie, 14 €, 2/jour) et Belgrade (Serbie, 32 €, 7/jour), entre autres, sont également desservies.

La course en taxi pour l'aéroport de Tivat coûte une dizaine d'euros.

Prčanj Прчањ

1 130 HABITANTS

De Kotor, la route qui longe la baie en direction de Prčanj (nord) se rétrécit jusqu'à devenir voie unique, ce qui génère bien des complications et des coups de klaxon lorsqu'un bus doit croiser un camion ! Après avoir traversé le village de Muo, on arrive à Prčanj (5 km de Kotor). La petite ville, jadis prospère localité maritime, abrite quantité de maisons de pierre, deux restaurants, une boulangerie, une supérette et nombre d'églises de toutes tailles.

À voir

Église de la Naissance-de-la-Bienheureuse-Vierge-Marie ÉGLISE CATHOLIQUE

(Crkva Rođenja Blažene Djevice Marije ; ⌚ 19h-21h lun-sam, 9h-11h dim). Plus grand édifice religieux de la côte adriatique, cette église monumentale domine le petit village. Entamée en 1789, la construction ne s'acheva qu'en 1908. Majoritaires à l'époque, les catholiques ne représentent aujourd'hui que 21% de la population locale.

Un escalier monumental conduit à une terrasse dominant la baie, une vue que contemplent les statues de saint Pierre et saint Paul sur la façade de l'église. L'intérieur renferme une série de sculptures intéressantes ainsi qu'un squelette conservé dans un cercueil de verre.

Église Saint-Nicolas ÉGLISE

(Crkva Sv Nikole). Édifiée en 1735, cette église baroque de taille moyenne jouxte un monastère franciscain (la dernière communauté est partie en 1908). Gravement endommagée lors du séisme de 1979, elle n'a été restaurée qu'en 2011. Elle abrite un grand autel de construction vénitienne, avec une peinture représentant saint Nicolas flanquée de statues en bois de saint Pierre et saint Paul.

Église Saint-Jean-Baptiste ÉGLISE

(Crkva Sv Ivana Krstitelja). Cette petite église toute simple un peu à l'abandon date de 1221... ou de 1397, selon les documents.

Stoliv Столив

350 HABITANTS

À 9,5 km de Kotor en bord de mer, un ensemble de maisons de pierre blotties dans l'ombre d'une imposante église forment l'agréable **Donji Stoliv** (le village "du bas"). Cela vaut la peine de s'y arrêter et d'emprunter le chemin superbe (mais raide !) qui grimpe entre oliviers et châtaigniers jusqu'au village "du haut", **Gornji Stoliv** (1/2 heure de marche). La plupart des familles qui vivaient là depuis des siècles sont désormais parties, et seules quelques maisons demeurent habitées, entre des demeures plus ou moins en ruine. Le tout, dominé par une église de 1553 dédiée au prophète Élie (Crkva Sv Ilije), ne manque pas de charme. À 250 m

INTERVIEW

LA CRÊTE DU VRMAC

"La crête du Vrmac est au programme du Coastal Challenge (voir p. 116), mais nul besoin d'être un marcheur aguerri pour l'emprunter. L'itinéraire démarre à Trojica, l'ancien fort autrichien au-dessus de Kotor, et rejoint Gornja Lastva, un vieux village que les habitants ont fait le serment de ne pas vendre aux promoteurs. Le chemin, assez large, est accessible aussi aux VTT."

Jack Delf, Adventure Race Montenegro

de là, on découvre un magnifique panorama sur la baie et Perast.

À Donji Stoliv, on peut planter sa tente à l'ombre d'un figuier chez certains habitants. Les installations sont spartiates (toilettes à la turque avec corbeille pour jeter le papier) et l'eau manque parfois. Comptez une dizaine d'euros pour deux personnes et une voiture.

Lastva Ластва

750 HABITANTS

Après Stoliv, la route contourne la pointe de la péninsule de Vrmac, passe à Lepetane (ferry) et débouche dans la première baie.

Deux kilomètres plus loin, Lastva compte lui aussi une partie basse et une partie haute. Une route correcte (3 km) mène au village du haut, **Gornja Lastva**, vanté sur les dépliants touristiques pour son ambiance traditionnelle. On se sent moins loin de tout qu'à Stoliv, mais au moins le village continue-t-il de vivre. Des femmes âgées vêtues de noir vont ramasser des herbes aromatiques et, avec un peu de chance, le curé sera là pour vous ouvrir l'**église Sainte-Marie** (Crkva Sv Marije), un édifice du XVe siècle qui abrite, dit-on, des peintures italiennes de belle facture. Le premier samedi d'août, c'est la fête au village.

Un **office du tourisme** (⌚8h-12h et 17h-20h lun-sam, 8h-12h dim) fonctionne l'été à **Donja Lastva**. Il vous renseignera sur les possibilités d'hébergement chez l'habitant.

Tivat Тиват

9 400 HABITANTS

La transformation de son ancienne base navale en marina destinée à accueillir les "super-yachts", un projet de plusieurs millions de dollars, a donné le coup d'envoi d'une totale métamorphose de cette station. Il y a 10 ans encore, le front de mer bordé de palmiers avait bien triste allure et l'offre culinaire semblait se limiter à la pizza. Devenue très chic, Tivat bénéficie désormais d'une diversité de restaurants qui n'a rien à envier à celle des autres villes du pays – mais les prix ont suivi son essor.

Réputée comme l'un des endroits les plus ensoleillés de la Boka, Tivat n'égalera jamais Kotor pour son charme mais demeure une étape agréable d'un périple dans les Bouches, ainsi qu'une base commode pour découvrir les jolis villages du massif du Vrmac et de la péninsule de Luštica.

La ville abrite la plus importante communauté croate et catholique des Bouches – respectivement 17% et 21% de la population.

À voir

Porto Montenegro MARINA, VILLAGE

(www.portomontenegro.com ; ⌚7h-1h). C'est à cet endroit surréaliste, véritable ville dans la ville occupant les 24 hectares de l'ancien arsenal, que l'on doit la métamorphose de Tivat. Seuls 4,5 hectares avaient été aménagés au moment de la rédaction de ce guide, mais on y comptait déjà cinq résidences haut de gamme, un "village" de boutiques chics, de bars, de restaurants et d'équipements de loisirs, un musée et 250 places dans le port. Un Regent Hotel devrait ouvrir en mai 2014 et, à terme, ce sont 630 luxueux bateaux de plaisance (dont 130 "super-yachts") qui pourront mouiller dans la marina.

Le projet a fait descendre dans la rue 3 500 habitants furieux de la vente à de très riches investisseurs étrangers (un consortium international dirigé par l'homme d'affaires canadien Peter Munk) de cet élément du patrimoine national et de la perte de 480 emplois. Mais les nouveaux aménagements de la ville ont fait taire bien des critiques.

Si l'étalage des injustices résultant de l'économie contemporaine ne vous donne pas trop d'aigreurs, vous apprécierez un petit tour dans la marina et le coup d'œil sur les yachts somptueux. Et les enfants adoreront le terrain de jeu en forme de bateau de pirate, à côté de l'entrée principale.

Comme il s'agit d'inciter les yachts à mouiller ici tout l'hiver, les bars, restaurants et prestataires sont ouverts toute l'année (contrairement à la plupart des stations de la côte). Calculés pour les portefeuilles des membres d'équipage plutôt que pour les riches propriétaires, les prix, quoique prohibitifs pour le Monténégro, restent raisonnables par rapport au reste de l'Europe.

Collection du patrimoine maritime MUSÉE

(Zbirka Pomorskog Nasljeđa ; Porto Montenegro ; ⌚10h-20h lun-sam, 16h-20h dim). GRATUIT Porto Montenegro rend hommage à son passé avec cette collection consacrée à l'histoire de l'Arsenal et de la base navale. Le musée occupe un ancien hangar à bateaux, mais les fleurons de la collection, deux grands sous-marins de la marine yougoslave, sont conservés sur le quai à l'extérieur.

Musée et galerie Buća-Luković MUSÉE

(Muzej i Galerija Buća-Luković ; 032-674 591 ; Trg od kulture ; 8h-14h et 16h-22h lun-sam, 16h-22h dim). GRATUIT Les aristocrates de Perast, Dobrota et Kotor venaient autrefois en villégiature dans leur résidence de Tivat baignée de soleil. L'ancienne propriété de la famille Buća, de Kotor, figure parmi les rares qui ont survécu. Le domaine fortifié construit il y a 500 ans abrite une chapelle catholique.

Demandez que l'on vous ouvre la tour défensive, bâtiment massif de pierre qui abrite une collection d'antiquités de l'époque romaine. À côté se trouve un musée ethnographique bien présenté, contenant des outils de pêche et d'agriculture ainsi que des photos. À l'étage sont exposés des bijoux et de jolis costumes traditionnels, y compris les petits sacs à main et les ombrelles utilisés par les femmes qui suivaient la mode occidentale. La galerie est consacrée aux peintures et sculptures actuelles.

Parc municipal PARC

(Gradski Park). Aménagé en 1892, ce parc paisible et verdoyant se situe au nord du centre. Il est bordé à l'une de ses extrémités par le stade de football de l'Arsenal de Tivat.

Plage municipale PLAGE

(Gradska Plaža). Si les plages de la péninsule de Luštica offrent des conditions plus agréables, Tivat possède tout de même de quoi faire trempette. Longue plate-forme de béton bordée d'une frange de 20 m de galets, la plage municipale s'étire le long de la promenade en front de mer. Une autre plage de galets, **Belani** (Plaža Belane), s'étend juste après la marina.

Activités

Montenegro Cruising CROISIÈRES

(068-821 300 ; croisière 20 € ; 10h mai-sept). Croisières tous les jours en saison. Les navires (au nombre de quatre, baptisés "Vesna") font escale sur la plage de Žanjic, à Herceg Novi, dans les îles de Perast et à Kotor, et sont de retour à Tivat pour 18h. Les agences de Budva proposent aussi cette croisière, avec transferts en bus.

Montenegro+ SPORTS AQUATIQUES

(069-190 190 ; www.montenegroplus.me ; Jetée 1, Porto Montenegro ; 9h-19h). Cours de wakeboard et de ski nautique (80 € les 40 minutes), de SUP (35 € les 90 minutes) et de voile (stage sur un trimaran, 12 heures sur trois jours, 360 €). Location de kayaks (à partir de 30 €/jour), de trimarans (45/140 € pour 1 heure 30/la journée) et de VTT (50 €/jour). Excursions guidées en kayak jusqu'à Perast (24 €), la grotte Bleue (45 €), le lac de Skadar (65 €) et la rivière Tara (85 €), et sortie à VTT sur la crête du Vrmac (40 €).

Purobeach BAIGNADE

(www.purobeach.com ; Porto Montenegro ; chaise longue avec fruits et une consommation 30 € ; 11h-tard mai-sept). Un complexe "pieds dans l'eau" où observer de près les habitants de la planète glamour. Superbement dessinée, la piscine au motif de circuit imprimé semble se prolonger dans la mer. Après une journée à paresser au son de rythmes doux, le coucher du soleil sur la baie donne le signal du départ pour les bars et restaurants de l'établissement.

Pura Vida SPA

(032-540 356 ; www.puravida-spa.com ; Porto Montenegro ; massage à partir de 30 € ; 9h-21h lun-sam, 12h-20 dim). Il y a bien sûr un spa à Porto Montenegro, proposant tous les traitements, soins et massages que l'on attend d'un établissement de luxe.

Fêtes et festivals

Carnaval CARNAVAL

(février). Comme les autres habitants des Bouches, les citoyens de Tivat se parent de leurs masques vénitiens en février.

Purgatorije THÉÂTRE

(www.czktivat.co.me ; juillet à mi-sept). Le Festival international de théâtre méditerranéen programme durant tout l'été théâtre, concerts, films et expositions.

Journées de la culture de novembre ARTS DE LA SCÈNE

(novembre). Expositions, théâtre et concerts pour réchauffer l'atmosphère des journées d'automne.

Où se loger

Adressez-vous à l'office du tourisme pour les chambres chez l'habitant.

Tivat

Hotel Villa Royal HÔTEL €€
(☎032-675 310 ; www.rotortivat.com ; Kalimanjska 18 ; s/d 42/68 € ; ❄@📶). Ce petit hôtel installé à proximité du vieux port de plaisance n'a rien d'une demeure royale, mais les chambres claires et propres, et, surtout, l'accueil chaleureux du personnel en font notre préféré parmi l'offre extrêmement limitée d'hébergement à Tivat – en attendant l'ouverture du **Regent** (www.regenthotels.com/EN/Porto-Montenegro), prévue pour 2014 dans la marina de Porto Montenegro.

Où se restaurer et prendre un verre

Theodorus CAFÉ, BAR €
(Trg kulture ; plats 3-14 € ; 📶). Fatigué de ne croiser que des yachtmen ? Mettez le cap sur ce bar très apprécié des habitants, simplement pour un café ou une bière, ou davantage : petit-déjeuner complet, délicieux sandwichs, pâtes, steaks, salades... C'est ici qu'il faut être le vendredi soir pour de la musique live.

Al Posto Giusto ITALIEN €€
(☎031-331 071 ; www.harmonyoftaste.com ; Porto Montenegro ; plats 6-19 €). Le plus

Tivat

À voir
1 Plage de Belani D5
2 Musée et galerie Buća-Luković B3
3 Collection du patrimoine maritime B1
4 Plage municipale C4

Activités
5 Montenegro Cruising B4
6 Montenegro+ A3
7 Pura Vida B3
8 Purobeach A1

Où se loger
9 Hotel Villa Royal D5

Où se restaurer
10 Al Posto Giusto B2
11 Mitsu B2
12 One B3
13 Prova C4
14 Theodorus B3

Où prendre un verre et sortir
15 Clubhouse B3

Achats
16 Librairie B3
17 Galerie Pizana B2

“monténégrin” – et donc le plus animé – de tous les restaurants de Porto Montenegro. Les plats du jour sont inscrits directement sur les murs de couleur noire, et vous pourrez observer le pizzaiolo à l'œuvre devant son four à bois.

Prova MÉDITERRANÉEN €€
(www.prova.co.me ; Šetalište Iva Vizina 1 ; plats 8-18 € ; 8h-1h). Emblématique de la nouvelle Tivat, toujours plus chic, ce restaurant haut de gamme en forme de navire arbore des lustres aux allures de méduses mutantes… et sert d'excellentes pâtes.

One ITALIEN €€€
(067-486 045 ; Porto Montenegro ; plats 10-20 € ; 8h-1h). Une brasserie élégante mais décontractée, tout en chic marin avec ses voiles tendues au plafond et ses peintures murales. La carte a résolument fait la traversée de l'Adriatique et propose de belles interprétations de la cuisine italienne. Petits-déjeuners complets pour 6 €. Il y a une boutique attenante, le One Gourmet.

Mitsu JAPONAIS €€€
(032-540 230 ; Porto Montenegro ; plats 12-16 € ; 11h-23h). Habillé de rouge et de noir et décoré de suspensions en forme de lanternes, ce restaurant branché vient sauver ceux que guette l'overdose de pizzas et de poissons grillés. Sushis et sashimis sont préparés dans une cuisine ouvrant sur la salle, et la carte ne dédaigne pas les classiques de la cuisine chinoise et vietnamienne.

Clubhouse BAR
(www.facebook.com/TheClubhousePortoMontenegro ; Porto Montenegro ; 12h-1h). Un petit bar très animé qui se démène pour divertir les équipages des yachts : concerts, soirées à thèmes déjantées, retransmissions de matchs de foot et de rugby. Tenu par des Australiens, il propose un bon choix de bières importées, du *caffe latte* version Oz, un shiraz australien et un sauvignon blanc néo-zélandais.

Achats

Galerie Pizana ART
(www.pizana.me ; Porto Montenegro ; 17h-23h). Expose bon nombre des grands artistes contemporains monténégrins.

Librairie LIVRES
(www.novaknjiga.com ; Porto Montenegro ; 9h-23h). Un rayon d'ouvrages en anglais et les dernières éditions de journaux français, britanniques et russes.

Renseignements

Office du tourisme (032-671 324 ; www.tivat.travel ; Palih Boraca 8 ; 8h-20h lun-ven, 8h-12h et 18h-20h sam, 8h-12h dim juin-août, 8h-15h lun-sam sept-mai). Adresses d'hébergement et informations sur les sites à voir et les balades à faire.

Comment s'y rendre et circuler

AVION

L'aéroport de Tivat se trouve à 3 km au sud de la ville et à 8 km de Kotor (par le tunnel). En taxi, comptez de 5 à 7 € pour Tivat, 10 € pour Kotor et 25 € pour Budva.

Avis, Europcar, In Montenegro, Meridian Rentacar et Sixt, entre autres sociétés de location de voitures, disposent d'un comptoir à l'aéroport.

BUS

Les bus à destination de Kotor (2,20 €, 20 minutes) s'arrêtent sur Palih Boraca, devant une boutique de bijoux. La gare routière principale se situe à mi-chemin de Tivat et de Kotor, ce qui n'est guère commode. Il y a des liaisons pour Herceg Novi (3 €, 10/jour), Kotor (2 €, 7/jour), Budva (3 €, 1/heure au moins), Bar (6 €, 7/jour), Podgorica (7 €, 1/heure au moins) et Belgrade (Serbie, 28 €, 1/jour).

VÉLO

Bike Tivat (www.biketivat.com ; abonnement journée/semaine 5/30 €) a installé quatre stations en libre-service dans Tivat et deux autres à Donja Lastva. Il faut régler un abonnement à l'office du tourisme, où l'on vous remet une carte électronique permettant de déverrouiller les vélos. La première demi-heure est gratuite, l'heure suivante coûte 50 c, mais les formules d'abonnement pour les touristes comprennent 4 heures d'utilisation.

Pour louer un VTT, adressez-vous à Montenegro+ (p. 53).

VOITURE

Tivat est située dans la partie occidentale de la péninsule du Vrmac, qui divise en deux les bouches de Kotor. Le plus court pour rejoindre Kotor est de prendre la route principale en direction de Budva (sud-est) et le tunnel (tournez à gauche au grand carrefour après l'aéroport). L'autre option est la petite route côtière. Pour Herceg Novi, prenez le ferry à Lepetane, à 5 km au nord-ouest de la ville.

Environs de Tivat

Par une route peu engageante qui passe derrière l'aéroport et traverse une zone délabrée où un ancien complexe touristique héberge des personnes déplacées à la suite des conflits récents dans la région, on accède à **Ostrvo Cvijeća** (l'île aux Fleurs, un nom excessivement poétique). Tout au bout de la route truffée de nids-de-poule apparaît le **monastère de l'Archange-Saint-Michel** (Manastir Sv Arhanđela Mihaila), site historique majeur de la région qui abrite des vestiges de mosaïques romaines ainsi que les ruines d'une église et d'un monastère bénédictin du IXe siècle. Saint-Michel fut le siège de l'évêché orthodoxe de la Zeta entre le début du XIIIe siècle et 1452, année de sa destruction par les Vénitiens. La jolie petite **église de la Sainte-Trinité** (Crkva Sv Trojice), du XIXe siècle, se dresse juste à côté, à l'ombre des arbres et à l'abri de murs de pierre. Deux îles situées dans le prolongement de l'île aux Fleurs ne sont accessibles que par voie maritime (bateau-taxi à partir de Tivat ou Herceg Novi). Très boisée, la plus grande, **Sveti Marko** (île Saint-Marc), accueillait autrefois un village du Club Med – on voit encore ici et là des paillotes entre les arbres. Ce superbe site, doté de deux belles plages, fera certainement l'objet un jour d'un nouvel aménagement touristique.

Au-delà, la minuscule **Gospa od Milosti** (île Notre-Dame-de-la-Miséricorde), résidence des évêques catholiques de Kotor il y a longtemps, accueille aujourd'hui un monastère – et une statue en bois de la Vierge à laquelle on attribue des pouvoirs miraculeux.

Péninsule de Luštica
Луштица

À l'entrée sud des bouches de Kotor, la péninsule de Luštica est un lieu sublime où se nichent des plages isolées et des villages idylliques posés au milieu de champs d'oliviers. Nous ne saurions trop vous conseiller de vous y précipiter tant que ce territoire demeure à peu près intact. Lors de nos recherches pour ce guide, un complexe de golf était en construction sur une large portion de la côte sud.

La partie de la péninsule faisant face à Tivat est déjà bien construite. À **Krtoli**, les plages de galets contemplent la verdure de l'île Saint-Marc et la jolie île Notre-Dame-de-la-Miséricorde : un endroit somme toute très agréable pour se détendre en bord de mer – et moins cher que les autres stations de la côte. Il y a en outre plusieurs appart-hôtels très agréables et de taille raisonnable. En poursuivant vers l'ouest, on découvre le ravissant petit village de pêcheurs de **Bjelila**, aux vieilles maisons de pierre construites les pieds dans l'eau.

Plus loin, les constructions se font rares, la route se rétrécit et le paysage se pare d'un beau vert. En montant vers Rose, on découvre un panorama sur les Bouches. Si vous vous sentez d'humeur à musarder au volant, continuez après le village sur les petites routes de campagne qui serpentent entre les oliveraies de la partie sud de la péninsule. Vous vous égarerez probablement, mais retrouverez sans doute à un moment un panneau en direction de Radovići.

La côte sud est bordée par une série de plages propres qui font le bonheur des vacanciers venus pour la journée en bateau-taxi depuis Herceg Novi.

À voir

Rose
VILLAGE

À la pointe de la péninsule, un bouquet de maisons de pierre observe paisiblement Herceg Novi, de l'autre côté des eaux scintillantes de la baie. Le village de pêcheurs de Rose (on prononce "rosé") est assoupi une partie de l'année, mais de mai à septembre quelques restaurants en bord de mer ouvrent leurs portes pour les touristes. Renseignez-vous auprès d'un habitant si vous souhaitez passer la nuit sur place.

Des bateaux-taxis vous emmèneront à Rose depuis Herceg Novi pour une dizaine d'euros. On peut aussi venir en kayak, (30 minutes environ), soit dans le cadre de l'excursion de Kayak Montenegro (voir p. 37), soit seul en louant le matériel.

Dobreč
PLAGE

Uniquement accessible par la mer (bateau-taxi depuis Herceg Novi ou excursion avec Kayak Montenegro, voir p. 37), Dobreč, plage labellisée Pavillon bleu, est baignée par des eaux parmi les plus pures du Monténégro. On y passe aisément la journée car il y a un bon restaurant et un petit parc aquatique pour les enfants.

Žanjic et Mirišta
PLAGES

Žanjic, une plage de galets blancs longue de 300 m environ, lovée dans une anse abritée au pied des oliveraies, accueille jusqu'à un millier de personnes chaque jour en été. Sa voisine Mirišta est beaucoup plus petite.

Les deux sont accessibles en voiture, mais le bateau depuis Herceg Novi est plus pratique. La croisière dans la Boka avec Montenegro Cruising (p. 53) fait une escale de 90 minutes tous les jours à Žanjic. La sortie de Kayak Montenegro pour l'île de Mamula marque un arrêt à Mirišta.

Grotte Bleue
GROTTE

(Plava Špilja). Le reflet de la lumière à travers les eaux claires donne une couleur fascinante aux parois hautes de 9 m de cette grotte. C'est l'un des moments forts des excursions en bateau dans les Bouches, d'autant plus si on vous laisse le loisir d'un petit plongeon. Montenegro+ (p. 53) propose des sorties en kayak jusqu'à la grotte.

Oblatno
PLAGE

(www.almara.me). Le paradis de terres boisées et d'eaux bleu clair de la baie de Trašte n'a pas échappé aux promoteurs. Ce qui n'était il y a quelques années encore qu'une jolie étendue de côte rocheuse a été investi par un complexe chic, l'Almara Beach Club, dont le restaurant, les chaises longues, les DJ et les concerts attirent une jeunesse branchée en quête de soleil et de fêtes jusqu'au bout de la nuit.

Et ce n'est rien au regard des projets en cours : une nouvelle station touristique, avec port de plaisance et golf. Dépêchez-vous d'aller découvrir ce petit morceau de "beauté sauvage" – pour reprendre le slogan utilisé pour la promotion touristique du Monténégro – avant qu'il ne disparaisse à tout jamais.

Pržno
PLAGE

Au pied de la péninsule, juste au sud de Radovići, la superbe Pržno (à ne pas confondre avec la commune de Pržno proche de Sveti Stefan) étire son sable blanc dans une anse plantée de pins, d'oliviers et de taillis. Une candidate sérieuse au titre de plus belle plage du Monténégro !

Les habitants l'appellent généralement Plavi Horizont (Horizon bleu), du nom d'un grand hôtel touristique qui était en cours de destruction lors de notre passage. Il sera remplacé, fin 2014 en principe, par un complexe cinq étoiles financé (250 millions de dollars) par une société qatarienne et composé de dizaines d'habitations, chacune avec piscine, disséminées autour de la plage. On ne sait pas ce qu'il adviendra de l'oliveraie, ni si la plage restera accessible au public. Une chose est sûre : Pržno ne va pas rester longtemps le paradis qu'il est actuellement.

Où se loger

♥ Villa Kristina
APPARTEMENTS €€

(☎032-679 739 ; www.villakristina.me ; Bjelila bb ; app 60-80 € ; ❄📶). La Villa Kristina regroupe quatre appartements aux couleurs vives arborant lustres, TV à écran plat, kitchenette et petit balcon donnant sur la baie. Le tout est follement romantique, d'où l'idée des propriétaires de rebaptiser prochainement l'établissement Villa Romantica. Vous trouverez un restaurant et une petite plage privée en contrebas.

Appartements Briv APPARTEMENTS €€
(☎032-680 116 ; www.yubriv.com ; Obala Đuraševića bb, Krtoli ; app 70-80 € ; P ❄ @). Immeuble moderne comportant 24 beaux appartements, de tailles diverses, et une terrasse posée juste au-dessus de l'eau. Les appartements du rez-de-chaussée ont un balcon face à la mer. Pour faire un saut dans les îles, louez donc un kayak ou un Jet-Ski !

Hotel Vizantija HÔTEL €€
(☎032-680 015 ; www.vizantija.com ; Kaluđerovina bb ; ste 60-80 €, app 100 € ; ⊙avr-sept ; P ❄ ᯤ). Cet hôtel composé de 12 suites et appartements impeccables se tient en haut d'un raidillon. Les occupants peuvent accéder directement à la mer par un passage qui part au pied du bâtiment. Attention, le chemin d'accès depuis la route est raide.

Où se restaurer

Konoba Adriatic POISSON, CAFÉ €€
(☎031-687 020 ; Rose bb ; plats 5-11 € ; ⊙10h-minuit). À Rose, installez-vous tranquillement sous la vigne, face à la mer, et savourez un sandwich (3,50 €) ou un plat de poisson.

Vino Santo POISSON €€€
(☎067-851 662 ; www.vinosanto.me ; Obala Đuraševića bb, Krtoli ; plats 10-19 € ; ⊙12h-minuit). Si vous êtes lassé par les menus de la mer servis par les différents restaurants le long de la côte, il est temps de mettre cap sur le Vino Santo. Le très estimé Dragan Peričić rend hommage aux spécialités de la mer en y ajoutant une touche française. Savourez vos crevettes flambées au cognac en contemplant la vue sur les îles, tandis que les serveurs en nœud papillon noir œuvrent efficacement derrière vous.

DAVOR LOVINCIC / GETTY IMAGES ©

Beauté sauvage

Pays-confetti, le Monténégro compense sa taille modeste par une profusion de paysages uniques. Un littoral ourlé d'eaux cristallines, des montagnes qui plongent dans la mer, des massifs parsemés de lacs et de forêts, ici, la nature a vu grand et beau.

Sommaire

Ci-dessus : Parc national du lac de Skadar (p. 97)

GARY JOHN NORMAN / GETTY IMAGES ©

1. Pêcheurs, bouches de Kotor (p. 32) 2. Plage d'Oblatno (p. 57)
3. Plage de Buljarica (p. 76) 4. Sveti Stefan (p. 75)

LAURIE NOBLE / GETTY IMAGES ©

ALDO PAVAN / GETTY IMAGES ©

Littoral ensoleillé

Pour lord Byron, les côtes du Monténégro étaient "la plus belle rencontre entre terre et mer". Lorsque vous plongerez dans les eaux limpides du littoral, avec les montagnes en arrière-plan, il est à parier que vous donnerez raison au poète.

Bouches de Kotor

Difficile de rivaliser avec les bouches de Kotor qui marient végétation méditerranéenne, villes historiques, villages de charme et montagnes escarpées plongeant dans une mer opalescente. Il règne dans la baie un subtil parfum d'herbes sauvages, de fleurs odorantes et d'arbres aromatiques.

Ce n'est pas étonnant si la partie intérieure de la baie a été le premier site du Monténégro à être classé au patrimoine mondial de l'Unesco – en reconnaissance de sa valeur naturelle et culturelle.

Villes fortifiées

Pendant des siècles, les habitants de la côte ont protégé leurs villes derrière des murs de pierre, créant un contraste pittoresque avec la nature environnante.

À Budva et Ulcinj, les anciennes fortifications dominent le bleu azur de l'Adriatique. Les murailles de Kotor grimpent sur les falaises auxquelles la ville est adossée. Illuminées la nuit, elles se reflètent en halo dans l'eau calme et sombre de la baie.

Îlot-forteresse rattaché à la côte par une route étroite, Sveti Stefan est encore plus impressionnant. Transformé en village-hôtel de luxe, l'ancien village de pêcheurs a su toutefois conserver intacte son atmosphère historique.

PAUL WHITFIELD / GETTY IMAGES ©

Parc national du Durmitor (p. 114)

Majestueuses montagnes

L'une des caractéristiques du Monténégro est son relief escarpé. Occupant la majeure partie du territoire, les montagnes se succèdent, ne laissant de place qu'à quelques lacs miroitants et à de profonds canyons.

Parc national du Durmitor

Constitué de pics abrupts, de hautes plaines, de grottes et de lacs glaciaires scintillants appelés "les yeux de la montagne", le Durmitor est inscrit au patrimoine mondial de l'Unesco. Au fond d'un superbe canyon, la Tara traverse le massif, formant l'un des parcours de rafting les plus spectaculaires au monde et le site le plus fréquenté du pays pour les sports de plein air. La station de Savin Kuk ne quitte presque jamais son manteau neigeux, faisant le bonheur des skieurs et snowboarders qui envahissent en hiver ses 3,5 km de pistes.

Parc national de Biogradska Gora

Les 1 600 hectares de forêt vierge au cœur du massif de Bjelasica sont l'endroit rêvé pour explorer une nature intacte.

Monuments dans les montagnes

Incrusté dans la falaise, le monastère d'Ostrog, d'une blancheur étincelante, est un lieu de pèlerinage majeur pour la population orthodoxe. Au sommet de l'un des pics les plus hauts du Lovćen se dresse le mausolée de Njegoš, poète, prince-évêque et héros national. Gardé par des sculptures monumentales, l'édifice funéraire, au style imposant, domine un panorama époustouflant.

Côte adriatique

Dans ce chapitre ➡

Le top des restaurants

- Blanche (p. 74)
- Miško (p. 89)
- Kaldrma (p. 84)
- Porto (p. 71)
- Pizza 10 Maradona (p. 71)

Le top des hébergements

- Vila Drago (p. 76)
- Aman Sveti Stefan (p. 76)
- Vila Levantin (p. 76)
- Hotel Astoria (p. 69)
- Haus Freiburg (p. 87)

Pourquoi y aller

L'association des montagnes et de la mer exalte les sens. La Croatie occupe peut-être la majeure partie du littoral adriatique, mais la portion monténégrine a beaucoup à offrir dans un espace restreint. Sans îles pour le protéger, le rivage du Monténégro a été soumis à l'érosion marine qui l'a transformé en plages sablonneuses, dont l'une d'elles s'étend sur 12 km jusqu'à l'Albanie.

Situés à un carrefour de civilisations, les habitants du littoral installés depuis l'Antiquité ont développé leurs implantations au fil des siècles. Un héritage que l'on peut découvrir dans les bars animés et les boutiques de la vieille ville de Budva, le complexe hôtelier glamour du village de Sveti Stefan, les habitations délabrées à l'intérieur des fortifications d'Ulcinj et les ruines solitaires et mystérieuses, plus évocatrices encore, de Haj-Nehaj, de Stari Bar et de Svač. On peut aussi simplement lézarder au bord de l'eau azur ou sur la terrasse ornée de lauriers-roses d'un café en sirotant un verre de vin local.

Quand partir

- Profitez des plages et du temps agréable en mai et juin, avant l'arrivée des vacanciers.
- En juillet et août, les températures grimpent, les plages se remplissent et les prix augmentent – mais c'est la meilleure période pour faire la fête.
- En septembre et octobre, il peut pleuvoir, mais la température de l'air et de l'eau est encore très douce.

Histoire

À partir du IVe siècle av. J.-C., les Grecs établirent des colonies, telle Bouthoè (Budva), sur la côte contrôlée par les Illyriens. Une fois l'Illyrie totalement vaincue par les Romains, en 168 av. J.-C., la région fut incorporée dans la province de Dalmatie et, durant plus de 500 ans, elle tira profit de sa proximité avec le centre du grand empire. Quand il fut décidé de scinder l'Empire romain en deux, la ligne de partage traversa cette section du littoral, dont une grande partie passa sous la domination de l'Empire byzantin.

Les Serbes atteignirent cette partie de la côte au VIIe siècle et s'y établirent sous la forme de petits clans. Ils finirent par constituer la principauté de Dioclée (appelée ensuite Zeta), ancêtre du Monténégro. En 1089, 35 ans seulement après le schisme entre les catholiques (ouest) et les orthodoxes (est), les dirigeants de la Dioclée obtinrent la création d'un archidiocèse catholique à Bar. Finalement, la Dioclée fut replacée sous contrôle byzantin puis incorporée au royaume serbe de Rascie. En 1276, Stefan Dragutin renversa son père pour devenir roi de Rascie et plaça sa mère, Hélène d'Anjou, à la tête de la Zeta, qui englobait la majeure partie du littoral. Fervente catholique, Hélène fonda les monastères franciscains de Bar et d'Ulcinj.

Alors que la Rascie s'enlisait dans les combats contre Byzance, la Bulgarie, la Hongrie, Venise et les Turcs ottomans, une nouvelle force, la famille Balšić, commença à prendre de l'importance en Zeta. D'après certains historiens, ses membres étaient à l'origine orthodoxes mais se convertirent au catholicisme, espérant ainsi être acceptés par la population côtière. En 1368, ils contrôlaient Budva, Bar et Ulcinj, mais à la fin du siècle, ils furent soumis alternativement aux deux grandes puissances de l'Adriatique, les Vénitiens et les Ottomans. En 1443, Venise dominait la côte avec le soutien de familles éminentes telles que les Paštrovići qui jouissaient d'une grande autonomie.

Après quelques décennies de paix, la population côtière fut de nouveau assiégée en 1570, cette fois par les Ottomans, qui commandaient déjà la majeure partie de l'intérieur du territoire. Après la chute d'Ulcinj, Bar se rendit sans se battre. Les Paštrovići résistèrent mais ne purent empêcher le pillage de Budva. En 1573, Venise signa un traité de paix confirmant le contrôle ottoman sur les villes situées au sud de Budva, au détriment des Paštrovići qui continuèrent à s'opposer à leurs nouveaux suzerains. Ulcinj devint une ville majoritairement musulmane et l'est restée depuis.

Ce n'est qu'en 1877 que l'armée monténégrine du roi Nicolas Ier mit fin à 300 ans de domination ottomane à Bar et Ulcinj, ce qui lui permit de récupérer un accès à la mer.

Le Monténégro disparut totalement après la Première Guerre mondiale, puisque toute cette zone côtière fut intégrée au Royaume des Serbes, Croates et Slovènes en 1918 (future Yougoslavie). Pendant la Seconde Guerre mondiale, cette partie de la Yougoslavie et l'Albanie voisine étaient occupées par les Italiens, qui prévoyaient de redessiner les frontières pour inclure Ulcinj en Albanie et annexer Budva directement à l'Italie, ne laissant que Bar au sein d'un État fantoche monténégrin. Cela ne s'est jamais produit, et, après la victoire des Partisans, toute la zone côtière, y compris Budva pour la première fois, fut incorporée dans le Monténégro au sein de la Yougoslavie fédérale.

Climat

La côte adriatique jouit d'un magnifique climat méditerranéen. Ulcinj en serait l'un des endroits les plus ensoleillés, avec 218 jours d'ensoleillement par an.

Depuis/vers la côte adriatique

Budva est reliée aux bouches de Kotor par la Jadranski Put (route de l'Adriatique ; appelée aussi "Jadranska magistrala"). La route principale pour Cetinje et Podgorica quitte la Jadranski Put entre Budva et Bečići, et grimpe de manière abrupte dans les montagnes. Petrovac est reliée à Podgorica par une route passant par Virpazar et traversant l'extrémité ouest du lac de Skadar. Cette route est aussi accessible par un tunnel qui commence près de Sutomore, au nord de Bar (péage 2,50 €). Une route pittoresque relie Ulcinj à l'extrémité sud de la partie monténégrine du lac de Skadar.

Des bus réguliers relient toutes les villes côtières aux bouches de Kotor et à Podgorica. Une ligne ferroviaire relie Bar au centre du pays, notamment au lac de Skadar et à Podgorica. Des ferries circulent entre Bar et l'Italie et des bus desservent l'Albanie depuis Ulcinj.

Comment circuler

La Jadranski Put, la principale route reliant toutes les villes côtières, est bien desservie par les bus. En été, les bateaux-taxis sont pratiques pour de courts trajets entre les plages.

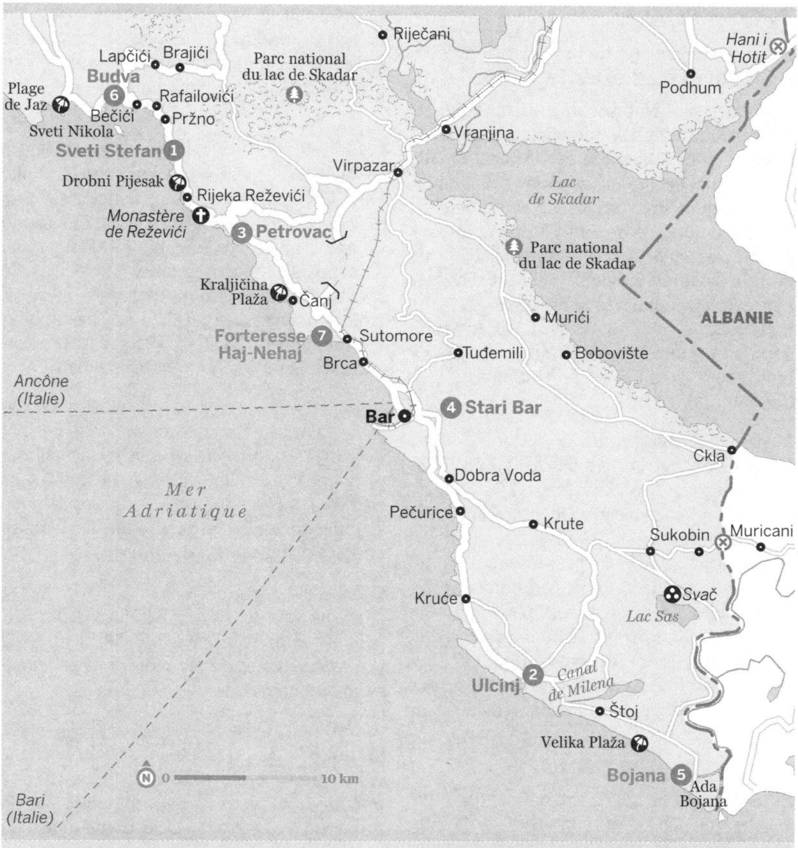

À ne pas manquer

1 S'émerveiller devant la beauté de l'île fortifiée de **Sveti Stefan** (p. 75)

2 S'imprégner de l'ambiance balnéaire d'**Ulcinj** (p. 84), une ville aux allures orientales

3 Laisser les enfants jouer librement sur la promenade de **Petrovac** (p. 76)

4 Explorer les vestiges de la ville de **Stari Bar** (p. 83)

5 Savourer un gros bol de soupe de poisson dans une maison sur pilotis surplombant le **Bojana** (p. 89)

6 Regarder passer le beau monde en buvant son café dans les ruelles pavées de la **vieille ville (Stari Grad) de Budva** (p. 66)

7 Randonner jusqu'aux ruines chargées d'histoire de la **forteresse Haj-Nehaj** (p. 82)

8 Faire du snorkeling dans les **baies rocheuses** au nord de Bar (p. 80)

Budva Будва

13 400 HABITANTS

Lieu emblématique du tourisme monténégrin, Budva – avec sa charmante Stari Grad (vieille ville) et ses nombreuses plages – a beaucoup à offrir. Toutefois, la ville s'est beaucoup développée, et les nombreuses constructions ont altéré une grande partie de son charme. Pendant la haute saison, les plages sont envahies par des vacanciers russes et ukrainiens en voyage organisé, tandis que les nouveaux riches amarrent leurs yachts somptueux dans la marina surveillée. Le soir, des femmes en tenue légère tenteront de vous attirer dans les bars de la plage. Cette ville, la plus animée du littoral, est idéale pour faire la fête.

À voir

Stari Grad (vieille ville)

Sorte de mini-Dubrovnik aux rues pavées de marbre dont les remparts se dressent au-dessus de l'eau claire, la vieille ville est le plus bel atout de Budva. On aperçoit toujours les vestiges de l'emblème de Venise, le lion ailé de Saint-Marc, au-dessus de la **porte principale** (carte p. 68). Une grande partie de la vieille ville fut dévastée par deux tremblements de terre en 1979, mais elle a été totalement reconstruite depuis. Aujourd'hui, elle renferme plus de boutiques, de bars et de restaurants que d'habitations.

Musée archéologique MUSÉE
(Arheološki muzej ; carte p. 68 ; 033-453 308 ; Petra I Petrovića 11 ; adulte/enfant 2/1 € ; 9h-21h mar-ven, 14h-21h sam-dim). L'histoire ancienne et complexe de la ville – qui existe au moins depuis 500 av. J.-C. – est présentée sur quatre niveaux. Les collections de céramique, verrerie et orfèvrerie grecques et romaines (qui ont survécu aux tremblements de terre et aux guerres) sont impressionnantes. Tout comme l'est le casque antique dont les trous laissent imaginer les blessures reçues par son propriétaire.

Trg Između Crkava PLACE
Littéralement la "place entre les églises", cet espace qui s'étend en contrebas de la citadelle rappelle de manière évidente l'entente qui existait autrefois dans cette région entre les orthodoxes et les catholiques.

De jolies fresques couvrent les murs et le plafond de l'**église de la Sainte-Trinité** (Crkva Sv Trojice ; carte p. 68 ; 8h-12h et 17h-minuit été, 8h-12h et 16h-19h hiver) au centre de la place. Construite en 1804, cette église orthodoxe aux bandes de pierre couleur rose et miel est la seule de la place à être ouverte régulièrement.

La plus grande est l'église catholique **Saint-Jean** (Crkva Sv Ivana ; carte p. 68) qui a servi de cathédrale jusqu'en 1828 (Budva fait désormais partie du diocèse de Kotor). Une chapelle latérale accueille la Madone de Budva – une icône du XIIe siècle vénérée par les habitants catholiques comme orthodoxes.

Deux minuscules églises, construites sur les murs de la ville, sont rarement ouvertes. La plus ancienne de Budva est l'église catholique **Sainte-Marie-de-Punta** (Crkva Sv Marije ; carte p. 68), érigée en 840. L'**église Saint-Sava** (Crkva Sv Save ; carte p. 68), du nom du fondateur de l'église orthodoxe serbe, renfermait autrefois deux autels, l'un orthodoxe, l'autre catholique.

Citadela FORTERESSE
(carte p. 68 ; 2 € ; 9h-minuit mai-oct, 9h-17h nov-avr). Située dans la partie de la vieille ville surplombant la mer, l'ancienne citadelle jouit d'une vue imprenable. Elle abrite un petit musée et une bibliothèque riche d'ouvrages et de cartes rares. Elle aurait été construite sur le site de l'acropole grecque, mais son aspect actuel date de l'occupation autrichienne du XIXe siècle. Sa vaste terrasse accueille le festival annuel Ville théâtre.

Remparts ENCEINTE FORTIFIÉE
(carte p. 68 ; 1 €). Un chemin de ronde permet de suivre les remparts de la vieille ville et offre une vue sur les toits et de beaux jardins cachés. L'accès, situé près de la Citadela, ne semble payant qu'en plein été ; le reste du temps, il est gratuit… ou interdit.

Galerie moderne GALERIE
(Moderna galerija ; carte p. 68 ; Cara Dušana 19 ; 8h-14h et 18h-21h lun-ven, 18h-21h sam). GRATUIT Charmante galerie d'art proposant des expositions temporaires.

Ričardova Glava PLAGE
(carte p. 68). Tout de suite au sud de la vieille ville, cette petite plage est adossée aux remparts. Si vous vous promenez sur le promontoire, après la statue d'une danseuse nue souvent photographiée, vous découvrirez les deux baies de la **plage de Mogren**, plus calme. Non loin de là, les plus intrépides se jettent dans l'eau depuis la falaise.

Plaža Pizana PLAGE
(carte p. 68). Près des murs du nord de la vieille ville, Pizana est une plage de sable et de galets de 100 m de long, située au bas d'un café de luxe, près de la marina.

En dehors de la vieille ville

Slovenska Plaža PLAGE
(carte ci-contre). Après la marina commence la longue plage principale de Budva, qui accueille une population locale bruyante et d'infinies rangées de parasols et de chaises longues (3 €/chaise longue). On peut également poser sa serviette sur le sable gratuitement.

Slovenska Obala RUE
(carte ci-contre). En été, fast-foods, bars de plage aux airs de bateaux pirates et de

Budva

Budva

À voir

1 Slovenska Obala B4
2 Slovenska Plaža B4
3 Village touristique de Slovenska Plaža B3

Où se loger

4 Hippo Hostel D1
5 Hotel Fontana A4
6 Hotel Kangaroo C2
7 Hotel Max Prestige D1
8 Hotel Oliva C2
9 Mena C2
10 Saki Hostel & Apartmani D1
11 Sun Hostel D2

Où se restaurer

12 Jadran kod Krsta B4
13 Stari Ribar D2

Renseignements

14 Clinique B2

Transports

15 Gare routière B2
16 Meridian Rentacar B2

célèbres monuments, agences de voyages, étalages de marchands et fête foraine bordent la principale promenade de la plage.

Hôtel Slovenska Plaža ARCHITECTURE
(carte ci-dessus). Entre esthétique socialiste et mission espagnole, ce vaste ensemble fascinera tout amateur d'architecture de l'époque yougoslave. De grands arbres et des sculptures modernes sont disséminés entre les bâtiments blancs aux toits en tuiles romaines reliés par des colonnades. La piscine et les multiples courts de tennis sont ouverts aux non-résidents. Le hall est

Vieille ville de Budva

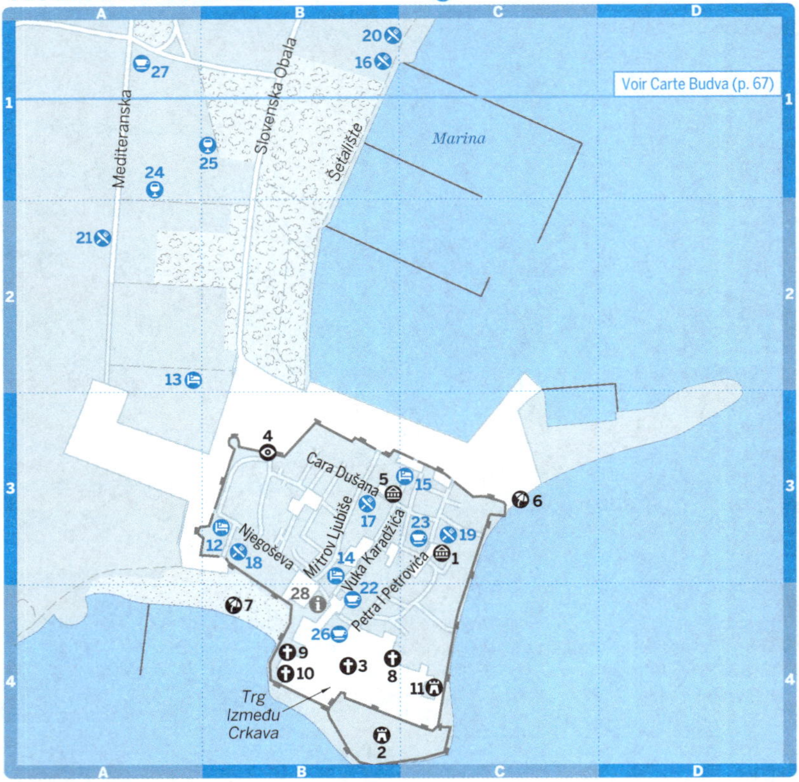

un magnifique témoin de l'époque, avec sol en marbre, luminaires en cuivre, rampes octogonales, canapés blancs et palmiers. On imaginerait bien Roger Moore en James Bond déambuler ici avec le maréchal Tito.

Monastère de Podmaine MONASTÈRE

Sur les pentes étonnamment paisibles du nord de la ville, ce monastère arbore les mêmes bandes de pierre rose et miel que l'église de la Sainte-Trinité de la vieille ville. À l'intérieur, une fresque du Jugement dernier présente le sort réservé aux damnés (au nombre desquels un officier communiste en uniforme militaire avec une étoile rouge), par exemple être mangé vivant par un poisson ou par ce qui semble être un poulet.

Depuis ce site, un sentier pédestre grimpe sur 2 km dans la montagne, jusqu'au **monastère de Podostrog** fortifié. C'était autrefois une résidence des *vladikas* (princes-évêques) du Monténégro. C'est ici que Pierre II Petrović Njegoš écrivit *La Couronne des montagnes* et que l'un de ses prédécesseurs, Danilo, aurait initié les terribles événements qu'il décrit dans son œuvre. La plus petite église de l'ensemble remonte au XIIe siècle et la plus grande date du XVIIIe siècle. Au-dessus de la porte se trouve une gravure de l'aigle à deux têtes monténégrin tenant un serpent dans ses serres.

Activités et circuits

Les agences de voyages dans la Slovenska Obala proposent toutes sortes d'excursions d'une journée, notamment (prix indicatifs) : Ostrog (17 €) ; croisière dans les bouches de Kotor (20 €) ; Dubrovnik (Croatie, 23-35 €) ; Cetinje et mont Lovćen (23 €) ; lac de Skadar (35 €) ; Albanie (35 €) ; rafting sur la Tara (60 €).

Des locations de kayaks (5 €/heure) et de pédalos (6 €/heure) sont proposées

Vieille ville (Stari Grad) de Budva

À voir

1	Musée archéologique	C3
2	Citadela	B4
3	Église de la Sainte-Trinité	B4
4	Porte principale	B3
5	Galerie moderne	B3
6	Plaža Pizana	C3
7	Ričardova Glava	B4
8	Église Saint-Jean	B4
9	Église Sainte-Marie-de-Punta	B4
10	Église Saint-Sava	B4
11	Remparts	C4

Où se loger

12	Hotel Astoria	B3
13	Hotel Mogren	A2
14	Montenegro Hostel	B3
15	Vila Balkan	C3

Où se restaurer

16	Dona kod Nikole	B1
17	Knez Konoba	B3
18	Konoba Stari Grad	B3
19	Pizza 10 Maradona	C3
20	Porto	B1
21	Roda	A2

Où prendre un verre et sortir

22	Caffe Greco	B4
23	Casper	C3
24	Discoteque Trocadero	A1
25	Hacienda	B1
26	MB Ice Club	B4
27	Perla	A1

Renseignements

28	Office du tourisme	B4

sur la plage de Mogren. Un large choix de bateaux à louer avec skippers est disponible à la marina. Comptez 400 € pour une journée de pêche à bord d'une vedette de taille moyenne, et 1 200 € minimum pour une vedette rapide.

Budva Diving PLONGÉE
(☎069-060 416 ; www.budvadiving.com). Centre installé à Pizana ; initiation à la plongée sur la plage de Mogren (35 €) et accès en bateau à 20 sites pour plongeurs expérimentés (à partir de 30 €).

Fêtes et festivals

Avant l'actuelle crise économique mondiale, Budva était réputée pour ses grands événements. Si la ville n'est plus prête à débourser à nouveau les 5 millions d'euros qui auraient persuadé Madonna de venir chanter en 2008, cela ne signifie pas pour autant que la ville a renoncé à toute animation culturelle. En été, le calendrier des événements est chargé.

Carnaval de Budva CULTURE
Les masques vénitiens sont de sortie en avril ou début mai.

Festival du folklore international CULTURE
(début juin). Costumes et danses folkloriques de divers pays européens.

Ville théâtre ARTS DU SPECTACLE
(www.gradteatar.com). Ce festival artistique réputé se déroule principalement dans la vieille ville pendant 6 semaines à partir de la mi-juin.

Festival jazz de Casper MUSIQUE
(début septembre). Le bar Casper de la vieille ville accueille un festival de jazz discret mais de bonne tenue.

Jours de Širun GASTRONOMIE, CULTURE
(octobre). Fête d'une journée autour du vin, du poisson et du chant, le premier samedi d'octobre.

Où se loger

Les tarifs sont élevés dans la vieille ville mais les appartements dans les quartiers résidentiels peuvent être étonnamment bon marché. L'office du tourisme dispose de renseignements sur les chambres chez l'habitant.

Stari Grad

Montenegro Hostel AUBERGE DE JEUNESSE €
(carte p. ci-contre ; ☎069-039 751 ; www.montenegrohostel.com ; Vuka Karadžića 12 ; dort/ch 12/50 € ;). En plein cœur de la vieille ville, cette charmante petite auberge de jeunesse est un bon point de chute pour sortir dans les bars ou rejoindre les plages. Cuisine et sdb à chaque étage. Espace commun en haut.

Hotel Astoria HÔTEL €€€
(carte ci-contre ; ☎033-451 110 ; www.astoriamontenegro.com ; Njegoševa 4 ; s 90-105 €, d 110-130 €, ste 130-210 € ; @). L'eau ruisselle le long du mur de l'entrée de ce charmant hôtel, dissimulé dans les fortifications de la vieille ville. Chambres plutôt petites mais joliment meublées ; la suite donnant sur la mer est spectaculaire. La terrasse sur le toit est le plus bel endroit pour dîner à Budva.

LE MYTHE DE L'ORIGINE DE BUDVA

La fondation de Budva est célébrée par un drame mythologique de la Grèce antique. Cadmos était le fils d'Agénor, roi de Phénicie (actuels Liban, Syrie, Israël et Palestine) et le frère de la belle Europe, dont s'éprit Zeus, le roi des dieux. Europe devait aimer le bétail puisque Zeus se métamorphosa en taureau pour la séduire. Caché dans le troupeau de son père, il attendit qu'Europe le remarque, lui caresse le flanc et le chevauche. Il l'emmena alors en Crète, où il reprit sa forme divine avant de s'accoupler avec elle (pour Zeus, la frontière entre séduction et viol était mince). Europe devint la première reine de Crète et donna son nom à un continent entier.

Envoyé à la recherche de sa sœur, Cadmos promit de ne pas revenir sans elle, mais il ne la trouva pas. Il finit par fonder la cité grecque de Thèbes, qu'il peupla d'hommes courageux nés des dents d'un dragon d'eau sacré qu'il avait tué. Il épousa Harmonie au cours de noces extraordinaires dont les magazines people d'aujourd'hui parleraient durant des semaines, et qui réunirent plusieurs immortels.

Cependant, tuer un dragon d'eau sacré porte malheur, Cadmos et Harmonie durent donc atteler leurs bœufs et partir recommencer leur vie ailleurs. Plus loin, au nord-ouest, ils fondèrent une nouvelle cité (cette fois, sans l'aide de dents de dragon), qu'ils appelèrent Bouthoè (d'où découle Budva), du mot grec désignant les bœufs.

Mais la malchance ne les quitta pas, et Cadmos fut surpris à se plaindre : si les dieux aimaient tant les créatures couvertes d'écailles, alors il souhaitait en être une. Les dieux, qui ne manquaient pas d'humour noir, s'exécutèrent – et le changèrent immédiatement en serpent. Harmonie supplia de pouvoir subir le même sort, et ils vécurent ainsi, heureux, en rampant.

Vila Balkan APPARTEMENTS €€€

(carte p. 68 ; ☎033-403 564 ; www.vilabalkan.me ; Vuka Karadžića 2 ; app à partir de 105 € ; ❄📶). Cinq appartements dans une demeure historique de la vieille ville. La peinture s'écaille çà et là, mais on n'y prête plus attention quand on découvre le parquet et la vue sur la mer. Au dernier étage, baignoire et surface un peu plus grande pour le même prix.

En dehors de la vieille ville

Saki Hostel & Apartmani AUBERGE DE JEUNESSE, APPARTEMENTS €

(carte p. 67 ; ☎067-368 065 ; www.saki-apartmani.com ; IV Proleterska bb ; dort 10 €, app 25 €/pers ; P❄📶). Établissement familial accueillant aux abords de la ville, entre auberge de jeunesse et résidence-hôtel. Des lits individuels sont proposés dans plusieurs chambres, façon auberge de jeunesse. Les appartements privés disposent d'un grand balcon, mais des lits ont été installés à la place des cuisines. Agréable terrasse commune à l'ombre des vignes et des arbres à kiwi.

Sun Hostel AUBERGE DE JEUNESSE €

(carte p. 67 ; ☎069-769 212 ; www.sunhostels.com ; Ferona bb ; dort/d 10/30 € ; ❄📶). Il s'agit plutôt d'un immeuble avec dortoirs bon marché (accueillant 55 personnes dans 24 chambres) que d'une auberge. C'est la plus propre et la plus neuve de Budva, mais peut-être aussi la moins conviviale.

Hippo Hostel AUBERGE DE JEUNESSE €

(carte p. 67 ; ☎069-256 117 ; www.hippohostel.com ; IV Proleterska 37 ; dort 11-12 €, ch 28 € ; ⏲avr-oct ; @📶). La plus vieille auberge de jeunesse du Monténégro est un petit établissement isolé doté d'un jardin agréable pour se détendre et faire des rencontres. Sdb colorées. Parfois agité en plein été, mais beaucoup plus calme dès septembre.

Hotel Oliva HÔTEL €€

(carte p. 67 ; ☎033-459 429 ; olivai@t-com.me ; Velji Vinogradi bb ; s/d 30/58 € ; P❄📶). Ici, rien d'extravagant : accueil chaleureux, chambres propres et confortables avec balcon, et agréable jardin planté d'oliviers dont l'hôtel tire son nom. Le Wi-Fi ne fonctionne pas vraiment au-delà du restaurant.

Mena HÔTEL €€

(carte p. 67 ; ☎033-459 310 ; www.hotelmena.com ; Velji Vinogradi bb ; s/d 26/43 € ; P❄📶). Cet hôtel de taille moyenne a troqué sa couleur pêche contre un habit chocolat et crème. Tarifs raisonnables et chambres joliment meublées, avec balcon. Attention, les ballons d'eau chaude sont petits.

Hotel Mogren HÔTEL €€
(carte p. 68 ; ☎033-451 102 ; www.mogrenhotel.com ; Mediteranska bb ; s/d 64/83 € ; ❄📶). Le Mogren n'est plus tout jeune mais garde la trace d'un passé plus glorieux. Dans les chambres, le bleu est omniprésent : des placards encastrés aux têtes de lit matelassées, en passant par les rideaux de douche. Demandez une chambre avec vue sur la vieille ville.

Hotel Kangaroo HÔTEL €€
(carte p. 67 ; ☎033-458 653 ; www.kangaroo.co.me ; Velji Vinogradi bb ; s/d 33/50 € ; ❄@📶). Grandes chambres propres, avec bureau et terrasse, dans un hôtel de taille moyenne à la décoration sobre, situé non loin de la plage. Les propriétaires ont vécu en Australie, ce qui explique le nom et la grande reproduction en 3D de l'*Endeavour* du capitaine Cook dans le restaurant en contrebas.

Hotel Fontana HÔTEL €€
(carte p. 67 ; ☎033-452 153 ; fontana.lekic@t-com.me ; Slovenska Obala 23 ; s/d 55/70 € ; ❄📶). Proche de la plage et de l'agitation estivale (donc du bruit) de la Slovenska Obala, l'hôtel offre une sensation de maison de vacances. Café avec terrasse pour discuter avec d'autres clients. Chambres assez petites mais agréables, dont la plupart, aux étages supérieurs, donnent sur la mer.

Hotel Max Prestige HÔTEL €€€
(carte p. 67 ; ☎033-458 330 ; Žrtava Fašizma bb ; s/d/app 75/100/118 € ; P❄📶🏊). Comme l'indique son nom, ce mini-hôtel a la folie des grandeurs. L'extérieur est un mélange de tourelles et de frontons ostentatoires, surmontés d'une enseigne à néon criarde, mais à l'intérieur, l'ambiance est chic et confortable et la piscine en forme de fève est entourée de jardins soignés.

Où se restaurer

Pour se ravitailler, direction le **supermarché Roda** (carte p. 68 ; ☎033-452 523 ; Mediteranska 1 ; ⏲6h-minuit), près de la vieille ville. Pour un fast-food et une délicieuse glace, il suffit de parcourir la Slovenska Obala.

Stari Grad

♥ **Pizza 10 Maradona** PIZZERIA €
(carte p. 68 ; Petra I Petrovića 10 ; part de pizza 2 €). Un lecteur nous a signalé ce minuscule établissement qui propose des parts de pizza. Nous pouvons confirmer qu'après une nuit passée à tester les adresses nocturnes de la ville, la pizza croustillante de Maradona ressemble effectivement à un petit bout de paradis.

Knez Konoba FRUITS DE MER €€
(carte p. 68 ; ☎069-475 025 ; Mitrov Ljubiše bb ; plats 8-17 € ; ⏲12h-23h). Charmant restaurant dissimulé dans les ruelles de la vieille ville, avec trois tables à l'extérieur seulement et pas beaucoup plus à l'intérieur. Plats traditionnels joliment présentés et souvent accompagnés de petits verres gratuits de *rakija* (eau-de-vie de fruits).

Konoba Stari Grad FRUITS DE MER €€
(carte p. 68 ; ☎033-454 443 ; www.konobastarigrad.me ; Njegoševa 14 ; plats 8-20 € ; ⏲11h-23h). Avec ses murs de pierre à l'intérieur et sa terrasse ensoleillée, coincée entre l'enceinte de la vieille ville et la plage, ce *konoba* (établissement familial) ne manque pas de charme – une évidence reflétée par les prix, qui ont considérablement augmenté ces dernières années. Mais les fruits de mer restent excellents.

En dehors de la vieille ville

Stari Ribar POISSON, MONTÉNÉGRIN €
(carte p. 67 ; ☎033-459 543 ; 29 Novembra 19 ; plats 3-12 € ; ⏲7h-23h). Dans la partie résidentielle de la ville, ce modeste restaurant, dont le nom signifie "vieux pêcheur", sert du poisson grillé (frais, naturellement) et des plats de viande à des prix non touristiques. Il faut goûter le calamar.

♥ **Porto** POISSON €€
(carte p. 68 ; ☎033-451 598 ; www.restoranporto.com ; City Marina, Šetalište bb ; plats 8-20 € ; ⏲10h-1h). Depuis la promenade du front de mer, un petit pont traverse un bassin de poissons et conduit dans ce restaurant romantique. Les serveurs enjoués en nœud papillon apportent des assiettes remplies de fruits de mer et poissons. Cuisine excellente et choix de plusieurs vins locaux.

Dona kod Nikole POISSON €€
(carte p. 68 ; ☎033-451 531 ; www.donakodnikole.weebly.com ; City Marina, Šetalište bb ; plats 6-20 € ; ⏲8h-minuit). Restaurant de poissons traditionnel au décor marin, à deux pas de la marina. L'endroit n'est pas aussi élégant, ni aussi populaire que d'autres dans la même rue, mais la cuisine est bonne et des musiciens jouent souvent les soirs de week-end.

Jadran kod Krsta POISSON, MONTÉNÉGRIN €€
(carte p. 67 ; ☎033-451 028 ; Šetalište bb ; plats 6-15 € ; 8h-1h ; wifi). Avec ses tables éclairées aux chandelles sur la plage, ce restaurant déjà ancien est certes romantique, mais préparez-vous aux chaises bancales qui s'enfoncent entre les galets. Il sert des plats inspirés par la mer et des spécialités monténégrines.

Où prendre un verre et sortir

Stari Grad

Casper CAFÉ, BAR
(carte p. 68 ; www.facebook.com/casper.budva ; Petra I Petrovića bb ; 10h-2h juin-sept, 17h-2h oct-mai ; wifi). Détendez-vous sous le pin de ce pittoresque café-bar de la vieille ville. Dès juillet, les DJ mixent tous les EP qui leur tombent sous la main, du reggae à la house. Casper accueille son propre festival de jazz en septembre.

Caffe Greco CAFÉ, BAR
(carte p. 68 ; Njegoševa bb ; 9h-2h). Les soirs d'été, la petite place que le Greco partage avec son voisin/rival le Cafe Jef est pleine de fêtards. C'est de loin l'endroit le plus animé de la vieille ville.

MB Ice Club CAFÉ, BAR
(carte p. 68 ; Njegoševa 44 ; 8h-1h ; wifi). Café, gâteau ou cocktail, sur la place principale de la vieille ville.

En dehors de la vieille ville

Top Hill CLUB
(www.tophill.me ; Topliški Put ; entrée 10-25 € ; 23h-5h juil-août). La meilleure scène estivale du Monténégro attire jusqu'à 5 000 fêtards dans son club en plein air, installé au sommet de la colline de Topliš. Son et éclairage excellents, vue sur la mer, DJ haut de gamme et stars locales.

Perla CAFÉ, BAR
(carte p. 68 ; www.perlabudva.com ; Mediteranska bb ; 7h-1h ; wifi). Le Perla se présente comme un "restaurant et bar lounge populaire". C'est en tout cas le meilleur endroit de Budva pour voir et être vu, derrière l'extravagante façade de verre. Menu complet toute la journée (les petits-déjeuners cuisinés sont excellents et à un prix raisonnable), mais nous préférons y prendre un cocktail.

Hacienda BAR, CLUB
(carte p. 68 ; Mediteran ska bb ; 8h-2h juin-sept). Avec sa végétation tropicale, ses hamacs, ses fauteuils et ses coussins de couleurs vives, l'Hacienda est un établissement paisible pour un cocktail en journée. Les soirs d'été, les DJ créent une ambiance de discothèque et les barmen musclés font étalage de leur talent.

Discoteque Trocadero CLUB
(carte p. 68 ; ☎069-069 086 ; www.trocaderoclub.com ; Mediteranska 4 ; 5 €, gratuit pour les femmes ; 23h-5h juin-sept). Différent des boîtes de nuit habituelles (où est la piste de danse ?), le Trocadero est le meilleur des clubs en intérieur de Budva. Depuis la mezzanine, on peut observer les clients appuyés sur les petites tables rondes disséminées dans la salle ovale. La musique va de la techno au turbo folk. Des stars monténégrines passent régulièrement.

Renseignements

Des banques sont regroupées dans et autour de l'Ulica Mediteranska.

Clinique (carte p. 67 ; ☎033-427 200 ; www.dialysiscenter.me ; Popa Jola Zeca bb). Service d'urgences.

Office du tourisme (carte p. 68 ; ☎033-452 750 ; www.budva.travel ; Njegoševa 28 ; 9h-21h lun-sam, 17h-21h dim)

Comment s'y rendre et circuler

BUS

La **gare routière** (carte p. 67 ; ☎033-456 000 ; Popa Jola Zeca bb) propose des lignes régulières pour Herceg Novi (6 €, 1 heure 45), Kotor (3,50 €, 40 minutes), Bar (4,50 €) et Podgorica (6 €), et environ six bus par jour pour Kolašin (10 €). Parmi les destinations internationales figurent Belgrade (Serbie, à partir de 26 €, 15/jour) et Sarajevo (Bosnie-Herzégovine, 22 €, 4/jour).

Vous pouvez héler les bus Olimpia Express (1,50 €) depuis les arrêts dans la Jadranski Put pour rejoindre Bečići (5 minutes) ou Sveti Stefan (20 minutes). Ils circulent toutes les 30 minutes en été et toutes les heures en hiver.

VOITURE

On trouve de nombreux parkings bien indiqués, mais comptez environ 5 € par jour ou autour de 1 € de l'heure. Dans la rue commerçante Mediteranska, la fourrière est très active.

Meridian Rentacar (carte p. 67 ; ☎033-454 105 ; www.meridian-rentacar.com ; Popa Jola Zeca bb). Locations face à la gare routière ; à partir de 45 € par jour.

TAXI

Les taxis ne manquent pas à Budva, mais ceux qui patientent près des établissements nocturnes au petit matin facturent généralement cher. Mieux vaut appeler une agence réputée. Autrement, vérifiez la présence d'un compteur et le tarif appliqué ; 4 € le kilomètre n'est pas le tarif habituel.

Taxi Slava (☎19715 ; www.taxibudva.com ; prise en charge 1 €, puis 0,80 €/km)

Terrae-Taxi (☎19717 ; www.budvataxi.com). Annonce des prix fixes pour les aéroports suivants : Tivat (15 €), Podgorica (40 €) et Čilipi, Dubrovnik (90 €).

Environs de Budva

Plage de Jaz — Плажа Јаз

L'eau bleue et la vaste étendue de sable de la plage de Jaz sont spectaculaires vues d'en haut, depuis la route de Tivat. Bien qu'elle ne soit pas aussi urbanisée qu'à Budva et à Bečići, la plage est tout de même bordée de chaises longues, de parasols et de bars de plage bruyants. Pour un peu plus d'intimité, rejoignez l'extrémité de la plage du côté de Budva.

Le parking coûte 2,50 €. Il est possible de camper (3/1/2,50/1/3 € par adulte/enfant/tente/voiture/caravane), mais les installations sont très sommaires et le terrain parfois boueux.

Sveti Nikola — Свети Никола

Surnommée "Hawaii", Sveti Nikola est la plus grande île du Monténégro avec près de 2 km de longueur. Des daims se promènent dans ce coin de verdure inhabité, situé à un mile marin seulement de Budva ou de la plage de Bečići. Ses plages rocailleuses en font une destination appréciée en été, moment où les bateaux-taxis amènent les vacanciers ; comptez entre 15 et 20 € l'aller-retour depuis la marina de Budva ou depuis Bečići. Pour éviter les hordes de touristes, les déchets et la musique tonitruante, louez un kayak et partez à la recherche d'une crique isolée autour de l'île.

D'après la légende locale, les tombes disséminées à proximité de la petite **église Saint-Nicolas** (Crkva Sv Nikole), blanchie à la chaux, seraient celles de croisés morts d'une épidémie alors qu'ils campaient non loin. L'église date au moins du XVIe siècle, mais elle est rarement ouverte.

Bečići et Rafailovići

Бечићи и Рафаиловићи

Voici le Benidorm du Monténégro ! Comme la ville touristique espagnole, Bečići est envahie de grands complexes hôteliers, comprenant piscines, boîtes de nuit et casinos. Si le but de vos vacances est d'alterner entre piscine, machines à sous et plage, un cocktail à la main, c'est l'endroit rêvé. Mais ne vous attendez pas à côtoyer la culture monténégrine.

Bečići et sa voisine Rafailovići partagent une plage de sable de 1 950 m de long, située tout de suite à l'est de Budva. Bien qu'aujourd'hui cela semble improbable, en 1935, elle a remporté un prix parisien de la plus belle plage d'Europe. Elle possède également un drapeau bleu pour sa propreté et la qualité de ses eaux.

Rafailovići est aussi très construite, mais elle conserve une certaine atmosphère villageoise. Des résidences-hôtels anciennes sont adossées aux falaises, et des restaurants bordent le rivage. L'endroit est fréquenté par des familles, mais à marée haute, la plage disparaît presque totalement.

En été, Jet-Skis, pédalos, banana-boats et kayaks sont généralement loués sur la plage, et les bateaux-taxis conduisent à l'île de Sveti Nikola. Si le parachute ascensionnel vous intéresse, repérez l'endroit où les bateaux arrivent à quai. Un vol court coûte autour

PARAPENTE

Les spectaculaires pics escarpés du Monténégro sont propices au parapente. La rampe de lancement la plus fréquentée se trouve à Brajići, 760 m au-dessus de Bečići, sur la route Budva-Cetinje. De là, les parapentistes jouissent d'une vue sur Budva, l'île de Sveti Nikola et la pittoresque Sveti Stefan.

Le **Montenegro Adventure Centre** (☎067-580 664 ; www.montenegrofly.com), dirigé par un moniteur anglais qualifié, propose des vols en tandem pour 65 €, avec atterrissage sur la plage de Bečići. Près de Lapčići, le centre propose un hébergement et organise des sorties rafting, randonnée, VTT et plongée. Les parapentistes expérimentés sont emmenés sur le mont Lovćen d'où l'on fait une descente inoubliable de 1 740 m dans la baie de Kotor.

de 25 €. Si les enfants s'impatientent, vous trouverez un grand parc aquatique rattaché à l'**Hotel Mediteran** (www.hotelmediteran.info ; Jadranski Put).

Où se loger et se restaurer

Stella di Mare HÔTEL €€

(☎033-471 567 ; www.hotel-stelladimare.me ; Narodnog fronta bb ; s/d 53/71 € ; P ❄). Ce petit hôtel n'a pas de piscine, ni même un bout de plage, mais il dispose d'un personnel chaleureux, de chambres propres avec balcons, et de tarifs bien plus raisonnables que les complexes hôteliers voisins.

Hotel Splendid COMPLEXE HÔTELIER €€€

(☎033-773 777 ; www.montenegrostars.com ; Jadranski Put, Bečići ; s 288-358 €, d 384-454 € ; P ❄). Les chambres sont luxueuses, mais l'attrait principal de cet immense complexe hôtelier est l'ensemble aquatique. Trois piscines extérieures (il y en a une autre à l'intérieur) s'articulent autour de palmiers et de pelouses soignées conduisant à la vaste parcelle de plage privée de l'hôtel. Somptueux spa et divers coins de restauration.

Sentido Tara COMPLEXE HÔTELIER €€

(☎033-404 196 ; www.hoteltara.me ; Bečići bb ; s/d 83/108 € ; P ❄). Grand, moderne et sans charme, mais proche de la plage, le Tara est apprécié par les voyageurs âgés venus d'Europe occidentale. Ambiance discrète et décontractée, et jolie pelouse près de la piscine.

Tri Ribara FRUITS DE MER €€

(☎033-471 050 ; Bečićka Plaža 35, Rafailovići ; plats 8-18 € ; 12h-23h). À quelques mètres de l'eau, dégustez de délicieux calamars grillés et autres fruits de mer servis par un personnel attentionné et extrêmement sérieux. À l'intérieur, les murs de pierre des "trois pêcheurs" sont couverts d'objets marins : ancres, carapaces de tortue et vieilles amphores incrustées de bernacles.

Pržno Пржно

Ce charmant petit village dispose d'une plage de sable rouge exiguë accueillant les familles, et un choix de restaurants étonnamment bons. Une ruine mystérieuse occupe une île escarpée au large, et il reste tout juste assez de vieilles maisons en pierre pour faire oublier le vaste *resort* situé à l'extrémité nord de la plage. La balade dans les bois jusqu'à Sveti Stefan est superbe.

Activités

Pro Dive Hydrotech PLONGÉE

(PDH ; ☎069-013 985 ; www.montenegrodive.com ; Obala bb). Installée dans le *resort* Maestral, cette agence bien établie propose diverses sorties plongée (épaves, récifs et grottes). Initiation : 70 €, leçons de plongée : 330 €. Également location de kayak : 10 €/heure.

Où se loger

Hotel Residence Miločer HÔTEL €€

(☎033-427 100 ; www.residencemontenegro.com ; Jadranski Put ; s 69-99 €, d 79-119 € ; P ❄). C'est peut-être son lien avec une école hôtelière qui rend cet hôtel si parfait : décor moderne et original, parking sécurisé, excellents buffets au petit-déjeuner, personnel souriant. Les 10 € supplémentaires pour une vaste Junior Suite sont justifiés. Seul bémol : la minuscule piscine sur le toit.

Apartmani Kažanegra APPARTEMENTS €€

(☎033-468 738 ; www.kazanegra.com ; Obala 12 ; app 80-150 € ; P ❄). Cette villa de pierre aussi proche que possible de la plage abrite un ensemble d'appartements coquets composés d'une ou de deux chambres, avec terrasses privées donnant sur la mer.

Où se restaurer

♥ **Blanche** EUROPÉEN €€

(☎062-504 272 ; www.blanche-restaurant.com ; Obala 11 ; plats 8-24 € ; 10h-minuit). Des prix élevés et un cadre luxueux ne sont pas nécessairement synonymes de qualité, mais Blanche ne déçoit pas. Le menu propose les habituels fruits de mer et poissons de Dalmatie, de succulents steaks accompagnés de sauces françaises et un large choix de plats italiens, agrémentés de quelques touches originales.

Konoba More POISSON €€

(☎033-468 255 ; Obala 18 ; plats 8-18 € ; 11h-23h30). Ravissant restaurant méditerranéen typique dont la terrasse s'avance sur la plage. Plats de poissons traditionnels et d'inspiration italienne.

Konoba Langust POISSON €€€

(☎033-468 369 ; www.langust-przno.com ; Obala 34 ; plats 9-15 €). Ce restaurant prisé sert des plats de poissons et fruits de mer traditionnels sur la promenade de Pržno depuis plus de 20 ans. On trouve les mêmes plats ailleurs, mais ils ne sont généralement pas aussi bons.

Renseignements

Un DAB est situé dans le hall du grand complexe hôtelier Maestral, à l'extrémité nord de la ville. Le **bureau de poste** (☎ 468 202) est à l'extrémité sud, près de l'arrêt de bus principal et de la station de taxis.

Depuis/vers Pržno

Les bus Olimpia Express, qui circulent entre Budva et Sveti Stefan, s'arrêtent ici (1,50 €).

Sveti Stefan Свети Стефан

370 HABITANTS

L'émerveillement est à son comble lorsque l'on découvre la pittoresque Sveti Stefan, située à 5 km au sud de Budva. Cette petite île compte de nombreuses maisons de pierre au toit de tuiles, construites au XVe siècle. Une chaussée surélevée la relie au rivage, mais la plupart des visiteurs se contenteront de la contempler de loin, car elle a été nationalisée dans les années 1950 et transformée en hôtel de luxe. Si depuis l'explosion de la Yougoslavie l'île a été privatisée, elle reste la propriété d'un complexe hôtelier, l'Aman, et en tant que telle est réservée à ses clients.

Sveti Stefan est aussi le nom de la ville nouvelle qui s'est développée sur le rivage. Le haut de ses pentes abruptes donne sur l'île emblématique – ce qui, d'après certains, est encore mieux que de loger dans l'enclave en contrebas. En revanche, se garer est difficile, il y a beaucoup d'escaliers et les boutiques sont rares.

À voir

Plage de Sveti Stefan — PLAGE

L'intérêt principal de se rendre à Sveti Stefan est de passer le plus de temps possible allongé, en s'accordant quelques pauses pour aller se rafraîchir dans la mer. Ici, l'eau est vite profonde, comme si l'inclinaison des montagnes alentour se poursuivait sous l'eau. La plage peu fréquentée du côté de Budva par rapport à la route appartient au complexe hôtelier. Si vous ne voulez pas débourser les 30 € requis pour vous y installer, préférez l'autre côté de la route, où le tarif des chaises longues diminue à mesure que l'on avance. Tout au bout, l'espace est rocailleux, mais vaste et gratuit.

Miločer Plaža et Kraljičina Plaža — PLAGES

À l'extrémité nord de la plage de Sveti Stefan, un sentier conduit à travers un promontoire couvert de pins et d'oliviers, jusqu'aux eaux turquoise et au sable rosé de la plage de Miločer, également connue sous le nom de plage du Roi (Kraljeva Plaža). En retrait de la paisible baie et derrière une pergola couverte de glycine parfumée se trouve la Villa Miločer. Cette grande bâtisse en pierre à un étage fut construite en 1934 comme résidence d'été de la famille royale Karađorđević, les monarques serbes qui dirigèrent la première Yougoslavie. La zone entière appartient désormais au complexe hôtelier Aman et, si vous pouvez la traverser librement, il faudra débourser 75 € pour rester sur la plage.

Derrière le promontoire suivant, la plage de la Reine (Kraljičina Plaža) était appréciée par la reine Marija Karađorđević, et l'on comprend vite pourquoi. Cyprès et oliviers forment l'arrière-plan d'une jolie courbe de sable rougeâtre de 120 m de long. Mais vous ne la verrez presque pas, cette plage étant exclusivement réservée aux clients du complexe hôtelier. Le sentier public longe un grand spa, qui était en construction lors de nos recherches, et traverse les arbres jusqu'à Pržno.

Monastère de Praskvica — MONASTÈRE

Juste à l'écart de la route, dans les collines au nord de Sveti Stefan, cet humble monastère, qui tire son nom du ruisseau au parfum de pêche qui coule non loin, se trouve dans une ancienne oliveraie. Ce fut un important centre politique pour les Paštrovići, une tribu locale d'origine serbe, dont les traditions culturelles caractéristiques ont survécu dans cette section de la côte, malgré les nombreuses occupations étrangères.

Le monastère fut fondé en 1413 par Balša III de la Zeta. L'église principale, dédiée à Saint Nicolas (Sv Nikola), date de cette époque, même si une grande partie a été détruite par les Français en 1812 pour punir les moines d'avoir soutenu la tentative du Monténégro de reprendre les bouches de Kotor. Des traces des fresques d'origine demeurent sur le mur gauche, mais le reste de l'église date de 1847. L'actuelle iconostase (1863) au cadre doré présente des peintures de Nicholas Aspiotis de Corfou.

Plus en amont, à côté d'un cimetière, se trouvent une vieille école et l'église de la Sainte-Trinité (Crkva Sv Trojice), plus petite.

Le monastère est bien indiqué depuis la route principale et facilement accessible à pied depuis Sveti Stefan et Pržno.

Où se loger et se restaurer

Les hébergements sont vite pleins en juillet et août.

Villa Levantin APPARTEMENTS €
(☎033-468 206 ; www.villalevantin.com ; Vukice Mitrović 3 ; ch 30-50 €, app 50-130 € ; P❄📶🏊). Moderne et jolie, avec murs de pierre rouge, sdb au carrelage bleu et piscine sur la terrasse, la Vila Levantin propose des appartements et chambres à des prix très raisonnables. L'agence de voyages attenante peut organiser des excursions ou vous trouver des chambres chez l'habitant.

Crvena Glavica Auto Kamp CAMPING €
(☎069-468 070 ; adulte/enfant/tente/voiture 2,50/1/3/2 € ; ⊙juin-sept). Nul besoin d'être une star de cinéma ou un oligarque pour profiter de la superbe vue sur Sveti Stefan. Il suffit de planter sa tente sous les oliviers et de se balader parmi les poules jusqu'au rivage rocailleux et paisible. Les douches extérieures et les toilettes turques sont tout de même rudimentaires.

Vila Drago PENSION €€
(☎030-468 477 ; www.viladrago.com ; Slobode 32 ; ch 45-60 €, app 120-130 €, plats 5-17 € ; ❄📶). Difficile de quitter sa terrasse tant la vue est sublime. Les oreillers ultraconfortables et les sdb bien équipées sont d'agréables détails, surtout à ce prix. Admirez le coucher du soleil sur l'île depuis le restaurant sur la terrasse couverte de vigne et savourez des spécialités de la tribu locale des Paštrovići, telles que le cochon de lait rôti.

Aman Sveti Stefan COMPLEXE HÔTELIER €€€
(☎033-420 000 ; www.amanresorts.com ; ste 750-3 000 € ; P❄📶🏊). Totalement exceptionnelle, cette île-hôtel dispose de 50 suites luxueuses arborant les murs de pierre et les poutres en bois des maisons anciennes. L'atmosphère villageoise est curieusement toujours présente, grâce aux ruelles pavées, aux églises, aux arbres et au café en plein air sur la place principale. Mais c'est un village où l'on peut commander un cocktail près d'une piscine surplombant la mer ou s'offrir un massage – et l'endroit n'est pas ouvert à tous. De retour sur le rivage, la **Villa Miločer** propose 8 autres suites près de la plage. Trois restaurants sont ouverts à tous : l'**Olive Tree** sur la plage de Sveti Stefan, le **Beach Cafe** à Miločer et le **Queen's Chair**, perché sur une colline boisée face à Budva.

Villa Montenegro HÔTEL DE CHARME €€€
(☎033-468 802 ; www.villa-montenegro.com ; Vukice Mitrović 2 ; ch 245-495 €, ste 860-1 150 € ; P❄📶🏊). Dissimulé parmi les appartements à louer dans la partie nouvelle de Sveti Stefan, cet hôtel de charme discret propose des chambres luxueuses, dont 2 superbes suites. La piscine à débordement offre une magnifique vue sur l'île.

Renseignements

Le bureau de poste et le DAB les plus proches sont à 20 minutes de marche, à Pržno.

Depuis/vers Sveti Stefan

Les bus Olimpia Express, qui circulent depuis/vers Budva (1,50 €, 20 minutes) toutes les 30 minutes en été et une fois par heure en hiver, s'arrêtent dans Ulica Slobode, près de la Vila Drago.

Petrovac Петровац

1 400 HABITANTS

Les Romains avaient eu la bonne idée de construire leurs villas d'été dans cette jolie baie. Malheureusement, les promoteurs actuels n'ont pas leur bon goût. Néanmoins, une fois que l'on atteint la jolie promenade en bord de plage, où les luxuriantes plantes méditerranéennes parfument l'air et où une forteresse vénitienne du XVIe siècle garde un petit port de pierre, les aberrations en amont ne sont presque plus visibles. C'est l'un des meilleurs endroits de la côte pour les familles : l'hébergement est à un prix raisonnable, l'eau est claire et, le soir, les enfants jouent librement sur la promenade.

En juillet et août, il est difficile de trouver de la place sur les galets rougeâtres de la **plage municipale**, mais plus au sud s'étend la **plage de Lučice**, bordée de cyprès et de lauriers-roses, et dotée, à l'extrémité, d'un toboggan aquatique pour enfants. En continuant derrière le cap boisé pendant 30 minutes, on découvre la **plage de Buljarica** longue de 2,4 km, quasi épargnée par les constructions – du moins pour l'instant.

À voir

Mosaïques romaines RUINES
(Kasnoantički mozaik). Outre les plages, l'élément le plus intéressant de Petrovac est aussi le moins connu. En 1902, les fondations d'un édifice romain orné de mosaïques, datant probablement du IVe siècle, furent découvertes dans une oliveraie. Elles sont à présent dans un piteux état de conservation. Un abri de verre protège une mosaïque d'environ 10 m sur 15 ; il est invariablement fermé, mais on peut jeter un regard au travers. Autour de l'abri s'étendent de vastes fondations en briques.

Le site est un peu difficile à localiser : empruntez le sentier traversant le terrain privé en face de l'**église Saint-Thomas** (Crkva Sv Tome) – qui a environ 500 ans et qui était en restauration au moment de nos recherches. Poursuivez dans l'oliveraie jusqu'au site de fouilles et regardez bien où vous posez les pieds.

Kastio FORTERESSE
Cette petite forteresse vénitienne près du port offre une magnifique vue sur la plage et sur les spectaculaires strates inclinées des falaises calcaires qui plongent dans l'eau turquoise en contrebas. Un bas-relief réaliste rappelant la "révolution socialiste" est en partie masqué par les feuilles.

Mémorial de la commune rouge GALERIE, MUSÉE
(Crvena Komuna ; ☎033-404 877 ; www.crvenakomuna.webs.com ; ⏲8h-14h et 19h-22h). GRATUIT Suite à une victoire électorale en 1919, Petrovac devint la première municipalité de l'Adriatique dirigée par les communistes. Un événement célébré par le Mémorial de la commune rouge, sur le front de mer, qui renferme également une galerie d'art moderne et un musée de la Révolution. Ce dernier rassemble surtout des photos et des documents, mais aucune légende n'est traduite ; le personnel ouvre sur demande ce lieu très peu visité.

Katič et Sveta Nedjelja ÎLES
Juste en face de la plage municipale se trouve un affleurement rocheux pointu, surmonté d'une église et d'un bosquet. Il s'agit en fait de deux îlots – Katič et Sveta Nedjelja (Saint-Dimanche). L'église Saint-Dimanche aurait été érigée par un marin grec qui s'était échoué ici. L'église actuelle remplace celle détruite lors du tremblement de terre de 1979.

Église Saint-Élie ÉGLISE
(Crkva Sv Ilije ; Nika Anđusa bb). Dédiée au prophète Élie de l'Ancien Testament, cette église orthodoxe est aussi vieille que l'église Saint-Thomas voisine, qui date du XIVe ou du XVe siècle. Contrairement à Saint-Thomas, elle est souvent ouverte et dévoile de jolies icônes anciennes.

Fêtes et festivals

La Nuit de Petrovac MUSIQUE, GASTRONOMIE
(⏲août). Poisson, bière et vin gratuits, défilés de majorettes, représentations des candidats de l'Eurovision… Que demander de plus ? L'événement a lieu les derniers vendredi et samedi d'août. Oui, cela fait bien deux nuits, mais qu'importe.

Petrovac Jazz Festival MUSIQUE
Trois nuits de jazz fin août/début septembre.

Où se loger

Pour loger chez l'habitant, contactez **Mornar Travel Agency** (☎033-461 410 ; www.mornartravel.com). Elle propose des chambres à partir de 23/15 € par personne en haute/basse saison.

Camping Maslina CAMPING €
(☎033-461 215 ; akmaslina@t-com.me ; Buljarica bb ; par adulte/enfant/tente/voiture/caravane 3/1,50/3/3/5 € ; P 📶). Juste en retrait de la route de la plage de Buljarica, camping bien tenu avec sanitaires propres, dotés de toilettes classiques et de douches chauffées à l'énergie solaire. C'est l'un des meilleurs campings du pays.

Hotel Danica HÔTEL €€
(☎033-462 304 ; www.hoteldanica.net ; s/d 55/60 € ; P ❄ 📶 ≋). Sur une colline couverte de pins, tout de suite à l'ouest de la plage municipale, cet hôtel de 4 étages est assez petit pour conserver une atmosphère familiale détendue, et assez grand pour fournir des équipements bienvenus, comme la charmante petite piscine sur la terrasse.

Hotel Đurić HÔTEL €€
(☎033-462 005 ; www.hoteldjuric.com ; Brežine bb ; s/d 72/96 € ; ⏲mai-sept ; ❄ 📶 ≋). Élégant hôtel de charme aux airs de mission espagnole. Cuisine dans toutes les chambres. Restaurant à l'arrière, sous une pergola d'arbres à kiwi et de vignes.

Hotel W Grand HÔTEL €€
(☎033-461 703 ; www.wgrandpetrovac.com ; ch 80 € ; P ❄ 📶). Cet hôtel de taille moyenne se caractérise par ses chambres spacieuses aux couleurs chaudes qui commencent toutefois à montrer des signes de vieillesse. Admirez la vue depuis la terrasse sur le toit en profitant du petit-déjeuner buffet.

Où se restaurer

Fast-foods, glaciers, restaurants et cafés-bars bordent la promenade du front de mer.

Voli SUPERMARCHÉ €
(Nika Anđusa bb ; ⏲6h-23h). Dans la rue derrière la promenade, ce supermarché de taille moyenne renferme une excellente épicerie et un rayon de fruits frais. DAB à l'extérieur.

INTERVIEW

DANICA ĆERANIĆ

Nous avons demandé à la directrice adjointe de l'office national du tourisme du Monténégro ses coups de cœur pour découvrir le pays.

Votre plage préférée ?

Ada Bojana – pour moi, c'est le paradis. Je conseille de passer une ou deux nuits sur place, pour se détendre. J'aime aussi certaines des plages secrètes de la péninsule de Luštica.

Où sortir des sentiers battus ?

Essayez des itinéraires gastronomiques, comme la route des vins autour du lac de Skadar, le long de laquelle vous rencontrerez des producteurs. Près de Kolašin, il est possible de découvrir la fabrication traditionnelle du fromage. La brochure sur les traces du royaume monténégrin (en anglais) indique les producteurs de vins, de fromage et de miel ouverts aux visiteurs – si vous ne parlez pas monténégrin, mieux vaut opter pour un voyage organisé.

Vos restaurants préférés ?

Ćatovića Mlini (p. 41) dans les bouches de Kotor est exceptionnel – j'aime ses spécialités de poisson et son atmosphère d'antan. Pour l'ambiance, essayez aussi Ćićkova Čarda (p. 89) au bord du Bojana.

Que faire l'hiver ?

Žabljak convient aux skieurs et snowboarders, mais Kolašin dispose de meilleures infrastructures. Le *snowkite* est possible à Žabljak, grâce au vent et à l'absence de fils électriques.

Konoba Bonaca POISSON, MONTÉNÉGRIN €€
(☎069-084 735 ; plats 8-15 €). Légèrement en retrait du front de mer, ce restaurant traditionnel sert principalement des poissons et fruits de mer, mais les olives et fromages locaux sont aussi excellents. Sous les vignes de la terrasse, savourez les *rolnice Bonaca* – brochettes d'aubergines, de tomates, de courgettes, de mozzarella et de jambon.

Konoba Mediterraneo POISSON, MONTÉNÉGRIN €€
(plats 8-16 €). Aucune surprise au menu (qui propose les habituels plats de poissons, fruits de mer et viande), mais le Mediterraneo possède un cadre charmant sous une pergola de citronniers juste en face de la plage.

Où prendre un verre et sortir

Terasa & Castelo BAR, CLUB
(terrasse/club gratuit/2 €). Sirotez un cocktail et profitez de la vue romantique au-dessus des parapets de la forteresse vénitienne. En été, les DJ animent la terrasse et le club Castelo, en bas.

Cuba CAFÉ, BAR
L'été, ce café sur la plage où tous les employés portent un T-shirt à l'effigie de Che Guevara accueille musiciens et DJ.

Ponta BAR
(⏰8h-1h). Construit dans la roche à l'extrémité sud de la plage, cet endroit est idéal pour un cocktail au coucher du soleil. Plus tard, des groupes reprennent de vieux tubes en anglais.

Renseignements

Il n'y a presque pas d'indications routières à Petrovac, mais les principaux hôtels sont bien signalés sur la route et dans la ville. Des DAB et un bureau de poste se trouvent à l'écart du chemin remontant depuis le Mémorial de la commune rouge.

Clinique (Zdravstvena stanica ; ☎461 055). Au sommet de la ville ; suivez la route depuis la gare routière. Service d'urgences.

Depuis/vers Petrovac

La **gare routière** (☎068-503 399) de Petrovac se trouve près du sommet de la ville. Des lignes régulières desservent Budva et Bar (2,50 € chacune, 30 minutes), ainsi que Herceg Novi (6 €, 5/jour), Kotor (4,50 €, 9/jour) et Ulcinj (5 €, 8/jour). Parmi les destinations internationales figurent Dubrovnik (Croatie, 18 €, tlj) et Belgrade (Serbie, 29 €, 5/jour).

Don Street Taxi Service (☎069-437 966 ; www.taxi-transfer.me) possède des taxis avec compteur et propose les tarifs fixes suivants : Tivat 35 €, Budva 15 €, Bar 15 €, Ulcinj 35 € et Podgorica 40 €.

Environs de Petrovac

Drobni Pijesak Дробни Пијесак

Dissimulée dans une crique isolée entre Sveti Stefan et Rijeka Reževići, Drobni Pijesak est une étendue de 240 m de "sol sablonneux" (traduction littérale de son nom) entourée de collines verdoyantes et frangée d'une eau turquoise. Chaque année, le 28 juin, les descendants des 12 clans Paštrović y organisent le *Bankada*, un conseil communal dont la tradition remonte au XVIe siècle. Aujourd'hui, les thèmes traités sont la restauration et la préservation des coutumes de la tribu, la préservation environnementale et le développement économique. La journée se termine par une fête consacrée aux arts et au folklore.

Rijeka Reževići Риjека Режевиħи

L'architecture traditionnelle des Paštrović se distingue de celle du reste du Monténégro par ses rangées de maisons mitoyennes aux murs de pierre, avec petites fenêtres, toit à un seul pan et tuiles bombées en terre cuite. Ce charmant village en offre de jolis exemples et malgré son évident embourgeoisement, il a privilégié la restauration à la démolition.

Partant du parking en contrebas de l'église du village, un sentier traverse les bois jusqu'à une plage isolée parsemée de rochers, idéale pour le snorkeling. **Balun** (☎069-285 652 ; plats 10-18 €), le restaurant de poisson de la plage, est assez cher mais très apprécié des habitants. Vous pouvez toujours vous contenter d'un café et d'un sandwich à 5 € en observant la mer derrière les lauriers-roses.

Monastère de Reževići Манастир Режевиħи

L'hospitalité a toujours été primordiale dans ces charmants bâtiments en pierre, situés tout près de la route, au nord de Petrovac. Jusqu'au XIXe siècle, les Paštrovići laissaient toujours une bouteille de vin pour d'éventuels passants. Le roi Étienne Ier Nemanjic, premier de la dynastie serbe des Nemanjić, compta au nombre de ceux-ci en 1226. Il fonda le plus petit édifice du monastère, l'**église de la Dormition** (Crkva Uspenja Bogorodice). Une fois la vue adaptée à la pénombre intérieure, on découvre de jolies fresques sur les murs. Celles de l'**église de la Sainte-Trinité** (Crkva Sv Trojice ; 1770), plus grande, ont été repeintes dans les années 1970 (l'église ayant été incendiée pendant la Seconde Guerre mondiale) et sont donc beaucoup plus vives. L'iconostase est l'œuvre de Marko Gregović de Petrovac.

Ces deux églises sont plutôt en bon état malgré les dégâts des armées ottomanes, françaises et italiennes. Une ancienne religieuse vêtue de noir tient habituellement la petite boutique de souvenirs où l'on trouve des icônes religieuses, de l'huile d'olive et du miel. D'après la légende locale, un temple grec ou romain et un cimetière se tenaient autrefois à cet emplacement.

Au pied de la colline du monastère, **Perazića Do** est une petite plage de sable enserrée entre deux promontoires rocheux et éclipsée par le vaste chantier d'un hôtel en construction qui semble abandonné. Près de la route nationale, un édifice en pierre (1856), qui abritait autrefois une école, renferme désormais un **musée**, une **galerie** et une **bibliothèque** consacrés à la tribu des Paštrović, mais ils sont souvent fermés.

Monastère de Gradište Манастир Градиште

Perché sur une colline surplombant la plage de Buljarica, le monastère de Gradište est un ensemble paisible d'édifices en pierre répartis autour d'une cour centrale. Le monastère fut mentionné pour la première fois dans un document de 1305, mais il remonterait à 1116. Comme de nombreux monastères monténégrins, il a été endommagé par les invasions militaires et maintes fois reconstruit.

Les trois églises du site sont réputées pour leurs fresques. L'intérieur de l'**église Saint-Nicolas** (Crkva Sv Nikole) est totalement couvert de peintures consacrées à la Bible et à la famille royale serbe, réalisées à partir de 1620. L'iconostase a été sculptée et peinte par Vasilije Rafailović de la célèbre famille d'artistes de Risan. L'**église Saint-Sava** (Crkva Sv Save) voisine fut érigée en 1864 et renferme une iconostase de Nicholas Aspiotis, dont on retrouve le travail dans le monastère de Praskvica (p. 75). Ne manquez pas l'image singulière d'un saint à tête d'âne sur la rangée d'icônes du bas, tout de suite à droite de la porte de l'iconostase. Selon certains, il s'agirait de saint Christophe dont le vœu d'être débarrassé de sa beauté fut ainsi exaucé. Sur une petite hauteur s'élève l'**église de la Dormition** (Crkva Uspenja Bogorodice).

En prenant la route principale au sud de Petrovac, tournez à gauche après le tunnel et empruntez la voie abrupte conduisant au monastère (garez-vous en bas si vous n'êtes pas sûr de pouvoir grimper avec votre véhicule).

Čanj Чањ

Située environ à mi-chemin entre Petrovac et Bar, Čanj possède une longue plage, des eaux claires et une rangée de bars de plage où se mêlent adolescents du coin et vacanciers.

Juste derrière le promontoire, la **Kraljičina Plaža** (plage de la Reine) est une belle courbe de sable rosé, accessible uniquement en bateau. Des bateaux-taxis la rejoignent depuis Čanj pendant la haute saison ; certains proposent des départs à heures fixes depuis Bar pour seulement 3 €.

Bar Бар

13 500 HABITANTS

Dominée par le principal port du pays et par une grande zone industrielle, Bar n'est probablement pas une étape immanquable dans l'itinéraire des voyageurs. Cependant, c'est un centre de transport pratique où arrivent les trains de Belgrade et les ferries d'Italie. Les ruines du Stari Bar (Vieux Bar), plus intéressantes, sont situées en retrait, dans les montagnes.

Contrairement au nord de la côte, qui a longtemps été sous domination vénitienne et autrichienne, la partie commençant à Bar a passé 300 ans sous contrôle turc. À partir de là, les mosquées et les édifices ottomans sont plus nombreux, sauf dans la ville moderne de Bar, qui ne fut fondée qu'en 1908.

À voir

Plages BAIGNADE, FARNIENTE ET SNORKELING

Avec un grand port industriel et une marina à côté, la **plage municipale** de Bar n'est pas des plus attirantes pour la baignade. Plus au nord, la **plage de Šušanj** est fréquentée par les vacanciers serbes. Loin de la foule, les diverses criques rocheuses situées au-delà sont idéales pour le snorkeling et protégées pour la baignade. Les adeptes du naturisme pourront quitter leur maillot de bain dans une baie rocheuse située juste avant les ruines abandonnées du monastère bénédictin de la **Mère de Dieu de Ratac** (Bogorodica Ratac). Construit au XIe siècle, il fut détruit par les Turcs en 1571. Les vestiges de sa chapelle sont maintenant envahis de figuiers sauvages.

Palais du roi Nicolas MUSÉE

(Dvorac Kralja Nikole ; ☎030-314 079 ; Šetalište Kralje Nikole ; adulte/enfant 1/0,50 € ; ⏲8h-14h et 17h-23h). Construit en 1885, le palais, dont l'élégante façade donne sur la mer, abrite désormais une collection d'objets anciens, de costumes folkloriques et de mobilier royal. Ses jardins ombragés contiennent des plantes cultivées à partir de graines ou de boutures rapportées du monde entier par les marins monténégrins.

Église Saint-Nicolas ÉGLISE

(Crkva Sv Nikole ; Popovići bb). Bar devint le siège d'un diocèse catholique au IXe siècle. En 1089, elle fut élevée au rang d'archidiocèse et son archevêque fut nommé "primat de Serbie". L'élégant palais de l'archevêque se tient à côté de cette église baroque, à l'ouest de la ville, sur la route du Stari Bar. Aujourd'hui, l'archidiocèse couvre une partie du Kosovo et tout le Monténégro, à l'exception du diocèse de Kotor, qui reste rattaché à l'Église croate.

Fêtes et festivals

Barski ljetopis ARTS DU SPECTACLE

Pièces, expositions, événements littéraires et concerts en juillet et août.

L'été avec les stars MUSIQUE

Série de concerts de stars locales de variété en juillet et août.

Rencontres sous l'olivier LITTÉRATURE

(⏲novembre). Festival artistique et littéraire pour enfants.

Où se loger

Il est difficile de trouver un hébergement correct à Bar. À moins d'avoir une correspondance matinale ou tardive, mieux vaut se rendre ailleurs. Renseignez-vous à l'office du tourisme sur les chambres chez l'habitant.

Hotel Princess HÔTEL €€€

(☎030-300 100 ; www.hotelprincess.me ; Jovana Tomaševića 59 ; s 83-98 €, d 126-156 €, ste 205-275 € ; P❄@📶🏊). Ce n'est pas vraiment ce à quoi l'on s'attend pour le prix, mais ce grand hôtel est de loin la meilleure option à Bar. Profitez de la plage privée, de la piscine et du spa.

Bar

Bar

À voir
1 Plage municipale ... B2
2 Palais du roi Nicolas ... B2
3 Église Saint-Nicolas ... D3
4 Plage de Šušanj ... A1

Où se loger
5 Hotel Princess ... B2

Où se restaurer
6 Ciao ... B2
7 Konoba Kod Džema ... C4
8 Pulena Pizza Pub ... B2

Où prendre un verre et sortir
9 Azzuro ... A1
10 Carpe Diem ... B2
11 La Esquina ... B2

Renseignements
12 Clinique ... B2
13 Centre d'information touristique ... B2

Transports
14 Gare routière ... C4
15 Meridian Rentacar ... B2

Où se restaurer

Pulena Pizza Pub PIZZERIA €
(Vladimira Rolovića bb ; plats 3-7 €). Pulena est un restaurant fréquenté installé dans le plus excentré des trois vaisseaux spatiaux qu'un architecte fou a construit au centre de la ville. Au menu : pizza, pâtes et délicieuses glaces.

Konoba Kod Džema MONTÉNÉGRIN €
(plats 4-10 € ; 8h-23h). Ce charmant restaurant aux murs de pierre est un paradis climatisé à mi-chemin entre les gares

VAUT LE DÉTOUR

LA FORTERESSE HAJ-NEHAJ

Anciens joueurs de *Donjons et dragons* ou amateurs de vieilles ruines, les remparts isolés de la forteresse Haj-Nehaj (Хај-Нехај) sont à ajouter à votre itinéraire. La forteresse fut construite au XVe siècle par les Vénitiens pour défendre leur frontière sud contre les Turcs ottomans que les conquêtes avaient amenés jusqu'à la rivière qui se jette sur la plage de Šušanj dans la partie moderne de Bar.

Pour vous y rendre depuis Bar, suivez la route nationale au nord sur 6,5 km et tournez à gauche au panneau indiquant le Sv Nikola Hotel. Au niveau de l'intersection avec la première route goudronnée sur la droite, une route de terre rocailleuse conduit à l'extrême droite à travers les maisons. Remontez à pied cette route, avec le château face à vous et tournez au bout à droite dans un parking rocailleux. Repérez le début du sentier parmi les buissons sur la pente. À partir de là vous attend une marche de 30 minutes à travers les pins sur un joli chemin abrupt, parfois difficile à distinguer.

Lorsque vous apercevrez enfin le portail, vous vous demanderez comment les fortifications ont pu être érigées sur des parois aussi abruptes. À l'intérieur, de vastes ruines se laissent découvrir, s'élevant au-dessus d'un lit de sauge et de fleurs sauvages. Au sommet, regardant vers Bar, l'**église Saint-Démétrius** (Crkva Sv Dimitrija) datant du XIIIe siècle se distingue par sa voûte et son autel en pierre. Construite avant le fort, elle disposait autrefois de deux autels distincts, l'un catholique, l'autre orthodoxe.

ferroviaire et routière. Savourez le délicieux *pršut* (jambon fumé) et du pain tout juste sorti du four en attendant votre correspondance.

Ciao CAFÉ €
(Šetalište Kralja Nikole bb ; plats 4-15 €). Endroit agréable pour une omelette, une pizza ou des pâtes sur le front de mer.

Où prendre un verre et sortir

Les bars ne manquent pas dans la ville.

Carpe Diem CAFÉ, BAR
(Vladimira Rolovića bb). Parmi les divers bars chics d'une allée piétonne, juste en retrait de la rue principale, Carpe Diem arbore un mobilier d'extérieur confortable, de grands écrans pour le foot et des posters de jazzmen et bluesmen.

La Esquina CAFÉ, BAR
(Vladimira Rolovića bb). La Esquina compense son minuscule intérieur par une vaste terrasse sous les arbres. Café excellent.

Azzuro CAFÉ, BAR
(Šetalište Kralja Nikole bb). Bar d'été décontracté sous les pins, au bord de l'eau, sur le chemin de la plage de Šušanj.

Renseignements

Plusieurs banques avec DAB se trouvent dans l'Ulica Maršala Tita et l'Ulica Vladimira Rolovića.

Clinique (☎124 ; Jovana Tomaševića 42). Service d'urgences.

Centre d'information touristique (☎030-311 633 ; www.visitbar.org ; Obala 13 Jula bb ; ⏲8h-20h lun-sam, 8h-14h dim juil-sept, 8h-16h lun-ven oct-juin). Cartes de la ville et brochures recensant les sites et les hébergements privés.

Depuis/vers Bar

BATEAU

Les ferries pour Bari et Ancône, en Italie, partent du terminal des ferries *(putnički terminal)* près du centre-ville. Vous pouvez y réserver votre billet **Montenegro Lines** (☎030-311 164 ; www.montenegrolines.net) et vous trouverez un bureau de poste et un DAB.

L'été, vous pouvez héler un bateau-taxi dans la marina ou sur la plage pour un court trajet le long de la côte (à partir de 3 € environ).

BUS

La **gare routière** (☎030-346 141 ; Beogradska bb) jouxte la gare ferroviaire, à 1 km au sud-est du centre-ville. Des bus fréquents desservent Kotor (6,50 €), Budva (4,50 €), Ulcinj (3 €) et Podgorica (4,50 €), et cinq par jour se rendent à Kolašin (8 €).

Des bus locaux s'arrêtent au centre-ville, dans l'Ulica Jovana Tomaševića, et rallient Stari Bar et le nord, le long de la côte, jusqu'à Čanj.

VOITURE

Depuis Bar, l'itinéraire le plus rapide pour Podgorica est la route qui quitte la nationale après Sutomore, au nord-ouest de Bar, et passe par un tunnel à péage (2,50 €).

Meridian Rentacar (☎030-314 000 ; www.meridian-rentacar.com ; Jovana Tomaševića 30 ; location à partir de 45 €/jour) possède une agence dans le centre-ville.

TRAIN

La **gare ferroviaire** (☎030-301 615 ; www.zpcg.me ; Beogradska bb) propose des lignes pour Virpazar (1,20 €, 23 minutes, 7/jour), Podgorica (2,40 €, 1 heure, 9/jour), Kolašin (5,40 €, 2 heures 30, 4/jour), Mojkovac (6,20 €, 2 heures 45, 3/jour), Bijelo Polje (7,20 €, 3 heures 15, 3/jour) et Belgrade (Serbie, 21 €, 11 heures, 2/jour).

Stari Bar Стари Бар

1 870 HABITANTS

L'impressionnant Stari Bar (Vieux Bar), site d'origine de Bar, occupe un promontoire à 4 km au nord-est de la route d'Ulcinj. Une côte raide et pavée croise un groupe de vieilles maisons et de boutiques et conduit jusqu'à l'entrée fortifiée, où un petit passage sombre s'ouvre sur une vaste étendue de ruines couvertes de vigne et sur des rues abandonnées, envahies par la végétation.

Les poteries et le métal découverts laissent penser que les Illyriens auraient fondé la ville autour de l'an 800 av. J.-C. Au Xe siècle, la ville byzantine était appelée Antivari car elle est située à l'opposé de la ville italienne de Bari. Elle est passée tour à tour sous contrôle slave et byzantin jusqu'à ce que les Vénitiens s'en emparent en 1443 (remarquez le lion de Saint-Marc à l'entrée) et la contrôlent, avant d'être à leur tour chassés par les Ottomans en 1571. Les 240 édifices sont désormais presque tous en ruine suite aux bombardements des Monténégrins qui s'emparèrent de la ville en 1878.

À voir

Vieille ville RUINES

(adulte/enfant 2/1 € ; 8h-22h). À l'entrée, un petit **musée** présente la ville et son histoire. Les flèches vertes conduisent aux principaux sites. Dans la partie occidentale de la ville, les vestiges de l'**église Saint-Nicolas** (Crkva Sv Nikole) dévoilent des fresques serbo-byzantines.

Dans l'angle nord, une forteresse du XIe siècle offre une vue sur l'emplacement isolé du Stari Bar parmi les montagnes et les oliveraies. À proximité se trouvent les fondations de la **cathédrale Saint-Georges** (Katedrala Sv Đorđa), dédiée au saint patron de Bar. Les Turcs ont transformé cette église romane en mosquée au XVIIe siècle, mais l'édifice fut dévasté après une explosion accidentelle de poudre à canon.

Vous vous demanderez peut-être pourquoi l'**église Saint-Jean** (Crkva Sv Jovana) est en si bon état. Elle a été entièrement reconstruite par une des familles liées à la bâtisse d'origine. L'**église Saint-Verenada** (Crkva Sv Verenade), qui renferme des photographies de la région de Bar, est l'un des rares édifices possédant un toit intact.

Les constructions ottomanes comptent un joli bain turc, construction solide du XVIIe ou XVIIIe siècle, la tour de l'horloge (1752) et l'aqueduc du XVIIe siècle qui transportait l'eau d'une source située à 3 km ; ce dernier fut reconstruit après le tremblement de terre de 1979.

Mosquée Omerbašića MOSQUÉE

(Omerbašića džamija). Juste à l'extérieur de la porte principale du Stari Bar, cette simple construction (de 1662) est constituée d'une base carrée en pierre et d'un joli minaret entourés d'un mur de pierre. L'édifice surmonté d'un dôme près de l'entrée est le tombeau du derviche Hasan. De nombreux Roms, qui constituent une part importante de la population du Stari Bar, sont musulmans.

VAUT LE DÉTOUR

LE VIEIL OLIVIER

La région de Bar compte plus de 100 000 oliviers dont la plupart ont plus de 1 000 ans. À Mirovica, près de Stari Bar, l'un d'entre eux a été le témoin muet des invasions militaires des empires successifs sur cette terre. Âgé de 2 000 ans, le *stara maslina* (vieil olivier) est probablement l'arbre le plus âgé d'Europe continentale et l'un des plus vieux de son espèce au monde.

Un cercle de pierres blanches délimite son espace vital et le protège. Un montant symbolique est demandé pour le voir (adulte/enfant 1/0,50 €), mais on peut tout aussi bien l'admirer depuis la route. Repérez le panneau sur la route Bar-Ulcinj ; au bout de l'embranchement, cherchez le mur de pierre légèrement sur la droite.

Où se restaurer

Konoba Spilja MONTÉNÉGRIN €

(☎030-340 353 ; www.konobaspilja.me ; plats 3-15 € ; 8h-minuit). Fantastique établissement

PIRATES DE LA MÉDITERRANÉE

Voici une histoire où il est question d'aventures, de meurtres, de vols et d'esclavage. Ulcinj était un repaire de pirates bien avant que les Vénitiens ne s'en emparent, en 1405, et elle continua à l'être par la suite. Cela ne changea pas quand, en 1571, les Ottomans en prirent le contrôle (du moins officiellement). Bien au contraire. Dès la fin du XVIe siècle, pas moins de 400 pirates originaires de Malte, de Tunisie et d'Algérie, avaient fait d'Ulcinj leur port d'attache et assaillaient les navires qui croisaient sur l'Adriatique.

Les capitaines des pirates étaient redoutés dans tout l'est de la Méditerranée, les histoires des frères Karamindžoja, de Lika Ceni ou d'Ali Hodža alimentant des récits où l'imagination tenait autant de place que la vérité. L'écrivain espagnol Cervantès fut l'une de leurs victimes ; il aurait passé cinq ans dans les cachots près de la place principale avant d'être libéré contre une rançon. D'après la légende, le nom de Dulcinée dans son *Don Quichotte* serait inspiré de la ville. D'autres furent moins chanceux, comme les pèlerins à destination de La Mecque qui furent dévalisés puis coulés par Lika Ceni – l'incident scandalisa le sultan et valut au pirate d'avoir sa tête mise à prix.

À côté de leurs activités de piraterie, les équipages d'Ulcinj s'adonnaient au lucratif commerce d'esclaves. La ville devint le centre d'un commerce prospère, la place principale étant le théâtre de ce sinistre marché. C'est à ce triste épisode qu'Ulcinj doit d'être l'un des rares endroits des Balkans occidentaux à accueillir une importante minorité noire.

rustique où savourer un repas traditionnel de fruits de mer ou d'agneau au vin après la visite du Stari Bar.

Kaldrma MONTÉNÉGRIN €€
(030-341744 ; kaldrmarestoran@t-com.me ; plats 6-11 € ; déj et dîner ;). Situé sur la route abrupte conduisant à la porte principale du Stari Bar, ce superbe petit restaurant, dont le nom signifie pavé, réussit à être à la fois très traditionnel et légèrement décalé. La cuisine du Stari Bar est à l'honneur, avec des plats d'agneau et plusieurs spécialités végétariennes de saison. Hébergement possible dans une jolie petite chambre à l'étage, avec matelas posés sur des tapis (25 €).

Achats

Wine, Olive Oil, Honey Shop VIN, GASTRONOMIE
Vins de petits producteurs monténégrins, *rakija* sous toutes ses formes, et autres produits locaux.

Opal II Filigren BIJOUX
Superbe endroit spécialisé dans la création de bijoux filigranés en argent depuis plus d'un siècle.

Depuis/vers Stari Bar

Des bus pour Stari Bar partent de l'Ulica Jovana Tomaševića, dans le centre de la ville nouvelle de Bar toutes les heures (1 €).

Ulcinj Улцињ

10 700 HABITANTS

Pour un aperçu de l'Albanie sans même franchir la frontière, rendez-vous dans la ville animée d'Ulcinj (Ulqin en albanais). La population compte 61% d'Albanais (68% de musulmans), et, en été, les vacanciers kosovars affluent dans la ville, tout simplement parce qu'elle est beaucoup plus jolie que la plupart des stations balnéaires albanaises. Les élégants minarets des nombreuses mosquées confèrent à Ulcinj un air incontestablement oriental, tout comme la musique entraînante que diffusent les stands de kebab de la Mala Plaža (petite plage).

À voir et à faire

Plages BAIGNADE ET FARNIENTE
La **Mala Plaža** est peut-être une jolie crique, mais en juillet et août on la distingue difficilement sous les draps de bain des vacanciers. Mieux vaut se diriger vers le sud-est où une succession de baies rocheuses réservent une eau claire et plus d'espace.

Chaque plage dispose de ses bars et restaurants saisonniers. Si vous craignez le bruit, évitez les plages appelées Ibiza et Aquarius et préférez, par exemple, **Sapore di Mare**, où vous pourrez vous installer sur une terrasse bétonnée ou trouver un coin d'herbe sous les pins. Comme l'indique son nom insolite, la **plage des femmes "Dada"**

(1,50 €) est réservée aux femmes, tandis qu'une section de la plage située en face de l'**Hotel Albatros** accueille les naturistes.

Stari Grad VIEILLE VILLE

Dominant la Mala Plaža, la vieille ville est encore largement résidentielle et passablement délabrée – héritage du tremblement de terre de 1979. Cela fait partie de son charme – cette vieille ville a vraiment l'air ancienne, un aspect renforcé par ses pavés inégaux et le faible éclairage dans les rues la nuit.

Une pente raide conduit à la **porte supérieure**, où un petit **musée** (1 € ; ⌚9h-20h mar-dim), rempli d'objets romains et ottomans, est aménagé. Une église de 1510, transformée en mosquée en 1693, occupe les lieux ; le minaret en ruine est toujours visible. Juste devant le musée, une **fontaine** (en réalité, il s'agit plutôt d'un robinet) est ornée d'une inscription en arabe, d'un croissant de lune et de fleurs gravés dans la pierre.

Mosquées ÉDIFICES RELIGIEUX

Ulcinj se caractérise par la présence de nombreuses mosquées. La plupart d'entre elles sont des édifices simples, généralement plus intéressants à l'extérieur qu'à l'intérieur. Avec ses belles fresques intérieures, la **mosquée du marin** (Džamija Pomoraca ; Detarët e Ulqinit bb) fait exception. Cette imposante structure de pierre a été érigée en 2012 sur le front de mer pour remplacer une mosquée détruite en 1931, dont la construction était antérieure aux Ottomans.

La **mosquée Kryepazarit** (Džamija Vrhpazara ; Gjergj Kastrioti Skënderbeu bb), érigée en 1749 au croisement des rues principales, a été en grande partie reconstruite après le tremblement de terre de 1979 ; son nom signifie "sommet du marché". Dans le même pâté de maisons, la **mosquée Mezjah** (Džamija Namaždjah ; Hazif Ali Ulqinaku 71) de 1728 est légèrement plus en retrait par rapport à la route.

Largement reconstruite suite au tremblement de terre de 1979, la **mosquée Lamit** (Džamija Ljamit ; Kadi Hysen Mujali bb) date de 1689. Le plafond est constitué d'intéressants panneaux de bois verts aux motifs géométriques. Datant de 1719, la **mosquée Pasha** (Pašina džamija ; Buda Tomovića bb) est un joli complexe avec hammam attenant.

Cathédrale Saint-Nicolas ÉGLISE

(Saborna crkva Sv Nikole ; Buda Tomovića bb). Cette cathédrale orthodoxe est installée dans un pittoresque verger d'oliviers, situé en contrebas de la porte supérieure. Relativement récente, elle a été érigée en 1890, peu après le départ des Ottomans, mais elle occuperait le site d'un monastère du XVe siècle.

Monument de la liberté ART SOCIALISTE

(Ivan Millutinoviqit bb). Sur une falaise surplombant la Mala Plaža, cet imposant monument est une jolie œuvre d'art socialiste laissée à l'abandon et couverte de graffitis. Ses deux segments blancs formant un V s'apparentent à deux avions de chasse qui se seraient écrasés sur le nez. En s'approchant, on découvre qu'il s'agit d'ailes stylisées qui jaillissent des personnages placés face à face au centre du monument.

Statue de Mère Teresa MONUMENT

(Majka Tereza bb). En meilleur état, la statue de Mère Teresa, la plus célèbre Albanaise

VISITER LES MOSQUÉES

Au Monténégro, les non-musulmans discrets sont généralement les bienvenus dans les mosquées, bien que certaines d'entre elles n'acceptent pas les femmes ou possèdent un espace qui leur est réservé (si vous n'êtes pas sûr, demandez la permission avant d'entrer). Lieux de prière avant tout, la plupart des mosquées sont délibérément sobres afin de ne pas distraire les fidèles – il n'y a donc souvent pas grand-chose à voir. L'intérieur est parfois décoré de motifs géométriques ou de calligraphie arabe mais la représentation de personnes ou d'animaux est strictement interdite. Toutes ont en commun une niche (le mihrab), placée au centre du mur orienté vers La Mecque.

Si vous souhaitez visiter, voici quelques règles à respecter. Les vêtements doivent être amples et couvrir le corps : shorts, débardeurs, jupes courtes et jeans moulants sont interdits, et les femmes doivent couvrir leur tête. Les chaussures doivent être retirées et les téléphones portables éteints.

Seuls les musulmans pieux sont tenus de procéder aux ablutions rituelles avant d'entrer pour prier (une fontaine ou un robinet se trouve près de l'entrée). Ne dérangez pas les fidèles qui prient en vous promenant ou en parlant fort dans les mosquées – de manière générale, n'entrez pas si une prière ou une activité est en cours.

Ulcinj

du monde (née en réalité en Macédoine), se dresse devant la clinique sur le boulevard qui porte son nom.

Dans l'angle adjacent, on découvre une intéressante **plaque commémorative** : "En reconnaissance aux habitants d'Ulcinj pour l'humanité, la solidarité et l'hospitalité dont ils ont fait preuve en accueillant les persécutés du Kosovo et en prenant soin d'eux de mars 1998 à juin 1999 – Les Kosovars reconnaissants."

D'Olcinium Diving Club PLONGÉE
(☎067-319 100 ; www.uldiving.com ; Detarët e Ulqinit bb). Les sites de plongée locaux comptent diverses épaves (les pirates y furent actifs, voir p. 84) et les vestiges d'une ville engloutie. Si vous disposez de qualifications à jour, vous pouvez louer un équipement (20 €), faire une plongée guidée du rivage (15 €) ou partir en bateau pour une journée (50 €). Plongées nocturnes possibles (depuis le rivage/un bateau 20/25 €).

Où se loger

L'aimable personnel anglophone de la **Real Estate Travel Agency** (☎030-421 609 ; www.realestate-travel.com ; Hazif Ali Ulqinaku bb ; à

Ulcinj

À voir
- 1 Plaque commémorative D2
- 2 Fontaine A1
- 3 Plage de l'Hotel Albatros D5
- 4 Mosquée Kryepazarit B2
- 5 Plage des femmes "Dada" C5
- 6 Mosquée Lamit B2
- 7 Monument de la liberté B4
- 8 Mala Plaža B4
- 9 Mosquée Mezjah B2
- Statue de Mère Teresa .... (voir 28)
- 10 Musée A1
- 11 Mosquée Pasha A3
- 12 Mosquée du marin B4
- 13 Sapore di Mare B4
- 14 Cathédrale Saint-Nicolas A1
- 15 Stari Grad A2
- 16 Porte supérieure A1

Activités
- 17 D'Olcinium Diving Club A2

Où se loger
- 18 Dvori Balšića A2
- 19 Haus Freiburg D4
- 20 Hotel Dolcino B3
- 21 Palata Venecija A2
- 22 Real Estate Travel Agency B3

Où se restaurer
- 23 Antigona A2
- 24 Restaurant Pizzeria Bazar B2
- 25 Restaurant Teuta A2

Où prendre un verre et sortir
- 26 Rock B3

Achats
- 27 Marché C2

Renseignements
- 28 Clinique D2

Transports
- 29 Gare routière D2

partir de 15 €/pers) vous aidera à trouver un hébergement chez l'habitant, un appartement ou une chambre d'hôtel. Il propose aussi vélos (10 €) et voitures à louer, visites et cartes d'Ulcinj.

Haus Freiburg HÔTEL €€
(☎030-403 008 ; www.hotelhausfreiburg.me ; Kosovska bb ; s/d/app 50/65/85 € ; P ❄ 📶 🏊). Bien en hauteur au-dessus de la ville, cet hôtel familial dispose de chambres et d'appartements bien équipés, d'une très jolie terrasse sur le toit avec vue sur la mer, d'une piscine et d'un petit restaurant. Comptez 20 minutes de marche pour descendre jusqu'à la Mala Plaža.

Hotel Dolcino HÔTEL €€
(☎030-422 288 ; www.hoteldolcino.com ; Hazif Ali Ulqinaku bb ; s/d 40/50 € ; ❄ 📶). Ce mini-hôtel moderne, installé au centre-ville, vise une clientèle d'affaires et pratique des prix très raisonnables. Les chambres les plus calmes, à l'arrière, possèdent une grande terrasse, mais les petits balcons à l'avant sont agréables pour observer les passants. Bien qu'il soit l'un des établissements les plus chics d'Ulcinj, le restaurant italien de l'hôtel est abordable.

Dvori Balšića HÔTEL €€€
(☎030-421 609 ; www.hotel-dvoribalsica-montenegro.com ; Stari Grad bb ; s/d 65/100 € ; ❄ 📶). Ce palais de pierre et son annexe aussi grandiose, le **Palata Venecija**, sont accessibles par les rues pavées et les escaliers de la vieille ville – peu pratiques si l'on est chargé mais enchanteurs. Chambres de taille raisonnable avec kitchenette, vue romantique sur la mer, et intérieur orné de stuc et de bois foncé.

Où se restaurer

Restaurant Pizzeria Bazar PIZZERIA, POISSON €
(Hazif Ali Ulqinaku bb ; plats 4-10 € ; ⏲10h-13h). Restaurant en étage, idéal pour s'extraire des rues débordant de touristes. Confortablement installé, observez les passants en savourant une assiette de *lignje na žaru* (calamars grillés), l'une des spécialités des lieux.

Antigona POISSON €€
(www.antigonaulcinj.webs.com ; Stari Grad bb ; plats 7-26 €). La terrasse au sommet d'une falaise, avec en prime d'élégants serveurs en nœud papillon, est peut-être le cadre le plus romantique pour dîner à Ulcinj. Les produits sont excellents – mais vérifiez le prix et le poids du poisson avant, afin d'éviter les mauvaises surprises au moment de l'addition. Loue également des chambres (à partir de 10 €/personne).

Restaurant Teuta POISSON, MONTÉNÉGRIN €€
(Stari Grad bb ; plats 6-17 €). Ce restaurant traditionnel dominant la Mala Plaža sert une

RUES AUX MULTIPLES NOMS

Dans de nombreuses villes monténégrines, le nom des rues est rarement indiqué, mais à Ulcinj, il y a parfois trois panneaux différents pour une même rue : un nom monténégrin et un nom albanais de l'époque yougoslave, et un nouveau nom albanais. Ainsi, le boulevard principal qui traverse d'est en ouest le sommet de la ville se nomme Maršala Tita ou Gjergj Kastrioti Skënderbeu, et la rue qui descend jusqu'à la plage est l'Ulica 26 Novembra ou la Rruga Hazif Ali Ulqinaku. Dans ce guide, nous avons indiqué le nom le plus souvent affiché (souvent le nouveau nom albanais), mais la tendance est de revenir aux anciens noms.

bonne cuisine, mais on vient surtout pour la vue que l'on a depuis les remparts de la vieille ville.

Où prendre un verre et sortir

La promenade de la Mala Plaža est animée les soirs d'été. Tous les bars sont bondés, les snacks parfument l'atmosphère, et les boîtes de nuit reprennent vie.

Rock CAFÉ, BAR
(Hazif Ali Ulqinaku bb ; 7h-3h ;). Le bois foncé et les bougies électriques participent au charme de cette imitation réussie de pub irlandais.

Achats

Marchés et boutiques ALIMENTATION ET CONFECTION
(Gjergj Kastrioti Skënderbeu bb). Dans le marché couvert "vert", des femmes au voile blanc vendent des fruits et légumes, à côté d'un grand supermarché. De l'autre côté de ce dernier, un charmant petit marché extérieur vend principalement des vêtements et des chaussures. Plus intéressante, la petite boutique au bout propose des tapis traditionnels.

Renseignements

On trouve de nombreuses banques avec DAB dans Gjergj Kastrioti Skënderbeu et plusieurs cybercafés dans Hazif Ali Ulqinaku.

Clinique (030-412 433 ; Majka Tereza bb). Service d'urgences. Pharmacie attenante.

Depuis/vers Ulcinj

La **gare routière** (030-413 225 ; Vëllazërit Frashëri bb) est située à la limite nord-est de la ville. Des lignes desservent Herceg Novi (10 €, tlj), Kotor (9 €, tlj), Budva (7 €, 8/jour), Podgorica (6 €, 12/jour) et Rožaje (14 €, tlj). Les destinations internationales comprennent Shkodra (Albanie, 6 €, 2/jour), Priština (Kosovo, 18 €, 6/jour), Sarajevo (Bosnie-Herzégovine, 26 €, tlj) et Belgrade (Serbie, 33 €, 4/jour).

Un minibus en direction de la Velika Plaža ou d'Ada Bojana part de Gjergj Kastrioti Skënderbeu pour environ 2,50 €.

Velika Plaža et Ada Bojana
Велика Плажа и Ада Бојана

La Velika Plaža (grande plage) porte bien son nom. Commençant à 4 km au sud-est d'Ulcinj, elle s'étire sur 12 km de sable. Certaines sections proposent des transats, et l'espace ne manque pas pour profiter d'un peu de solitude. En toute sincérité, cette plage est trop vaste pour être vraiment pittoresque. L'eau, peu profonde, est idéale pour les enfants, mais il vous faudra marcher longuement si vous souhaitez nager.

Sur la route de la Velika Plaža se trouve le **canal de Milena** où les pêcheurs locaux suspendent des filets à de longues cannes en saule fixées aux maisons en bois sur pilotis. Le résultat rappelle vivement l'Asie du Sud-Est. On trouve d'autres installations semblables sur les rives du **Bojana**, à l'autre bout de la Velika Plaža.

Un pont enjambe le Bojana et rejoint Ada Bojana, un endroit très particulier du Monténégro. Il s'est formé autour d'une épave entre deux îles, à l'embouchure du fleuve qui a fini par déposer assez de sédiments pour couvrir environ 520 ha et créer une plage de sable de 3 km de long. Durant son âge d'or, à l'époque de la Yougoslavie, l'île fit les beaux jours du naturisme et devint la première destination nudiste d'Europe. Il faut être véritablement dévoué à ce style de vie pour vouloir loger dans les hébergements négligés qui sont proposés aujourd'hui, mais il est heureusement possible d'accéder à l'île pour une journée (en voiture 5 €, à pied 2 €). Si vous préférez garder vos vêtements, restez près de l'embouchure.

Activités

La région s'est fait un nom dans le domaine du kitesurf. **Kitesfera** (www.kitesfera.com) et

HORS DES SENTIERS BATTUS

LAC ŠAS ШАСКО ЈЕЗЕРО

Si vous êtes motorisé et aimez sortir des sentiers battus, cette jolie région près de la frontière albanaise se prête à une balade agréable et paisible. Prenez la route en direction du nord-ouest depuis Ulcinj. Au bout de 17 km, vous arriverez au grand village de Vladimir où un embranchement à droite conduit au lac.

Après 2 km, vous apercevrez sur la droite les ruines de l'ancienne grande cité de **Svač** (Šas) du royaume de la Zeta. Garez-vous et coupez par l'angle supérieur gauche du terrain de football, où vous découvrirez un sentier rocailleux. Emportez de bonnes chaussures car le sentier est assez difficile et plein d'épines.

Il ne reste pas grand-chose de Svač à part des pans de mur et l'ossature de quelques édifices, dont l'un était manifestement une église. La ville fut détruite par les Mongols en 1242, puis par les Ottomans au XVIe siècle, après quoi elle fut abandonnée aux libellules, abeilles et papillons. C'est aujourd'hui un magnifique coin de campagne, totalement exempt de touristes, offrant un large panorama sur les plaines vers le massif de Rumija.

Reprenez la voiture et poursuivez en suivant les panneaux menant au lac, situé 2,5 km plus loin. D'une superficie de 364 ha, le **lac Šas** (Šasko jezero), bordé de boue, de roseaux et de nénuphars, constitue un habitat important pour l'avifaune, plus de 240 espèces d'oiseaux vivant sur ses berges. En hiver, il attire autant les passionnés d'ornithologie que les chasseurs italiens.

Plein de caractère, le **Restaurant Shasi** (☎067-645 045 ; plats 7-13 €) est un vaste ensemble en pierre construit dans la falaise au bord du lac et doté d'une cascade. L'endroit est charmant et paisible, le personnel efficace, et la soupe de poisson est servie avec un délicieux pain au maïs. Les spécialités – l'anguille, le mulet et la carpe – sont pêchées depuis le quai au bout du jardin.

D'Olcinium Kitesurf Club (☎069-330 492 ; www.kitesurfclub.me) sont des prestataires fiables.

Où se restaurer

Plusieurs bons restaurants de poisson sont installés sur le Bojana, près du pont d'Ada Bojana. La spécialité locale est la *riblja čorba* (soupe de poisson). Tous ces restaurants méritent que l'on parcoure les 14 km qui les séparent d'Ulcinj.

Restoran Kod Marka POISSON, MONTÉNÉGRIN €€
(☎030-401 720 ; Bojana ; plats 8-12 €). La *riblja čorba* est sublime et elle est servie dans une marmite en métal contenant deux fois votre bol. Quelques plats de viande sont aussi proposés.

Ćićkova Čarda POISSON, ITALIEN €€
(Bojana ; plats 7-11 €). Semblant construit de bric et de broc, telle la maison de Robinson Crusoé, ce restaurant très charmant sur le fleuve, du côté d'Ada Bojana, sert de nombreux plats traditionnels de poissons et fruits de mer ainsi que l'habituel choix de pâtes, de risottos, de steaks et de grillades. C'est un superbe endroit pour observer le coucher du soleil.

♥ **Miško** POISSON €€€
(Bojana ; plats 9-17 €). Restaurant le plus chic du Bojana, totalement consacré aux produits de la mer : poulpe, crevettes, coquillages, grand choix de poissons frais, et, bien sûr, délicieuse *riblja čorba*. Reprenant la formule de César, sa devise est : "*Veni, Vidi, Sjedi, Jedi*", un mélange de latin et de monténégrin que l'on pourrait traduire par : "Je suis venu, j'ai vu, je me suis assis et j'ai mangé."

Centre du Monténégro

Dans ce chapitre ➡

Le top des restaurants

- Stari Most (p. 97)
- Lupo di Mare (p. 105)
- Kole (p. 96)
- Konoba Badanj (p. 98)
- Ibon (p. 107)

Le top des hébergements

- Villa Miela (p. 98)
- Hotel Podgorica (p. 103)
- Aria (p. 103)
- City Hotel (p. 104)
- Hotel Marshal (p. 107)

Pourquoi y aller

On ne peut prétendre avoir vu le Monténégro sans en avoir visité le cœur physique, spirituel et politique. C'est ici, dans le creuset de la résistance contre la domination ottomane symbolisée par le Lovćen, la montagne noire, que s'est développée une identité monténégrine propre (distincte de la serbe).

Pour rejoindre le Centre depuis la côte, il vous faudra longer deux splendides parcs nationaux qui sont autant d'occasions d'un retour à la nature. Au-delà se tiennent les deux capitales du pays : l'actuelle (Podgorica, fondée par les Romains) et l'ancienne, bien que plus récente (Cetinje, la capitale du trône). Les riches collections de leurs musées sont une invitation à mieux appréhender l'art et l'histoire du Monténégro.

Enfoncez-vous dans les terres pour atteindre le monastère d'Ostrog. Construit dans la falaise, c'est le plus impressionnant des nombreux sites religieux du pays.

Quand partir

- Mai correspond à la fin du printemps, l'époque idéale pour visiter la capitale avant la canicule estivale. Août est un bon mois pour explorer le lac de Skadar, et c'est l'occasion d'assister au festival de la Zeta à Danilovgrad.
- En septembre, les températures redeviennent supportables dans les plaines du Centre, mais restent assez élevées dans les parcs nationaux.

À ne pas manquer

1 Le fabuleux panorama de montagnes autour du **mausolée de Njegoš** (p. 92)

2 Une plongée dans l'histoire, l'art et la culture du pays au **musée national du Monténégro** (p. 93) et dans les rues de Cetinje

3 L'impressionnant **monastère d'Ostrog** (p. 106), construit dans une falaise

4 Un tour en bateau sur le **lac de Skadar** (p. 98) à la découverte des îles-monastères et des sanctuaires pour oiseaux

5 Un festin de poisson dans le cadre enchanteur de **Rijeka Crnojevića** (p. 97)

6 L'effervescence nocturne du quartier de **Nova Varoš** (p. 105) à Podgorica

7 Les ruines médiévales de **Žabljak Crnojevića** (p. 101), que serpents et araignées affectionnent

Climat

Les saisons sont beaucoup plus contrastées dans cette région que sur la côte. En été, la canicule est écrasante à Podgorica, avec des températures pouvant dépasser les 40°C. Il fait bien plus frais dans les montagnes. Les températures chutent considérablement entre octobre et mars, où le froid peut être glacial.

Depuis/vers le Centre

Dotée d'un aéroport international, Podgorica est aussi le plus important carrefour ferroviaire et routier du pays. Depuis la côte, la route principale part des alentours de Sutomore et s'engage dans un tunnel (péage 2,50 €) à travers les montagnes et rejoint Virpazar, puis Podgorica.

Comment circuler

Depuis Podgorica, des lignes de bus régulières desservent Cetinje, Nikšić et Virpazar. Des trains circulent entre Podgorica et Virpazar, Danilovgrad et Nikšić.

Parc national du Lovćen
Ловћен

Derrière Kotor se dresse le **mont Lovćen** (1 749 m, prononcez "*lov*·chen"), la "montagne noire" à laquelle le Monténégro doit son nom (*crna gora* en monténégrin, *monte negro* en italien). Bastion de la résistance contre la domination ottomane, il occupe une place particulière dans le cœur des Monténégrins. Il domine Cetinje, l'ancienne capitale, dont les habitants investissent les flancs de la montagne l'été venu pour y organiser des pique-niques.

Les deux tiers des 6 220 hectares du parc national sont recouverts d'une épaisse forêt où prédomine le hêtre noir, lui conférant cette silhouette sombre. Même ses zones les plus rocheuses voient pousser des plantes sauvages comme le millepertuis, la menthe et la sauge. Le parc abrite plusieurs types de reptiles, 85 espèces de papillons et de grands mammifères tels l'ours et le loup. Les 200 espèces d'oiseaux représentées comptent quelques majestueux rapaces comme le faucon pèlerin, l'aigle royal et l'aigle impérial (mais n'espérez pas apercevoir la variété à deux têtes que l'on retrouve sur le drapeau du Monténégro !). Plusieurs espèces migrent entre le parc et le lac de Skadar.

Des sentiers de randonnée et des pistes de VTT sillonnent les montagnes au départ de Kotor, Budva ou Cetinje ; un chemin transversal partant de la côte parcourt également le parc de bout en bout. Si vous prévoyez d'explorer le Lovćen, ne vous laissez pas surprendre par les températures (10°C de moins que sur la côte en moyenne) et par les caprices du climat en été. Malgré un taux de précipitation élevé, les réserves en eau sont limitées car l'humidité s'infiltre aussitôt dans les karsts calcaires.

Centre névralgique du parc, **Ivanova Korita** compte une poignée d'hébergements et de restaurants, et même une piste de ski pour débutants en hiver. On y trouve également le **centre d'information des visiteurs du parc national** (www.nparkovi.me ; 9h-17h), qui loue des vélos (2 €/heure) et des bungalows pour 4 personnes (40 €). Le camping sauvage est autorisé dans le parc (petite/grande tente 3/5 €, caravane 10 €) ; comptez 10 € supplémentaires pour un emplacement en camping ou 5 € (bois compris) pour faire usage de l'aire de feu.

À voir et à faire

Njeguši VILLAGE

À la lisière nord du parc, ce joli village de pierre a vu naître la dynastie des Petrović, la plus importante du Monténégro. C'est ici que l'on fabrique les meilleurs *pršut* (jambon fumé) et *sir* (fromage) du pays. Ils sont vendus sur des stands le long de la route, avec du miel, de la *rakija* (eau-de-vie), de petits tapis tissés main et des souvenirs. Sinon, vous pouvez vous attabler chez **Konoba kod Radonjića** (plats 6-11 €) pour une dégustation (*pršut* 4,50 € et *sir* 3,50 €).

Mausolée de Njegoš MONUMENT

(Njegošev Mauzolej ; entrée 3 € ; 8h-18h). Au sommet du pic Jezerski (1 657 m), deuxième plus haute montagne du parc, trône l'imposant mausolée (édifié entre 1970 et 1974) de Pierre II Petrović Njegoš, poète et prince-évêque, véritable héros national. En haut des 461 marches, l'entrée est gardée par deux géants de granit. Sous une voûte en mosaïque dorée, le héros du pays repose entre les ailes d'un aigle. Lourde de 28 tonnes, la statue funéraire fut taillée dans un unique bloc de granit noir par le sculpteur croate Ivan Meštrović. À l'arrière du mausolée, un sentier conduit à une plate-forme circulaire offrant une vue spectaculaire.

Près de l'entrée, un photographe vous fournit un costume traditionnel pour immortaliser votre visite (photo petite/grande 3/5 €).

Avanturistički Park PARC AVENTURE
(☎069-543 156 ; Ivanova Korita ; adulte/enfant 18/12 € ; ⏲10h-18h mai à mi-nov). Ce parc de 2 ha propose des tyroliennes et des parcours dans les arbres à proximité des bureaux du parc national.

Depuis/vers le parc national du Lovćen

Si vous êtes motorisé, le parc est accessible depuis Kotor ou Cetinje (2 € l'entrée). En bus, les circuits organisés sont le seul moyen d'accéder au parc.

Cetinje Цетиње

14 000 HABITANTS

Blottie dans une luxuriante vallée flanquée d'abruptes montagnes grises, Cetinje (prononcez "*tse*·ti·nye") est un drôle de mélange : c'est à la fois l'ancienne capitale du pays et un village tentaculaire où des maisonnettes d'un étage côtoient d'opulentes demeures Art nouveau. Certains de ces édifices – qui datent de l'époque où la fine fleur de la diplomatie européenne rendait visite aux princesses monténégrines – ont été reconvertis en musées ou en écoles d'art.

La ville fut fondée en 1482 par Ivan Crnojević, le souverain de la Zeta, après qu'il eut abandonné Žabljak Crnojevića (la précédente capitale située à proximité du lac de Skadar) aux mains des Ottomans. Une grande statue à son effigie domine la Dvorski Trg, la place centrale.

Cetinje ne semble attendre de ses visiteurs qu'un passage en coup de vent dans le cadre d'un circuit organisé, et c'est d'ailleurs ce que beaucoup font. Les hébergements y sont rares et les restaurants dignes de ce nom se comptent sur les doigts de la main. Le week-end, le son des sonos réglées à plein volume remplit la rue principale.

À voir

Musée national du Monténégro MUSÉE
(www.mnmuseum.org ; Narodni muzej Crne Gore ; tous les musées adulte/enfant 10/5 € ; ⏲9h-16h). Le musée national regroupe en réalité six musées dont deux d'art dans un ensemble de bâtiments remarquables. Vous pouvez, au choix, acheter un billet combiné donnant accès à tous ou des billets individuels.

CIRCUIT CYCLISTE DE CETINJE

Depuis Cetinje, un circuit VTT de 53 km (comptez 1 journée) suit des routes asphaltées à travers le parc national du Lovćen. Après 20 km (890 m de montée), vous atteindrez l'entrée du mausolée de Njegoš, point idéal où manger un morceau en profitant de la vue. De là, c'est essentiellement de la descente jusqu'à Kotor, puis la boucle se referme en passant par Njeguši.

Deux d'entre eux occupent les bâtiments de l'ancien Parlement (1910), l'édifice le plus imposant de Cetinje. Le passionnant **musée d'Histoire** (Istorijski muzej ; ☎041-230 310 ; Novice Cerovića 7 ; adulte/enfant 3/1,50 €) couvre une longue période allant de l'âge de la pierre à 1955. Vous trouverez très peu de panneaux en anglais, mais un personnel enthousiaste se chargera de vous conduire à travers le musée pour un rapide aperçu avant de vous laisser à votre visite. La thématique des impacts de balle est commune à quelques-unes des pièces les plus intéressantes du musée : on en compte trois au dos de la tunique que le prince Danilo portait lors de son assassinat ; l'étendard que le prince Nikola arborait à la bataille de Vučji Do en comptabilise 396 ; et dans la section communiste, le crâne d'un camarade mort au combat présente un impact de taille.

À l'étage, la tout aussi intéressante **galerie d'art du Monténégro** (Crnogorska galerija umjetnosti ; adulte/enfant 4/2 €) renferme une petite collection d'icônes, dont le joyau est une superbe Vierge de Philerme datant du IXe siècle, qui aurait été peinte par saint Luc en personne. Le visage est à peine visible sous l'imposante riza en or sertie de diamants, de rubis et de saphirs, mais elle est superbement mise en scène dans une petite chapelle à l'éclairage bleuté. La galerie expose tous les artistes monténégrins célèbres, les œuvres des plus éminents (Milunović, Lubarda, Đurić, etc.) étant présentées dans des espaces spécifiques.

En 2012, une annexe de la galerie nationale a ouvert dans un étonnant bâtiment de la rue principale de Cetinje. Portant le nom de l'un des plus grands artistes

Cetinje

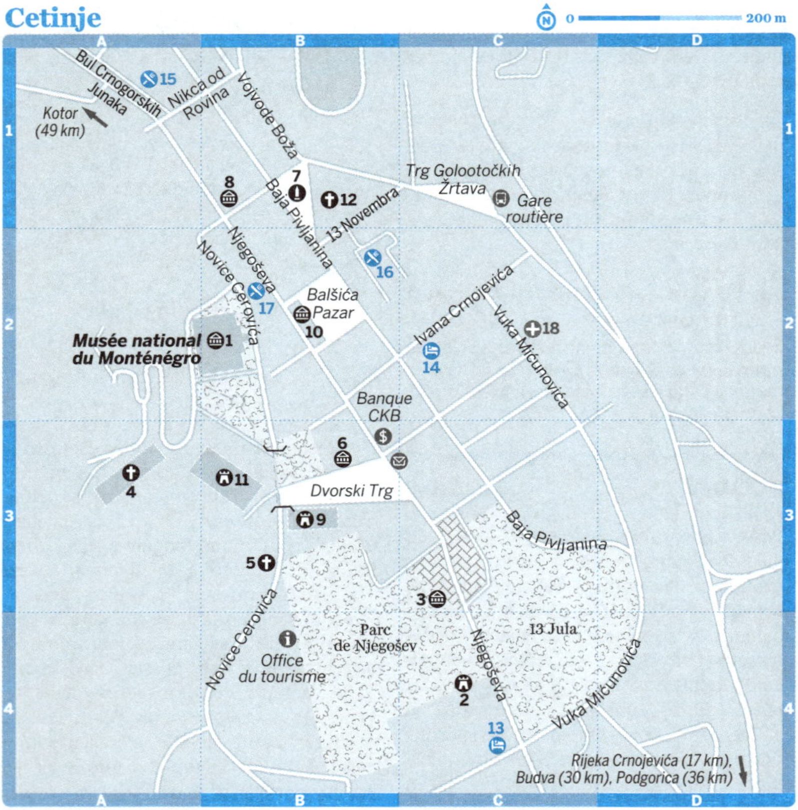

Cetinje

Les incontournables

1 Musée national du Monténégro B2

À voir

2 Palais bleu C4
3 Ambassade du Royaume-Uni C3
4 Monastère de Cetinje A3
5 Église royale B3
6 Musée d'Ethnographie.......................... B3
7 Fée du Lovćen B1
8 Ambassade de France B1
Musée d'Histoire .... (voir 1)
9 Musée du roi Nicolas Ier B3
10 Galerie Miodrag Dado Đurić B2
Galerie d'art du Monténégro .... (voir 1)
11 Musée Njegoš B3
Carte en relief .... (voir 11)
12 Église valaque B1

Où se loger

13 Hotel Grand C4
14 Pansion 22 .... C2

Où se restaurer

15 Kole A1
16 Marché B2
17 Vinoteka B2

Renseignements

18 Clinique C2

monténégrins, décédé en 2010, l'avant-gardiste **galerie Miodrag Dado Đurić** (Galerija ; Balšića Pazar ; ⏲ 10h-14h et 18h-21h mar-dim) est consacrée à l'art monténégrin du XXe siècle et contemporain.

Le **musée du roi Nicolas Ier** (Muzej kralja Nikole ; Dvorski Trg ; adulte/enfant 5/2,50 €) occupe un ancien palais, construit en 1871, et servit de demeure au dernier souverain du Monténégro avant d'être converti en musée.

Bien que pillé lors de la Seconde Guerre mondiale, il propose une plongée dans le passé doré de la famille royale à travers son mobilier, ses portraits ou ses animaux naturalisés. Attention, visites guidées uniquement.

En face du musée d'Histoire, le bâtiment aux allures de château du **musée Njegoš** (Njegošev muzej ; Dvorski Trg ; adulte/enfant 3/1,50 €) fut la demeure de Pierre II Petrović Njegoš, prince-évêque et poète, héros du pays. Construit par les Russes en 1838, le palais doit son surnom de "Billard" au fait qu'il fut le premier du pays à accueillir une table de billard. Le rez-de-chaussée est consacré aux costumes militaires, avec des photos de soldats. À l'étage sont exposés les effets personnels de Njegoš, des documents, de superbes meubles et la fameuse table de billard.

En sortant du musée Njegoš, tournez à droite et longez le mur d'enceinte jusqu'au pavillon de verre qui abrite une fascinante **carte en relief** (1 €) du Monténégro fabriquée par les Autrichiens en 1917.

Le **musée d'Ethnographie** (Etnografski Muzej ; Dvorski Trg ; adulte/enfant 2/1 €), installé dans l'ancienne ambassade de Serbie, vaut la visite si vous avez pris le billet combiné. La collection de costumes et d'outils est bien présentée, avec une signalétique en anglais.

Monastère de Cetinje MONASTÈRE CHRÉTIEN

(Cetinjski Manastir ; 🕗8h-18h). Détruit à plusieurs reprises par les Ottomans, le monastère de Cetinje fut reconstruit à chaque fois. Le robuste bâtiment actuel date de 1786, et l'on peut voir à l'extérieur les vestiges des colonnes de l'édifice original fondé en 1484.

La chapelle de la Sainte-Vierge, à droite de la cour, abrite deux reliques extrêmement précieuses : un morceau de la Sainte Croix et la main droite momifiée de saint Jean-Baptiste. L'histoire de cette dernière est fascinante : elle réchappa à de nombreuses guerres et révolutions, et passa tour à tour entre les mains d'empereurs byzantins, de sultans ottomans, de chevaliers hospitaliers, de tsars russes et de rois serbes. Elle est désormais conservée dans un coffret en or serti de pierreries, drapée dans un lourd tissu, et accompagnée d'une icône de saint Jean-Baptiste. Le coffret est ponctuellement ouvert pour que les fidèles viennent la vénérer.

Le **trésor** (2 €) du monastère n'est accessible qu'aux groupes, à moins de vous montrer suffisamment patient et persuasif (privilégiez le matin). Tandis que vous êtes ballotté de pièce en pièce par l'un des moines, votre regard sera attiré par des livres manuscrits, des incunables comme la copie de l'*Oktoih* (livre de chants liturgiques), premier ouvrage en langue serbe (1494), des croix, des icônes (dont une superbe *Vierge à l'Enfant* serbe), des habits sacerdotaux. La couronne du roi serbe Stefan Uroš III Dečanski (qui fut déposé par son fils, assassiné puis canonisé par l'Église orthodoxe) est recouverte de perles, de pierres précieuses et d'émaux cloisonnés byzantins.

Une blouse vous sera prêtée si vos jambes ou vos épaules sont découvertes.

Église royale ÉGLISE ORTHODOXE

(Dvorska crkva ; Novice Cerovića bb). Édifiée en 1886 sur les ruines du premier monastère de Cetinje, cette jolie petite église contient une belle iconostase dorée, mais surtout le tombeau d'Ivan Crnojević (Ivan le Noir), fondateur de Cetinje, et celui des derniers souverains du Monténégro. Les dépouilles de Nicolas Ier et de sa femme Milena, exilés en Italie durant la Première Guerre mondiale et tombés en disgrâce, furent rapatriées avec tous les honneurs en 1989 et enterrées dans ces tombeaux de marbre blanc à l'occasion d'une messe orthodoxe de trois heures. Bien que le Monténégro appartînt encore à la Yougoslavie communiste, un quart de sa population assista à l'événement, et la présence de l'arrière-petit-fils du couple royal (un architecte parisien) déchaîna les passions.

Ulica Njegoševa RUE

Artère principale de Cetinje, cette belle avenue partiellement piétonne est bordée d'édifices remarquables, de cafés et de boutiques. À son extrémité sud se trouvent deux parcs ombragés et l'élégant **Palais bleu** (Plavi Dvorac), construit en 1895 pour le prince héritier Danilo, et devenu récemment résidence du président du Monténégro. À côté, les somptueux bâtiments de l'ancienne **ambassade du Royaume-Uni** qui datent de 1912 accueillent désormais une académie de musique. Au nord de la section piétonne, le splendide édifice Art nouveau recouvert de tuiles vernies abritait autrefois l'**ambassade de France**.

Église valaque ÉGLISE

(Vlaška crkva ; Baja Pivljanina bb). On retrouve les Valaques dans tous les Balkans et une bonne partie de l'Europe de l'Est. Ils seraient les descendants des Roumains (ethniquement Latins ou Illyriens romanisés) qui se replièrent dans des zones plus difficiles d'accès lors de l'arrivée en masse de Slaves par le nord. Au

TRISTES TROPHÉES

Les soldats monténégrins avaient coutume de décapiter leurs ennemis turcs vaincus et d'exposer leurs têtes sur la colline surplombant le monastère de Cetinje. Les Ottomans avaient les mêmes goûts en la matière. Aussi, on raconte que les Monténégrins préféraient prélever les têtes de leurs compagnons morts au combat plutôt que de laisser l'ennemi s'en charger. Un officier russe qui trébucha alors qu'il se battait aux côtés des Monténégrins au début du XIXe siècle fut surpris par la proposition, amicale et on ne peut plus sérieuse, de se faire couper la tête avant d'être capturé.

Après avoir repris Herceg Novi aux Français, les Monténégrins se seraient servis de la tête du général français comme d'un ballon de football. Lorsque le général Marmont s'en plaignit auprès du *vladika* Pierre Ier, ce dernier lui rétorqua que la remarque était malvenue de la part d'un peuple qui avait réservé le sort que l'on sait à sa monarchie.

Le prince Nicolas mit fin à ces pratiques en 1876, et ce macabre spectacle fut désormais épargné aux dignitaires en visite dans la capitale. Les Monténégrins se contentèrent alors de collectionner les oreilles et le nez de leurs victimes, une tradition qui subsista jusqu'à la Première Guerre mondiale.

Monténégro, ils formaient des communautés de bergers semi-nomades, qui déplaçaient leurs troupeaux entre les pâturages d'été et d'hiver. Alors que dans les pays voisins leur langue latine et leurs coutumes furent plus ou moins perpétuées, au Monténégro ils furent assimilés à la population slave.

Témoin de leur présence, cette église date du XIXe siècle, mais fut fondée aux alentours de 1450 et est donc antérieure à la fondation monténégrine de Cetinje. Sa structure originale était faite de chaume et de boue. Une superbe iconostase dorée (1878) forme la pièce centrale.

L'enceinte entourant l'église est constituée de 1 544 canons de fusil arrachés aux Ottomans durant les guerres de la fin du XIXe siècle. Deux *stećci* du XIVe siècle se dressent dans la cour ; on retrouve ce type de curieux monuments en pierre taillée un peu partout dans le nord du Monténégro et en Bosnie.

Fée du Lovćen MÉMORIAL

(Baja Pivljanina bb). Durant la Première Guerre mondiale, de nombreux expatriés répondirent à l'appel les invitant à rentrer se battre pour le Monténégro. Cette statue de bronze, érigée en 1939, rend hommage aux 350 Monténégrins de retour d'Amérique qui périrent dans le naufrage de leur bateau au large de l'Albanie.

Où se loger

Pansion 22 PENSION €

(☎069-055 473 ; pansion22@mtel-cg.net ; Ivana Crnojevića 22 ; s/d 22/40 € ; wi-fi). La réservation par e-mail est un peu difficile en raison de la barrière de la langue, mais sur place l'accueil est chaleureux. Décorées avec simplicité, les chambres sont propres et confortables. Vue sur les montagnes depuis le dernier étage.

Hotel Grand HÔTEL €€

(☎041-231 651 ; www.hotel-grand.me ; Njegoševa 1 ; s/d à partir de 45/65 € ; P wi-fi). La grandeur à laquelle son nom fait allusion date de l'âge d'or de la Yougoslavie, mais l'Hotel Grand conserve un charme désuet avec son décor de cuivre et de bois sombre, et son vieux comptoir. Lits confortables.

Où se restaurer

Kole MONTÉNÉGRIN, EUROPÉEN €

(☎041-231 620 ; www.restaurantkole.me ; Bul Crnogorskih Junaka 12 ; plats 3-12 € ; 7h-23h). On trouve certes des omelettes et des pâtes au menu de cet élégant restaurant, mais c'est pour les spécialités locales que l'on s'y presse. Goûtez au Njeguški *ražanj,* une viande fumée cuite à la broche farcie de *pršut* et de fromage.

Vinoteka ITALIEN, MONTÉNÉGRIN €

(Njegoševa 103 ; plats 4-12 €). Le porche en bois et la terrasse en pelouse synthétique donnant sur le jardin sont si agréables que la nourriture (pizzas, pâtes et spécialités monténégrines à prix raisonnable) en serait presque reléguée au second plan. Elle mérite pourtant votre attention, tout comme la carte des vins. Bons petits-déjeuners.

Marché MARCHÉ ALIMENTAIRE €

(13 Novembra). Le meilleur endroit pour faire le plein de fruits et légumes, de fromage Njeguškiet et de jambon cru traditionnel.

Renseignements

Clinique (Hitna pomoć ; ☎041-233 002 ; Vuka Mićunovića 2). Service d'urgences.

Office du tourisme (☎078-108 788 ; www.cetinje.travel ; Novice Cerovića bb ; ⏲8h-18h)

Depuis/vers Cetinje

Située sur le grand axe Budva-Podgorica, Cetinje est également accessible par une superbe route secondaire traversant le parc national du Lovćen depuis Kotor. La **gare routière** (Trg Golootočkih Žrtava) est plus ou moins laissée à l'abandon, mais les bus s'y arrêtent toujours, y compris les lignes régulières en provenance de Herceg Novi (7 €, 2 heures 30), Budva (4 €, 40 min) et Podgorica (4 €, 30 min).

Parc national du lac de Skadar Скадарско Језеро

Le lac de Skadar est le plus grand des Balkans. Sa forme rappelle celle d'un dauphin, dont la queue et les deux tiers du corps seraient au Monténégro, et le nez en Albanie. Avec une superficie oscillant entre 370 et 550 km² selon la période de l'année, c'est la plus grande réserve d'oiseaux aquatiques d'Europe. Le pélican frisé (une espèce menacée) y côtoie 256 autres espèces, notamment un quart de la population mondiale de cormorans pygmées. Vous pourrez également y apercevoir la guifette moustac confectionnant son nid sur un nénuphar. Pas moins de 48 espèces de poissons peuplent ses eaux, les plus communs étant la carpe, l'ablette et l'anguille. Loutres, loups, renards, belettes, taupes et marmottes sont les principaux mammifères du parc.

Côté monténégrin, une zone de 40 km² a été déclarée parc national protégé en 1983. C'est un endroit superbe composé de montagnes escarpées, de villages isolés et d'églises anciennes, au milieu duquel miroitent les eaux paisibles du lac, tapissées de nénuphars.

Rijeka Crnojevića Риjека Црнojевићa

180 HABITANTS

L'extrémité nord-ouest du lac de Skadar se perd dans les méandres de la Rijeka Crnojević, la rivière qui a donné son nom à ce village enchanteur et isolé. On y arrive par des routes secondaires partant de la route reliant Cetinje à Podgorica.

À l'époque où Cetinje était la capitale du pays, c'est ici que la famille royale venait échapper aux rigueurs de l'hiver. La demeure, relativement modeste, de Vladika Pierre Ier Petrović est toujours debout, en surplomb de la route ; vous la reconnaîtrez à ses arcades. Le principal site du village est son joli pont de pierre en arc construit par le prince Danilo en 1853.

En haute saison, on peut embarquer sur les petits bateaux alignés le long de la rivière (25 €/heure environ). Les excursions de l'agence Kayak Montenegro (p. 37) partent d'ici, puis suivent la rivière jusqu'au lac.

Le village est également le point de départ d'un circuit de randonnée de 2 heures (7,6 km) passant par les ruines d'**Obod**, un monastère où fut utilisée la première presse typographique de la région, et par la **grotte d'Obod** (Obodska Pećina) à la source de la rivière.

Contre toute attente, ce village assoupi compte l'un des meilleurs restaurants du pays. Agréablement situé sur la promenade de marbre longeant le cours d'eau, le **Stari Most** (☎041-239 505 ; plats 8-25 €) contemple le pont auquel il doit son nom. La spécialité de la maison est le poisson (en particulier l'anguille, la truite et la carpe), et la soupe de poisson justifie à elle seule le détour depuis Podgorica.

Virpazar Вирпазар

280 HABITANTS

Ce minuscule village regroupé autour d'une place centrale et traversé par une rivière enfouie sous les nénuphars est le principal accès au parc national du lac de Skadar. Virpazar conserve deux vestiges de son passé sanglant : les ruines du **château de Besac**, théâtre d'une farouche bataille contre les Turcs en 1702 ; et une étonnante **sculpture en bronze** perchée au sommet d'une tour d'observation en mémoire des partisans tombés pendant la Seconde Guerre mondiale. Le chemin menant à Besac est signalé sur la route de Murići environ 400 m après le bureau de poste.

Une piste VTT de 15 km longe les vignobles de Crmnica, qui s'étendent entre Virpazar et le tunnel menant à la côte. Elle traverse des forêts de chênes, et les hameaux viticoles de **Boljevići**, **Limljani** et **Gluhi Do**. L'été, les villageois vendent leur vin et leur *rakija* artisanale au bord des routes.

Avec sa poignée de maisons en pierre parsemant les collines du sud-est, **Godinje** est un autre village de charme. Autrefois reliées entre elles, les caves des maisons servent aujourd'hui à l'élaboration du vin. Pour une halte dégustation, rendez-vous chez Miodrag Leković : les visiteurs sont les bienvenus sur sa terrasse couverte de vigne, et se voient servir de généreuses rasades pour quelques euros.

Circuits organisés

Green Boats TOUR EN BATEAU
(Zeleni Brodovi ; ☎069-998 737 ; greenboats.me@gmail.com ; 25/40 € l'heure depuis Virpazar/Vranjina). Ce regroupement de prestataires locaux propose des promenades en bateau toutes les deux heures ; heures de départ à l'office du tourisme. La durée standard est de 2 heures, mais des tours plus longs peuvent être organisés. Un bateau en particulier semble faire l'unanimité chez les visiteurs, le **Golden Frog** (☎069-413 307 ; www.skadarlakecruise.blogspot.co.uk).

Undiscovered Montenegro AGENCE MULTIACTIVITÉ
(☎069-402 374 ; www.lake-skadar.com ; avr-nov). Cette excellente agence tenue par un couple britannique est spécialisée dans les croisières d'une semaine tous frais compris sur le lac (530 €/pers hébergement compris à la Villa Miela, p. ci-contre). Elle propose également un service de réservation d'hébergement et des excursions à la journée, notamment des randonnées guidées (à partir de 30 €/pers), du kayak (à partir de 40 €/pers), de la spéléologie (à partir de 60 €/pers), des tours en bateau (20-40 €/pers), de la pêche (60 € l'excursion), des sorties en voiture (à partir de 60 €/pers), des circuits viticoles (à partir de 30 €/pers), des dîners dégustation et œnologie (à partir de 40 €/pers), des circuits sur le thème du miel (à partir de 25 €/pers), des treks photo guidés par un professionnel (à partir de 60 €/pers) et des sorties ornithologiques (250 € l'excursion).

Fêtes et festivals

Festival du vin et de l'ablette FESTIVAL GASTRONOMIQUE
(Festival vina i ukljeve ; mi-décembre). C'est l'occasion de vous régaler en tapant du pied au rythme des musiques traditionnelles (pour ceux qui l'ignorent, l'ablette est un poisson).

Où se loger

Draga's PENSION DE FAMILLE €
(☎068-760 711 ; pedja.vuletic@t-com.me ; ch 25-30 € ; ❄). Au-dessus de la maison familiale, ces 4 chambres meublées avec simplicité sont propres et bon marché. Deux d'entre elles partagent la même salle de bains, un désagrément largement compensé par une terrasse privée d'où l'on voit le soleil se lever sur le lac. C'est la dernière maison habitée à gauche après le mémorial ; en hiver, l'arrière-cour disparaît sous les eaux.

Villa Miela PENSION €€
(☎020-3287 0015 ; www.undiscoveredmontenegro.com ; ch 80 € ; avr-nov). Perchée sur une colline des alentours de Virpazar, cette maison de pierre joliment rénovée abrite 4 chambres partageant une cuisine, un coin barbecue, un verger et une vue sur le lac. Aux mois de juillet et août, l'endroit est réservé aux participants des excursions d'une semaine proposées par Undiscovered Montenegro (les veinards !), mais il reste ouvert pour des séjours plus courts le reste du temps.

Jovičević Apartments APPARTEMENTS €€
(☎069-281 416 ; sara.jovicevic@yahoo.com ; app 60 € ; ❄). La famille Jovičević loue quelques jolis appartements en plein centre-ville. Construit à même la falaise, l'appartement Cave (pour 4 pers) est orné d'un puits décoratif et d'un hamac installé à l'ombre des chênes. Possibilité de louer des vélos (10 €/jour). Notre préféré est l'appartement baigné de lumière occupant un édifice ancien juste à côté du monument (pour 3 pers).

Hotel Vir HÔTEL €€
(☎020-711 120 ; www.hotelprincess.me ; s/d 42/64 € ; ❄ wifi). Les chambres de cet ancien hôtel d'État ont été rafraîchies, et certaines s'ouvrent sur une terrasse dominant le lac.

Où se restaurer et prendre un verre

Konoba Badanj MONTÉNÉGRIN €€
(plats 6-12 € ; 8h-24h). Une adresse chaleureuse, avec poutres apparentes, murs de pierre nue ornés de tableaux et vue sur la rivière. La soupe de poisson est garnie de gros morceaux de poisson et servie avec du pain maison.

Silistria MONTÉNÉGRIN €€
(plats 6-11 € ; 8h-24h mars-oct). Difficile de faire plus original que cette réplique d'un navire du XIXe siècle offert au roi Nicolas Ier par les Turcs, amarré de façon permanente à deux pas de la grand-place de Virpazar. On

y déguste des grillades traditionnelles et du poisson du lac sur le pont ou dans la salle du dessous.

Virski Pub PUB

Avec sa Nikšićko pression, ses écrans de télévision réglés sur les chaînes sportives et ses tables de billard à l'arrière, l'endroit tient plus du pub que du bar monténégrin. Si vous sentez qu'il est temps de manger solide, la boulangerie voisine vend de la pizza pour 1 €.

Renseignements

Kiosque du parc national À côté du port ; pas d'informations, mais vente de billets pour le parc (4 €) et de permis de pêche (été/hiver 10/5 € la journée).

Office du tourisme de Virpazar (☎020-711 102 ; www.visitbar.org ; ⌚8h-17h mai-sept, 8h-16h lun-ven oct-avr ; 📶). Ouvert récemment sur la place centrale, il vous aide à organiser votre séjour autour du lac, que vous soyez à la recherche d'une croisière, d'un circuit viticole ou d'un hébergement chez l'habitant. À l'étage, vous trouverez des expositions sur le parc national et une présentation des petits producteurs de vin de la région.

Depuis/vers Virpazar

Virpazar n'a pas de gare routière, mais les bus circulant entre Bar et Podgorica s'arrêtent sur la route. La gare ferroviaire se trouve à 800 m au sud de la ville sur la route principale. Sept trains circulent chaque jour depuis/vers Bar (1,20 €, 23 min) et Podgorica (1,40 €, 30 min).

Murići Мурићи

110 HABITANTS

La rive sud du lac est la plus pittoresque, avec le massif de Rumija qui se dresse au-dessus des flots. Depuis Virpazar, une route panoramique (ou une piste VTT de 56 km) suit les berges du lac en traversant les montagnes et une ravissante forêt de châtaigniers. Elle se dirige vers la frontière albanaise avant de bifurquer pour franchir le massif et redescendre vers Ulcinj. À mi-chemin le long du lac environ, une route secondaire conduit au village de Murići, où quelques maisons traditionnelles entourent une mosquée.

C'est l'un des meilleurs endroits du lac pour se baigner. L'eau y est claire malgré quelques algues, et des nuées de petits poissons caressent vos pieds, attirés par les nutriments que vous soulevez.

Au bord du lac, au milieu des oliviers, le **Murići Vacation Resort** (☎069-688 288 ; www.nacionalnipark-izletistemurici.com ; bungalow 25 €/pers, empl tente/voiture/caravane 5/5/10 €/pers) est un camping qui propose aussi des bungalows en rondins partageant un bloc sanitaire. Restaurant d'extérieur ombragé (plats 5-9 €). Un conseil : si vous n'aimez pas les chiens, abstenez-vous !

> **DRÔLES DE MANIÈRES**
>
> De nombreux automobilistes se sont plaints d'avoir été arrêtés à l'entrée de Virpazar par des individus cherchant coûte que coûte à les conduire vers un hôtel ou un prestataire de croisières. Mieux vaut ignorer poliment de telles propositions, se garer plus loin et consulter les sympathiques employés du centre d'information des visiteurs avant de faire son choix.

Îles

La partie sud du lac est constellée de petites îles, la plupart abritant un monastère, dans le plus pur style monténégrin.

Moračnik, l'une de ces îles-monastères, daterait au moins du XVe siècle. Dédiée à la Vierge Marie, sa petite église en dôme est dominée par une sorte de tour où vit un moine sympathique.

Il y a une dizaine d'années, une communauté de nonnes sauvèrent le **monastère de Beška** de trois siècles d'abandon. L'église Saint-Georges, du XIVe siècle, est totalement effondrée et en attente de fonds pour sa restauration. L'église de l'Annonciation, plus petite, a déjà été remise en service. Bâtie en 1440, elle conserve quelques traces de ses fresques autrefois remarquables. Un verger a été joliment recréé par les sœurs on ne peut plus accueillantes, qui vous proposeront peut-être un verre de jus de pamplemousse du jardin.

Ce monastère et celui de l'îlot voisin, **Starčevo**, étaient autrefois réputés pour leur production d'écrits religieux. Le monastère de Starčevo doit son nom (*star* signifie vieux) au vieil homme qui le fonda en 1377. Restauré depuis une trentaine d'années, il est de nouveau habité par un moine ermite qui préfère ne pas être dérangé (ce qui n'est pas étonnant pour un ermite).

L'îlot de **Grmožur**, plus proche de Virpazar, est surmonté d'une forteresse (1843) qui faisait office de prison, d'où son surnom d'"Alcatraz monténégrin".

INTERVIEW

KRSTINJA PETRANOVIĆ, LAC DE SKADAR

Lorsque Krstinja ne vous accueille pas au centre d'information des visiteurs du parc national ou à l'office du tourisme de Virpazar, elle travaille comme secrétaire pour Green Boats (voir p. 98).

Le regard de la professionnelle

Je commence toujours par demander aux visiteurs quels sont leurs centres d'intérêt, car les possibilités sont nombreuses ici : randonnées, kayaks, croisières...

L'itinéraire type d'une croisière de deux heures

Au départ de Virpazar, le bateau se dirige d'abord vers l'île-prison de Grmožur puis rejoint une plage près du petit village de pêcheurs de Pristan, déserté depuis le tremblement de terre de 1979. Le circuit se poursuit en direction de Raduš, un autre village de pêcheurs situé à l'endroit le plus profond du lac, où se trouve une source sous-marine. Toutes nos excursions permettent au moins 25 minutes de baignade. On rejoint ensuite le cœur de la réserve ornithologique avant de rentrer.

Visiter les caves locales

L'office du tourisme peut vous indiquer les petites caves ouvertes aux visiteurs ; nous pourrons même téléphoner au propriétaire pour le prévenir de votre venue. Même lorsque le vigneron ne parle pas un mot d'anglais, il y a généralement au moins un membre de la famille qui se débrouille. Comptez 5 € maximum pour une dégustation.

De l'autre côté de la route qui enjambe le lac, au milieu des eaux marécageuses de l'extrémité nord-ouest du lac, se dresse le **monastère de Kom** (www.manastirkom.org). Son église de la Dormition-de-la-Vierge (1415) possède les fresques les mieux conservées de toutes les églises du lac.

Depuis/vers les îles

Les îlots de Moračnik, Beška et Starčevo sont facilement accessibles depuis Murići. Il est aisé de trouver un bateau en été, moins le reste de l'année. Comptez 20 € l'heure environ.

Les bateaux en provenance de Virpazar et Vranjina marquent l'arrêt à Grmožur (les bateaux sont bien moins chers au départ de Virpazar).

Pour atteindre Kom, le plus simple est de venir en bateau de Vranjina. Au cœur de l'été, on peut s'y rendre à pied en suivant un chemin à travers les marais depuis le village voisin de Žabljak Crnojevića.

Vranjina — Врањина

210 HABITANTS

Ce petit village de pêcheurs est construit à flanc de colline sur l'île du même nom que longe la route reliant Podgorica à Virpazar. Le principal **centre d'information des visiteurs du parc national** (☎020-879 103 ; www.nparkovi.me ; entrée 2 € ; gratuit avec le billet d'entrée du parc national ; ⏲8h-16h, jusqu'à 18h l'été) est installé de l'autre côté de cette route par rapport aux collines. Il propose d'excellentes expositions sur les parcs nationaux du pays, avec de nombreux animaux naturalisés et une section ethnographique de costumes et d'outils. À l'extérieur, un kiosque vend les billets d'entrée au parc (4 €) et des permis de pêche (été/hiver 10/5 €).

Le plus grand producteur de vin du Monténégro, **Plantaže** (⏲9h-21h), vend sa production dans une grotte à côté du parking. À la haute saison, des tours opérateurs installent leurs stands à proximité.

Kings Travel (☎069-310 050 ; www.kingsmn.com ; ⏲mai-oct) propose tout un choix de promenades en bateau, dont les tarifs varient de 20 € l'heure pour une petite péniche à 65 € l'heure pour un bateau rapide, accueillant jusqu'à cinq passagers dans les deux cas. C'est également d'ici que partent les bateaux de Green Boats, mais notez que leurs tarifs sont plus élevés depuis Vranjina que depuis Virpazar.

Vous apercevrez le long de la route les ruines de la forteresse de **Lesendro** datant du XIXe siècle. La route et le chemin de fer en empêchent l'accès terrestre.

Le sentier de randonnée de Vranjina conduit au **monastère Saint-Nicolas** (Manastir Sv Nikole), fondé au XIIIe siècle mais détruit au cours des guerres ; ses bâtiments actuels datent du XIXe siècle. Les bateaux touristiques s'y arrêtent.

Plavnica Плавница

Les habitants de Podgorica qui en ont les moyens se réfugient l'été au **Plavnica Eco Resort** (☎020-443 700 ; www.plavnica.info ; ste 130-180 € ; P❄📶🏊), attirés par sa vaste piscine (10 € la journée) et l'amphithéâtre où sont parfois données des représentations. L'hôtel possède un bateau à la mesure de son standing pour des promenades sur le lac. Il est également possible d'y louer des catamarans (70 € l'heure), des canoës (4 €), des kayaks (3 €) et des pédalos (6 €).

L'ambiance n'est pas très conviviale, mais le restaurant de l'hôtel (plats 7-18 €) est une excellente adresse pour la carpe. À l'étage se trouvent 4 suites luxueusement meublées pouvant accueillir deux adultes et un enfant chacune.

Pour vous y rendre depuis le centre des visiteurs du parc national, prenez la direction de Podgorica. Tournez à droite après 11 km au niveau du grand mémorial blanc de Golubovci et descendez vers le lac durant 6 km. L'hôtel se trouve au bout de la route.

Žabljak Crnojevića Жабљак Црнојевића

Durant une brève période au cours du XVe siècle, entre la chute de Skadar (Shkodra, en Albanie) et la fondation de Cetinje, Žabljak Crnojevića fut la capitale du souverain de Zeta, Ivan Crnojević. De nos jours, ses ruines énigmatiques se dressent sur une colline entourée de plaines luxuriantes, avec une colonie de serpents et d'araignées pour seuls habitants.

En arrivant à pied du petit village que le temps semble avoir oublié en contrebas, on est impressionné par la robustesse de ses murs (14 m de haut et 2 m de large). Pourtant, ils ne suffirent pas à protéger la ville des attaques répétées de l'envahisseur ottoman, et elle fut abandonnée en 1478.

Les ruines ne sont pas évidentes à trouver, mais méritent un effort. Prenez la route en direction de Podgorica, et tournez à gauche aux seuls feux de circulation de Golubovci. Après le pont enjambant les rails et le pont à sens unique, prenez à gauche. Au bout de 4,5 km environ, vous devriez apercevoir un pont à votre gauche. Traversez-le et garez-vous sur le parking près du village. Grimpez l'escalier de pierre partant du sentier qui longe la rivière, et continuez tout droit après l'église du village en suivant le sentier envahi de mauvaises herbes.

Podgorica Подгорица

151 000 HABITANTS

Certes, Podgorica (prononcez "pod·go·ri·tsa") n'est pas la capitale la plus branchée d'Europe, mais si vous parvenez à passer outre ses températures estivales caniculaires et ses barres d'immeubles bétonnées, vous découvrirez une petite ville agrémentée de nombreux espaces verts, parsemée de cafés sympathiques et de beaux musées.

La ville est installée au confluent de deux rivières : la Morača à l'ouest de laquelle se trouve le quartier dit "d'affaires" ; et la Ribica, moins large, qui divise la partie est de la ville en deux. Au sud se trouve Stara Varoš, le cœur de la ville ottomane ; au nord s'étend le quartier de Nova Varoš, un bel ensemble d'édifices datant de la fin du XIXe et du début du XXe siècle, occupés par des bars et des boutiques. Au cœur de la ville s'ouvre la Trg Republika, sa place centrale.

👁 À voir

Musées et galeries de Podgorica MUSÉE

(Muzeji i Galerije Podgorice ; ☎020-242 543 ; Marka Miljanova 4 ; ⏲9h-20h). Sans rivaliser avec Cetinje, la nouvelle capitale monténégrine n'a pas à rougir de ses collections. La section archéologique du musée municipal expose des objets mis au jour à Dioclée, la Podgorica romaine, dont quelques vestiges sont encore visibles à la lisière nord de la ville moderne. Dans l'entrée, l'immense tapisserie *Titograd* (1956) est l'œuvre de l'artiste Petar Lubarda.

Stara Varoš VIEILLE VILLE

Les traces des quatre siècles où il fut le centre d'une florissante ville ottomane sont encore visibles dans le quartier le plus ancien de Podgorica. L'imposante **tour de l'horloge** (Sahat Kula ; Trg Bećir-Bega Osmanagića) dominant la place servait à annoncer l'heure de la prière aux fidèles. Deux mosquées sont cachées dans le dédale de ruelles qui l'entourent. Rien ne le laisse deviner, mais la construction de la **mosquée Doganjska** (Nemaljića bb) remonte au XVe siècle. Restaurée en grande partie grâce à des fonds turcs, la **mosquée Osmanagić** (Spasa Nikolića bb), plus impressionnante, date du XVIIIe siècle.

Au confluent des deux rivières se dressent les ruines de la **forteresse de Ribnica** (Tvrđava na Ribnici), édifiée par les Ottomans

Podgorica

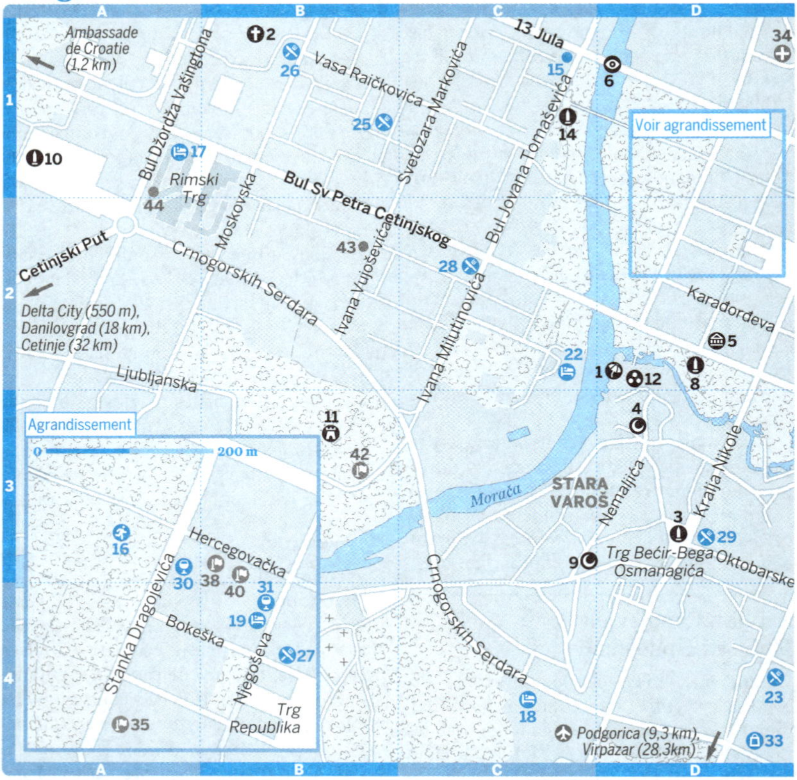

en 1474. L'élément le mieux préservé est le petit pont enjambant la Ribnica. Les berges de galets de la Morača font aujourd'hui office de **plage** ; on y trouve même un bar d'été, des chaises longues et des parasols.

Palais de Petrović — ARCHITECTURE ET ART

(Dvorac Petrovića ; ☎020-243 513 ; www.csucg.co.me ; Ljubljanska bb ; ⏲9h-14h et 17h-22h lun-ven, 10h-14h sam) GRATUIT Le Centre d'art contemporain gère deux galeries à Podgorica. Les deux premiers niveaux de cet ancien palais accueillent les expositions importantes, tandis qu'une collection hétéroclite d'art moderne et traditionnel (batiks indonésiens, un palmier en métal d'Irak, des toiles à thématique révolutionnaire d'Amérique du Sud) en occupe le dernier étage. Cette collection date de l'époque yougoslave, lorsque la galerie était dédiée à l'art des pays non-alignés.

La cour arborée compte quelques sculptures intéressantes, une petite église et un autre espace d'exposition dans l'ancienne maison du gardien (Perjanički Dom). Des expositions temporaires sont également programmées dans la petite **Galerija Centar** (☎020-665 409 ; Njegoševa 2 ; ⏲10h-13h et 14h-18h lun-ven, 10h-13h sam) GRATUIT.

Cathédrale de la Résurrection-du-Christ — ÉGLISE ORTHODOXE

(Saborni Hram Hristovog Vaskrsenja ; www.hramvaskrsenjapg.org ; Bul Džordža Vašingtona). Le large dôme, les tours de pierre blanche et les croix en or de cette immense cathédrale serbe orthodoxe détonnent dans le paysage urbain de Podgorica. Commencés en 1993, les travaux sont loin d'être terminés mais vous pouvez vous glisser à l'intérieur pour admirer les fresques dorées.

Sculptures — STATUES

La quantité de statues royales dans la ville est étonnante. La plus imposante est sans doute l'immense statue de bronze à l'effigie

de **Pierre Ier Petrović Njegoš**, juchée sur un socle de marbre noir aux frontières de la ville, en direction de Cetinje. Une grande statue équestre de **Nicolas Ier** se dresse fièrement en face du Parlement, à l'entrée d'un joli parc aux pelouses soignées et aux arbres centenaires.

Vous ne trouverez de statue de Tito nulle part, mais celle du chanteur russe **Vladimir Vissotsky** s'élève à côté du **pont du Millénaire**.

Église Saint-Georges ÉGLISE ORTHODOXE
(Crkva Sv Đorđa ; 19 Decembar bb). Protégée par des murs épais au pied de la colline de Gorica (Podgorica signifie "sous Gorica"), cette petite église orthodoxe est la plus ancienne de la ville. À l'intérieur, les vestiges de ses fresques centenaires présentent davantage d'intérêt que son iconostase dorée, relativement moderne. Plus fascinant encore, son cimetière envahi par les mauvaises herbes situé de l'autre côté du mur.

Activités

Timberland AIRE DE JEUX
(Stanka Dragojevića bb ; entrée 1,50 € ; 9h-23h avr-oct). Une aire de jeux colorée (et privée) où laisser vos bambins s'ébattre.

Montenegro Adventures ACTIVITÉS DE PLEIN AIR
(020-208 000 ; www.montenegro-adventures.com ; Jovana Tomaševića 35). Cette agence à la réputation bien établie crée des circuits sur mesure dans tout le pays. Elle peut organiser des randonnées en montagne, des circuits à vélo, du kitesurf, des activités culturelles, et réserve pour vous hébergement et vols.

Où se loger

La plupart des visiteurs viennent à Podgorica pour affaires. Les prix des hôtels s'en ressentent, et on n'y trouve guère d'hébergement chez l'habitant.

Aria HÔTEL €€
(020-872 572 ; www.hotelaria.me ; Mahala bb ; s 56-76 €, d 93 €, app 132-205 €). Au milieu des mornes alentours de l'aéroport, ce nouvel hôtel présente un meilleur rapport qualité/prix que les établissements du centre, et constitue une excellente solution en cas de vol tardif ou matinal. Pour la décoration, mariage réussi du mobilier de bois sombre et de la pierre nue. Transport pour l'aéroport inclus.

Hotel Evropa HÔTEL €€
(020-623 444 ; www.hotelevropa.co.me ; Orahovačka 16 ; s 40-55 €, d 70-90 €). L'emplacement n'est pas idéal, mais l'Hotel Evropa permet un accès rapide aux gares routière et ferroviaire et propose de bonnes chambres, propres, avec un lit confortable, un bureau et une douche correcte. En dépit de sa petite taille, il possède un sauna et un grand parking.

Hotel Kerber HÔTEL €€
(020-405 405 ; Novaka Miloševa 6 ; s 56-79 €, d 99 €). Étrangement, l'accès se fait par l'arrière d'un centre commercial recouvert de faux lierre. Cependant, les chambres sont propres et étonnamment calmes. Les "classe économique" offriraient un bon rapport qualité/prix si la douche n'était pas directement au-dessus des toilettes.

Hotel Podgorica HÔTEL €€€
(020-402 500 ; www.hotelpodgorica.co.me ; Bul Sv Petra Cetinjskog 1 ; s 125-155 €, d 170-180 €, ste 190-200 €). Bel exemple d'architecture yougoslave des années 1960, l'Hotel

Podgorica

À voir
1 Plage D2
2 Cathédrale de la Résurrection du Christ B1
3 Tour de l'horloge D3
4 Mosquée Doganjska D3
5 Galerija Centar D2
6 Pont du millénaire D1
7 Musées et galeries de Podgorica E3
8 Statue de Nicolas Ier D2
9 Mosquée Osmanagić C3
10 Statue de Petar I Petrović Njegoš A1
11 Palais de Petrović B3
12 Forteresse de Ribnica D2
13 Église Saint-George E1
14 Statue de Vladimir Vissotsky C1

Activités
15 Montenegro Adventures C1
16 Timberland A3

Où se loger
17 Hôtel Best Western Podgorica A1
18 City Hotel C4
19 Hotel Eminent B4
20 Hotel Evropa F4
21 Hotel Kerber E2
22 Hotel Podgorica C2

Où se restaurer
23 Grand marché D4
24 Laterna E2
25 Leonardo B1
26 Petit marché B1
27 Lupo di Mare B4
28 Mantra C2
29 Maxi D3

Où prendre un verre et sortir
30 Buda Bar A3
31 Greenwich B4

Achats
32 Gradska Knjižara E2
33 Mall of Montenegro D4

Renseignements
34 Clinique D1
35 Ambassade d'Albanie A4
36 Ambassade de Bosnie-Herzégovine F1
37 Ambassade de France F1
38 Ambassade d'Allemagne B3
39 Banque Prva E2
40 Ambassade de Serbie B3
41 Office du tourisme de Podgorica E2
42 Ambassade des États-Unis B3

Transports
43 Adria Airlines B2
Croatia Airlines (voir 43)
44 Meridian Rentacar A1

Podgorica a été modernisé de façon luxueuse tout en conservant quelques détails d'époque, comme son revêtement en galets figurant la silhouette des montagnes du Monténégro. Les meilleures chambres donnent sur la rivière.

City Hotel HÔTEL €€€
(☎020-441 500 ; www.cityhotelmn.com ; Crnogorskih serdara 5 ; s 75-95 €, d 100-120 €, app 130-170 € ; ❄@📶). Les travaux de rénovation visant à faire du City Hotel un hôtel d'affaires ont heureusement épargné l'extérieur très *seventies* de cet établissement de banlieue, et les œuvres d'art surréalistes de Dado Đurić relèvent le décor beige sur beige. Le personnel, anglophone, est serviable. Salle de sport et équipement tout confort.

Hôtel Best Western Podgorica HÔTEL €€€
(☎020-406 500 ; www.bestwestern-ce.com/montenegro ; Bul Sv Petra Cetinjskog 145 ; s/d à partir de 135/205 € ; P❄📶). Même les chambres basiques sont spacieuses dans cet hôtel chic qui reçoit essentiellement une clientèle d'hommes d'affaires. Décoration soignée et salle de bains de marbre de rigueur. Parking 15 €/jour.

Hotel Eminent HÔTEL €€€
(☎020-664 646 ; www.eminent.co.me ; Njegoševa 25 ; s 85-95 €, d 130-135 € ; ❄📶). Avec son bel emplacement et ses excellentes installations, l'établissement vise une clientèle d'affaires. Les chambres à l'avant peuvent être bruyantes, mais les confortables suites à l'arrière s'ouvrent sur une véranda.

Où se restaurer

Pour faire le plein de fruits et légumes, rendez-vous au **petit marché** (Moskovska bb) ou au **grand marché** (Bratstva Jedinstva bb) ; pour le reste, direction le vaste supermarché **Maxi** (Kralja Nikole bb ; 🕒7h-24h lun-sam, 7h30-15h30 dim).

Laterna PIZZERIA, MONTÉNÉGRIN €
(☎020-232 331 ; Marka Miljanova 41 ; plats 4-13 € ; 9h-24h lun-sam ;). Les outils agricoles accrochés aux murs de pierre créent une ambiance rustique, étonnante pour le centre-ville. Le menu propose des grillades de viande et de poisson, mais il est difficile de résister à la pizza à pâte croustillante, sans doute la meilleure du pays !

Lupo di Mare POISSON €€
(Trg Republika 22 ; plats 8-20 € ; 8h-24h). Un parfum d'Italie flotte dans cet excellent restaurant spécialisé dans les produits de la mer. Un bric-à-brac d'objets marins orne les murs de pierre claire, et la carte des vins met les producteurs régionaux à l'honneur.

Leonardo ITALIEN €€
(☎020-242 902 ; www.leonardo-restoran.com ; Svetozara Markovića bb ; plats 5-17 € ; 8h-24h ;). Situé au beau milieu d'un ensemble résidentiel, l'établissement est un peu difficile à trouver. Mais vos efforts seront largement récompensés par une cuisine italienne réussie. Plats de pâtes délicieux et bon marché, compte tenu de l'élégance du cadre, et bonnes pizzas à 5 €.

Mantra INDIEN €€
(Ivana Milutinovića 21 ; plats 6-11 € ;). Ce restaurant indien richement décoré constitue une agréable surprise, voire un réel soulagement pour les végétariens lassés des pâtes et de la pizza, et pour les végétaliens dégoûtés de la salade. Pour quelque chose un tant soit peu relevé, précisez "spicy" à la commande.

Où prendre un verre et sortir

La vie nocturne de Podgorica est concentrée à Nova Varoš, en particulier à l'ouest de l'Ulica Slobode. La rue la plus branchée du moment ? L'Ulica Bokeška.

Buda Bar BAR
(☎067-344 944 ; www.facebook.com/Budabarpg ; Stanka Dragojevića 26 ; 8h-2h). Un bouddha doré au sourire serein veille sur vous tandis que vous dégustez votre café matinal ou votre cocktail du soir. La terrasse semi-ouverte aux allures de tente est tout indiquée pour passer les chaudes nuits d'été, surtout si une vedette locale s'y produit.

Greenwich BAR
(www.facebook.com/greenwichpg ; Njegoševa 29 ; 8h-3h). Le nom est trompeur, on se croirait davantage à Los Angeles qu'à Londres dans ce café-bar réputé.

Achats

La partie piétonne de l'avenue Hercegovačka est le meilleur endroit de la ville pour faire du shopping. Deux centres commerciaux, **Delta City** (www.deltacity.me ; Cetinjski Put ; 9h-22h lun-sam, 9h-20h dim) et **Mall of Montenegro** (www.mallofmontenegro.com ; Bul Bratstva i Jedinstva ; 9h-22h lun-sam, 9h-20h dim), ont ouvert ces dernières années.

Gradska Knjižara LIBRAIRIE
(Trg Republika 40 ; 8h-22h). À l'étage, une sélection réduite mais intéressante de livres en langues étrangères, notamment des traductions de classiques balkaniques.

Renseignements

Clinique (Hitna Pomoć ; ☎124 ; Vaka Djurovića bb). Service d'urgences.

Office du tourisme de Podgorica (☎020-667 535 ; www.podgorica.travel ; Slobode 47 ; 8h-20h lun-ven)

Depuis/vers Podgorica

BUS

Vous trouverez dans la **gare routière** (☎020-620 430 ; Trg Golootočkih Žrtava 1) de Podgorica consigne, bureau de poste, DAB et un restaurant. Les lignes régulières desservent toutes les grandes villes du pays, notamment Herceg Novi (9 €, 3 heures), Kotor (7 €, 2 heures 15), Budva (6 €, 1 heure 30), Ulcinj (6 €, 1 heure) et Cetinje (3,50 €, 30 min).

Parmi les destinations internationales, citons Priština (Kosovo, 17 €, 1/jour), Sarajevo (Bosnie-Herzégovine, 19 €, 6/jour), Dubrovnik (Croatie, 19 €, 1/jour) et Belgrade (Serbie, 27 €, bus fréquents).

TRAIN

De la **gare ferroviaire** (☎020-441 211 ; www.zpcg.me ; Trg Golootočkih Žrtava 13), les trains desservent Bar (2,40 €, 9/jour, 1 heure), Virpazar (1,40 €, 7/jour, 30 min), Nikšić (2,80 €, 5/jour, 1 heure), Kolašin (5 €, 5/jour, 1 heure 30), Bijelo Polje (5,20 €, 6/jour, 2 heures) et Belgrade (Serbie, 20 €, 3/jour, 10 heures).

VOITURE

Plusieurs agences de location ont un comptoir à l'aéroport de Podgorica, notamment Alamo, Avis, Europcar, Hertz, National et Sixt. L'agence locale **Meridian** (☎020-234 944 ; www.meridian-rentacar.com ; Bul Džordža Vašingtona 85) a aussi des bureaux en centre-ville ; comptez au moins 30 €/jour.

Comment circuler

DEPUIS/VERS L'AÉROPORT

L'aéroport de Podgorica est situé à 9 km au sud de la ville. De l'aéroport, les taxis pratiquent un tarif fixe de 15 € jusqu'au centre-ville ; en sens inverse, le prix au compteur n'excède pas les 8 €.

BUS

Podgorica s'explore facilement à pied, mais si vous souhaitez essayer les bus locaux il vous en coûtera 80 centimes pour un court trajet.

TAXI

Alo Taxi (☎19700)
City Taxi (☎19711 ; www.citytaxi.com)

Danilovgrad Даниловград

5 200 HABITANTS

À 18 km au nord-ouest de Podgorica, la petite ville de Danilovgrad mérite une halte pour ceux qui se rendent à Ostrog ou à Nikšić. Deux jolies places sont situées aux extrémités de l'Ulica Baja Sekulića, la rue principale jalonnée de cafés.

Près de la Zeta, un imposant **monument** évoque l'ère socialiste. À ses pieds, un formidable **jardin de sculptures** abrite des œuvres en marbre blanc, allant du style le plus classique au plus futuriste.

Fin août, le **festival de la Zeta** investit la ville trois jours durant. Au programme : courses de kayak et de radeau ; concours de pêche, de plongée et de beauté ; et un festival de la cuisine bio.

Monastère d'Ostrog Манастир Острог

Encastré dans la paroi d'une falaise de 900 m de hauteur qui domine la vallée de la Zeta, le **monastère d'Ostrog** (Manastir Ostrog) est le site le plus important du Monténégro pour les chrétiens orthodoxes, et attire jusqu'à un million de visiteurs chaque année. Malgré la foule des pèlerins, les touristes et les stands de souvenirs, l'endroit reste émouvant.

Le **monastère inférieur** (Donji manastir) se trouve 2 km en contrebas du sanctuaire principal. De superbes fresques ornent l'**église de la Sainte-Trinité** (Crkva Sv Trojice ; 1824). Derrière l'édifice, l'eau jaillissant d'une source vous permettra de vous désaltérer.

Une côte abrupte mène à la partie haute du site. À mi-chemin, les superbes murs de pierre de la petite **église de Saint-Stanko-le-Martyr** (Crkva Sv Mučenika Stanka) brillent d'un éclat doré au soleil couchant. Vous pouvez monter en voiture jusqu'au parking, et limiter votre pénitence aux 200 derniers mètres.

Surnommé "le miracle de saint Basile", le **monastère supérieur** (Gornji Manastir) surgit de la falaise. Son édification (1665), à l'intérieur de deux vastes grottes, reste en effet une énigme. Saint Basile (Sv Vasilije), un évêque originaire d'Herzégovine, y emmena ses moines après la destruction du monastère de Tvrdoš, près de Trebinje, par les Ottomans.

Les pèlerins se pressent dans ce sanctuaire où repose le corps du saint. Une tenue décente (jambes et épaules couvertes ; la plupart des femmes revêtent également un foulard) est exigée pour y pénétrer. Plus haut, une autre chapelle aux allures de grotte abrite des fresques fanées datant de 1667.

En contrebas du monastère, une **pension** (☎020-811 133 ; dort 5 €) propose des dortoirs propres et non mixtes. En été, des tapis de sol sont gracieusement fournis aux pèlerins souhaitant passer la nuit devant le monastère supérieur.

Depuis/vers le monastère d'Ostrog

Aucun transport public ne dessert le monastère, mais de nombreux circuits organisés s'y rendent au départ de la plupart des villes touristiques. Comptez entre 17 et 20 € l'excursion d'une journée depuis la côte.

Si vous conduisez, nous vous conseillons vivement d'emprunter l'excellente route conduisant au monastère depuis Danilovgrad. L'ancienne route quitte la route Podgorica-Nikšić environ 19 km après Danilovgrad. Étroite, tortueuse, abrupte et en mauvais état, elle est terrifiante !

Nikšić Никшиħ

57 000 HABITANTS

Deuxième ville du Monténégro par la taille, Nikšić (prononcez "*nik*·shich") est boudée par les visiteurs. Cependant, cette ville étudiante animée ne manque pas de lieux plus authentiques (et bien plus économiques) que les bars à touristes de Budva. On n'en attendait pas moins de la ville où est produite la Nikšićko Pivo, la bière nationale !

Nikšić est également l'un des grands centres industriels du pays, accueillant une importante usine sidérurgique et une mine de bauxite.

À voir

Musée du patrimoine de Nikšić MUSÉE, PALAIS

(Zavičajni muzej Nikšić ; Trg Šaka Petrovića ; adulte/enfant 1 €/50 cts ; 9h-13h et 17h-20h mar-sam, 9h-12h dim). Avec le roi Nicolas Ier, les bâtisseurs monténégrins ne chômaient pas ! Ce palais est l'une de ses commandes avec ceux de Cetinje, Podgorica et Bar. Aujourd'hui reconverti en musée, il aurait grand besoin d'être rénové vu son état de délabrement général.

À l'étage, commencez à droite par la section Préhistoire (différents silex datant du IIIe millénaire av. J.-C.) et poursuivez par la section Ethnographie avec son armure de bronze, ses fers de lance, ses armes joliment décorées, ses armures incrustées de joyaux et ses vêtements brodés. La Seconde Guerre mondiale est abordée avec des photographies et des objets, mais aucun panneau n'est en anglais. Vous retrouverez les tombes de bon nombre des partisans communistes figurant sur ces photos au cimetière voisin. À l'extérieur se trouvent des *stećci* similaires à celles de l'église valaque de Cetinje (voir p. 95).

Cathédrale Saint-Basile-d'Ostrog ÉGLISE ORTHODOXE

(Saborna crkva Svetog Vasilija Ostroškog ; Trg Šaka Petrovića). Dressée au sommet d'une colline plantée de pins, l'imposante cathédrale serbe orthodoxe de Nikšić fut édifiée entre 1895 et 1900. L'intérieur est inondé de lumière grâce à un dôme central. L'iconostase peinte au début du XXe siècle dans un style réaliste populaire, diffère des icônes plus récentes, au caractère byzantin. Vous remarquerez saint Pierre de Cetinje et saint Basile d'Ostrog de chaque côté des portes du sanctuaire.

Place de la Liberté PLACE

(Trg Slobode). Cette vaste place qui s'ouvre au milieu de l'Ulica Njegoševa, la rue principale, est le cœur battant de Nikšić. Les soirs d'été, la ville entière s'y donne rendez-vous. D'un côté, trône une imposante statue équestre en bronze du roi Nicolas Ier, et, de l'autre, une sculpture moderne jaillit d'une fontaine.

Forteresse d'Onogošt FORTERESSE

Protégée par d'épaisses murailles, la Nikšić antique occupait une colline rocheuse à l'ouest de la ville moderne. La base militaire édifiée par les Romains au IVe siècle fut conquise par les Goths qui la fortifièrent. Ses ruines ont été restaurées pour accueillir en été des représentations théâtrales. Graffitis et verre brisé gâchaient un peu le décor lors de notre visite.

Depuis l'Ulica Njegoševa, suivez l'Ulica Narodnih Heroja jusqu'au bout et vous apercevrez la forteresse.

Circuits organisés

Anitra Travel Agency ACTIVITÉS DE PLEIN AIR

(040-200598 ; www.tara-grab.com ; Njegoševa 12). Cette agence locale, antenne de Kamp Grab (voir p. 116), organise toutes sortes d'activités : rafting, canyoning, randonnée, pêche, VTT et excursions en jeep notamment.

Où se loger et se restaurer

Hotel Marshal HÔTEL €€€

(040-223 504 ; www.marshalgroup.me ; Partizanski Put bb ; s 50-75 €, d 100 € ; P). Au nord de la ville, à 2,5 km du centre, cet hôtel flambant neuf est de loin le meilleur hébergement de Nikšić. Les chambres à l'arrière sont plus calmes et donnent sur la montagne. Petit-déjeuner servi sur la terrasse du restaurant, au 1er étage.

Ibon PIZZERIA, CAFÉ €

(Trg Šaka Petrović ; plats 2-6,50 € ; 7h30-23h). La terrasse qui donne sur le parc près du musée est parfaite pour un café matinal (80 cts seulement), une omelette ou une bonne pizza.

Fontana GLACES €

(Njegoševa bb ; en-cas 1-3 €). Une adresse où l'on se presse pour déguster un café, un gâteau ou une délicieuse glace. Décor bleu-gris et chrome.

Konoba Portun MONTÉNÉGRIN €€

(040-212 336 ; Njegoševa bb ; plats 6-12 € ; 8h-23h). On accède au seul vrai restaurant du centre-ville par un passage partant de la rue principale. Spécialités nationales copieuses, accompagnées de frites et de légumes.

Où prendre un verre

Le samedi soir, la rue principale s'enflamme, et les innombrables bars et cafés de la ville poussent la sono à fond.

De Bova BAR

(Novice Cerovića bb). Ce bar aux airs de pub où l'on peut boire une bière sous le regard de Jimmy Page et des Beatles est l'un des rares établissements tranquilles de la ville.

Renseignements

Banques équipées de DAB, bureau de poste et pharmacies dans l'Ulica Njegoševa, la rue principale.

Hôpital général (Opšta bolnica ; ☎040-244 216 ; Radoja Dakića bb)

Depuis/vers Nikšić

BUS

À côté du rond-point, la **gare routière** (☎040-213 018 ; Gojka Garčevića bb) abrite des toilettes, des restaurants et une consigne (1 €). Des bus desservent, entre autres villes, Kotor (8,50 €, 7/jour, 3 heures), Budva (7,50 €, 10/jour, 2 heures), Podgorica (3,50 €, bus fréquents, 1 heure), Plužine (6,50 €, 6/jour, 1 heure) et Žabljak (9 €, 6/jour, 2 heures 30). Et pour les destinations internationales : Trebinje (Bosnie-Herzégovine, 6,50 €, 3/jour), Sarajevo (Bosnie-Herzégovine, 15,50 €, 3/jour) et Belgrade (Serbie, 26 €, un bus tous les 2 jours).

TAXI

Nik Taxi (☎19733)

TRAIN

Gare ferroviaire (☎040-214 418 ; www.zpcg.me ; Gojka Garčevića bb). Cinq trains par jour rallient Podgorica (2,80 €, 1 heure) en passant par Danilovgrad et Ostrog.

Environs de Nikšić

En suivant vers l'ouest la route qui mène à Trebinje en Bosnie-Herzégovine, vous apercevrez sur votre gauche un grand panneau (3,5 km après le petit rond-point à la sortie de la ville) signalant le pont romain **Most na Moštanici**. Soyez attentif, car plus aucun panneau ne l'indique une fois que vous quittez la route principale. Après l'embranchement, tournez tout de suite à gauche, puis à droite. Prenez à gauche au bout de 300 m environ, et longez le village. Après 1 km, le pont apparaît à côté d'une jolie petite église. Toujours dans la même direction, quelques kilomètres après le virage menant au pont, vous atteindrez le **lac de Slano** (Slansko jezero) sur votre gauche. Bien qu'il s'agisse d'un lac artificiel (il est fermé par un barrage), ses eaux scintillantes, ses îlots plats et ses berges verdoyantes en font un bel endroit. Des petits villages sont installés sur ses rives, mais aucune route ne mène directement à l'eau ; tournez dès que vous le pouvez, et descendez vers le lac. Vous n'y croiserez pas grand monde, si ce n'est quelques pêcheurs ou des personnes prenant le soleil.

Autre étendue d'eau formée par un barrage, le **lac de Krupac** (Krupačko jezero), appelé aussi la "mer de Nikšić", est au nord-ouest de la ville. Très populaire, il offre une étendue de sable, des bars de plage, des tables de pique-nique à l'ombre des peupliers ainsi que des pédalos, des Jet-Skis et des kayaks à louer. Ses eaux pullulent de truites dorées.

Quatre pistes de ski vous attendent à **Vučje** (☎067-319 719 ; www.vucje.me ; forfait 1 journée adulte/enfant 10/5 €), une station située à 21 km au nord-est de Nikšić sur la route de Šavnik.

Montagnes du Nord

Dans ce chapitre ➡

Le top des restaurants

- Konoba kod Rada Vlahovića (p. 112)
- Vodenica (p. 112)
- Savardak (p. 112)
- Aqua (p. 122)
- Zlatni Papagaj (p. 119)

Le top des hébergements

- Eko-Oaza Suza Evrope (p. 118)
- Hotel Soa (p. 119)
- Bianca Resort & Spa (p. 112)
- Brile (p. 112)
- Eko Selo Meadows (p. 118)

Pourquoi y aller

La région des montagnes du Nord possède trois parcs nationaux. Avec ses hauts sommets et les vertigineuses gorges de la Tara, le Durmitor est idéal aussi bien pour le ski en hiver que pour le rafting en été. Au cœur du Biogradska Gora, de grandes étendues de forêt primaire tapissent le massif de Bjelasica. Les plus aguerris, eux, partiront à l'assaut des Prokletije, les “montagnes maudites”.

Les habitants tenteront de vous dissuader de vous rendre ailleurs qu'à Kolašin et Žabljak, seules localités correctement dotées en matière d'infrastructures touristiques. Du coup, la moindre incursion dans un autre endroit de la région prendra des allures d'expédition en terre inconnue.

Nul besoin d'être un sportif accompli ou un aventurier pour goûter à la beauté de cette région sauvage. Il suffit de louer une voiture pour quelques jours et de laisser les petites routes vous emmener vers l'inconnu.

Quand partir

- En janvier-février, pour des journées de ski et des soirées au coin du feu.
- En juillet-août, pour bénéficier des meilleures conditions météorologiques si vous randonnez – températures moyennes de 20 à 24°C au Durmitor.
- En septembre-octobre, pour voir la forêt du Biogradska Gora revêtir de flamboyantes couleurs automnales.

Climat

Le nord du Monténégro, avec son relief franchement montagneux, est une région nettement plus fraîche que le reste du pays. Elle enregistre ainsi des températures supérieures moyennes oscillant autour de 0°C en janvier et de 20 à 24°C en août (ce qui pour le coup reste tout de même fort agréable).

Depuis/vers les montagnes du Nord

De nombreux bus empruntent la nationale qui va de Podgorica à Belgrade (Serbie) et traverse Mojkovac et Bijelo Polje. Une grande route relie Nikšić au parc national du Durmitor. Kolašin, Mojkovac et Bijelo Polje sont accessibles en train depuis la Serbie (au nord) et Podgorica et Bar (au sud). On peut également se rendre

À ne pas manquer

1 Le rafting dans le **canyon de la Tara** (p. 115), joyau du parc national du Durmitor : une descente de rêve entre des parois de plus de 1 000 m de hauteur

2 Le panorama sublime de la **route Andrijevica-Kolašin** (page ci-contre)

3 La forêt primaire du **parc national de Biogradska Gora** (p. 113)

4 Un voyage dans le temps en visitant le **monastère de la Morača** (p. 111), construit au XIIIe siècle

5 La **grand-rue de Rožaje** (p. 120) à l'heure de la promenade du soir

6 L'ambiance orientale de la paisible **Gusinje** (p. 123), entre mosquées et montagnes

7 La route vertigineuse du **canyon de la Piva** (p. 118), avec ses à-pics et ses précipices verdoyants

dans la région par la route depuis la Bosnie, la Serbie et le Kosovo.

Comment circuler

Au sud de Bijelo Polje, la nationale Podgorica-Belgrade rejoint une autre route importante en provenance de Berane et Rožaje. Les deux sont desservies par des lignes de bus. L'excellente route entre Mojkovac et Žabljak se met à zigzaguer lorsqu'elle quitte le canyon de la Tara pour grimper dans les montagnes. Il n'y a pas de ligne régulière de bus sur cet itinéraire. Localité très isolée, Plav est néanmoins bien desservie depuis Berane par des bus qui empruntent une route superbe. Un itinéraire permet de parcourir le massif de Bjelasica (136 km). Le tronçon le plus spectaculaire, entre Kolašin et Andrijevica, est parfois endommagé par des glissements de terrain. Il n'est pas emprunté par les bus.

Une ligne de train relie Kolašin, Mojkovac et Bijelo Polje.

Canyon de la Morača
Кањон Морача

Quelques kilomètres après Podgorica en direction du nord, le paysage est à couper le souffle. La route se fait de plus en plus périlleuse au fur et à mesure que l'on progresse le long de la Morača, qui coule au fond d'un canyon profond de 300 à 400 m. Des aires de stationnement sont prévues pour profiter du paysage car la route est très passante et ce tronçon délicat.

Au-delà du canyon, à 46 km de Podgorica, se dresse près de la rivière le superbe **monastère de la Morača** (Manastir Morača), haut lieu de la foi et de l'art orthodoxe au Monténégro.

Une fois entre les murs du cloître fortifié, le jardin où les abeilles des ruches virevoltent entre rosiers et hydrangeas, vous ramène au XIIIe siècle, époque de la fondation du monastère. À droite, la façade de la petite **église Saint-Nicolas** (Crkva Sv Nikole) a conservé des fresques dont les couleurs ont perdu de leur éclat, contrairement à celles de l'intérieur. On distingue cependant encore la Vierge et l'Enfant au-dessus de la porte, avec un ange de chaque côté.

Plus impressionnante, l'**église de la Dormition** (Crkva Uspenja Bogorodice) arbore à l'extérieur des fresques du peintre Đorđe Mitrofanović, et de jolies portes incrustées de motifs géométriques. Dans le narthex, on admire une représentation du Christ du Jugement dernier, entouré de saints. Un rideau de flammes précipite les damnés en enfer, où des monstres marins à deux têtes dévorent les humains. Essayez de repérer les anges qui transpercent les petits démons d'un coup de lance dans la tête afin de les empêcher de déséquilibrer la balance de la justice.

Parmi les pièces maîtresses de l'église figure *La Vierge en majesté avec l'Enfant, les prophètes et les hymnographes* (1617), de Mitrofanović, dans l'iconostase, à gauche de la porte du sanctuaire. On doit au maître Kozma quelques belles icônes comme celle de *Saint Sava et Saint Siméon* (1645), sur le mur de droite. Observez aussi, sur la gauche de l'iconostase, le portrait (anonyme) de saint Luc en train de peindre une icône de la Vierge à l'Enfant ; probablement une référence à la célèbre *Notre-Dame de Philerme*, conservée à Cetinje. Sur le mur d'une chapelle latérale, on découvre le petit-fils de saint Siméon et fondateur des lieux offrant la maquette de l'église à la Vierge.

Kolašin Колашин

2 800 HABITANTS

Principale station de montagne du Monténégro, Kolašin n'offre pas d'aussi bonnes conditions de ski que le Durmitor, mais elle est plus facile d'accès (par la nationale, à 71 km au nord de Podgorica) et bénéficie d'un choix d'hébergement plus chic. Plus jolie sous la neige, elle reste l'été une base commode pour découvrir le parc national de Biogradska Gora et le massif de Bjelasica.

L'essentiel des sites d'intérêt et des adresses utiles, dont plusieurs banques et une poste, sont regroupés autour des deux places du centre (Trg Borca et Trg Vukmana Kruščića) et dans la petite rue les reliant (Ulica IV Proleterske).

À voir et à faire

Musée du Patrimoine MUSÉE
(Zavičajni muzej ; Trg Borca 1 ; 8h-15h). GRATUIT Sur la Trg Borca, se dresse une statue représentant un jeune homme et une jeune femme brandissant fusils et drapeau communiste. Ils semblent vouloir délivrer le bâtiment du musée qui abritait une prison durant la Seconde Guerre mondiale. La principale collection du musée est composée de photos consacrées précisément aux jeunes résistants de la ville, qui ont sacrifié leur vie pour combattre les nazis (indications juste en monténégrin). Il y a aussi une section d'ethnographie et une autre consacrée à l'art.

Kolašin 1450 STATION DE SKI
(☎020-717 845 ; www.kolasin1450.com ; forfait demi-journée/journée/semaine 12/20/104 €). Située à 10 km à l'est de Kolašin, à 1 450 m d'altitude, la station dispose de 30 km de pistes (de la verte à la noire) desservies par des remontées mécaniques. Un café et un restaurant sont installés dans deux jolis chalets en bois. La location d'un équipement de ski ou de snowboard complet coûte 13 € la journée. Il y a des navettes (gratuites pour les clients ou si vous achetez votre forfait par l'intermédiaire de l'hôtel) depuis le Bianca Resort & Spa. La saison de ski court de décembre à mi-avril.

Randonnée SENTIERS BALISÉS
Trois sentiers balisés partent de la Trg Borca. Une autre boucle, de 16 km (5 heures), démarre de la station de ski et atteint le mont Ključ (1 973 m) par la forêt. On peut poursuivre jusqu'au Zekova Glava (2 117 m), par un chemin qui passe par le lac Pešić (Pešićko jezero) et contourne par la base le plus haut sommet du massif. Dans la deuxième partie de la boucle, on double la source de la Biogradska avant de gravir le Troglav (2 072 m).

Procurez-vous cartes, informations et conseils auprès de l'office du tourisme avant de prendre le chemin.

VTT ITINÉRAIRE ET LOCATION
Un itinéraire de 93 km permet d'explorer des coins reculés entre Podgorica et Kolašin. Le dépliant explicatif *Wilderness Biking* est disponible à l'office du tourisme. Plusieurs prestataires louent des vélos à Kolašin – notamment sur la Trg Borca en été. Vous pouvez pédaler jusqu'à Podgorica et revenir en train.

Explorer Tourist Agency SORTIES SPORTIVES ET NATURE
(☎020-864 200 ; www.montenegroexplorer.co.me ; Mojkovačka bb). Cette agence proche de la gare routière est spécialisée dans les activités sportives : randonnée, ski, rafting, VTT, canyoning, spéléo, alpinisme, safari en Jeep, balade à cheval, parapente et sortie de pêche. Loue aussi des VTT.

Où se loger

Les prix s'envolent durant la saison de ski, atteignant des sommets autour du Nouvel An. L'été, on peut séjourner en altitude dans une cabane de berger (*katun*) aménagée : renseignez-vous à l'office du tourisme ou passez par les agences proposant des activités sportives.

Brile HÔTEL-RESTAURANT €€
(☎020-865 021 ; www.montenegrohotelsonline.com/eng/hotel/46/brile.html ; Buda Tomovića 2 ; s/d 35/70 €, plats 5-10 € ; wifi). Ce bel hôtel familial posté au coin de la place principale possède des chambres confortables avec parquet ciré. Sur place sauna et restaurant servant une cuisine reconstituante (viandes rôties, grillades, pizzas, pâtes...). Location de skis et de vélos.

Hotel Čile HÔTEL €€
(☎020-865 039 ; www.zlatnido.com ; Braće Milošević bb ; s/d 35/46 €, app 60-80 € ; P wifi). Un petit hôtel sympathique et douillet proche du centre. Les studios, équipés d'une kitchenette et d'une chaîne stéréo, offrent un peu plus d'espace que les doubles.

♥ **Bianca Resort & Spa** COMPLEXE HÔTELIER €€€
(☎020-863 000 ; www.biancaresort.com ; Mirka Vešovića bb ; s/d à partir de 79/108 € ; P wifi piscine). Avec son style rustique-branché, cet établissement haut de gamme est plein de charme et de caractère. Après une journée sur les pistes, vous apaiserez votre corps endolori dans le spa luxueux comprenant piscine intérieure, sauna, bains turcs et salle de gym.

Où se restaurer

♥ **Konoba kod Rada Vlahovića** MONTÉNÉGRIN €€
(Trg Vukmana Kruščića ; plats 6-8 €). *Kačamak* (polenta à base de farine de maïs et de purée de pommes de terre), *cicvara* (polenta moelleuse), *popara* (bouillie à base de pain) et un agneau rôti qui fond dans la bouche : cette taverne rustique installée sur la place où battait le cœur de la ville à l'époque ottomane porte haut et fort les couleurs de la cuisine des montagnes monténégrines.

Vodenica MONTÉNÉGRIN €€
(☎020-865 338 ; Dunje Dokić bb ; plats 5-7 €). Aménagé dans un moulin traditionnel, ce restaurant propose le genre de cuisine de montagne qui tient au corps par les froides soirées d'hiver ! Laissez-vous tenter et savourez sans culpabilité un bon bol de *cicvara* ou de *kačamak*.

Savardak MONTÉNÉGRIN €€
(☎069-051 264 ; savardak@t-com.me ; plats 8-9 €). À 2,8 km de Kolašin sur la route de la station de ski, le Savardak sert des plats traditionnels dans un bâtiment aux allures de grande meule de foin. L'intérieur ne manque pas de caractère, mais il y a aussi des tables dehors, près du cours d'eau.

Le chalet en bois juste à côté est divisé en appartements pour 4 personnes (40 €).

Renseignements

Bureau régional du tourisme du Bjelasica et du Komovi (020-865 110 ; www.bjelasica-komovi.com ; Trg Borca 2 ; 9h-20h lun-ven, 9h-12h et 16h-20h sam-dim). S'il est ouvert (ce qui n'est pas souvent le cas), ce vaste centre d'information vous donnera des renseignements utiles sur les sentiers de randonnée et les itinéraires à VTT. Il vous aidera aussi à organiser toutes sortes d'activités et d'excursions dans la région, y compris des visites chez des apiculteurs et des producteurs de fromage. Location de VTT (demi-journée/journée 7/10 €). Vous ne pouvez pas manquer l'impressionnant bâtiment de bois, tout près de la place principale.

Centre culturel (Dom Kulture ; Trg Borca 2 ; 50 c/heure ; 10h-20h lun-ven, 12h-20h sam). Boutique de souvenirs au rdc et salle Internet à l'étage.

Office du tourisme de Kolašin (020-864 254 ; www.kolasin.travel ; Mirka Vešovića bb ; 8h-20h lun-ven, 9h-15h sam). Très utile pour trouver une chambre chez l'habitant et louer un *katun*. Renseignements sur les activités dans la région.

Depuis/vers Kolašin

La **gare routière** (020-864 033 ; Mojkovačka bb), un hangar en bois donnant sur un parking en piteux état, est située sur la route menant en ville, à 200 m du centre. Les bus desservent, entre autres localités, Pljevlja (7 €, 2 heures 30, 5/jour), Podgorica (5 €, 1 heure 30, départs fréquents), Bar (8 €, 2 heures 30, 5/jour), Budva (10 €, 3 heures, 6/jour) et Kotor (12 €, 3 heures 45, 4/jour).

La **gare ferroviaire** (020-441 492 ; www.zpcg.me) se trouve à 1,5 km du centre. Il existe des liaisons depuis/vers Bijelo Polje (2,20 €, 30 minutes, 4/jour), Podgorica (5 €, 1 heure 30, 5/jour) et Bar (5,48 €, 2 heures 30, 4/jour). On achète son billet dans le train.

Parc national de Biogradska Gora
Биоградска Гора

Au cœur du massif de Bjelasica, ce joli parc national abrite 1 600 hectares de forêt vierge. L'une des trois dernières forêts primaires d'Europe doit sa survie à Nicolas Ier. En visite dans la région en 1878, le souverain fut en effet si impressionné par la beauté du **lac de Biograd** (Biogradsko jezero) que les habitants lui firent don du territoire. Il ordonna alors qu'il soit protégé.

L'accès principal est situé entre Kolašin et Mojkovac, sur la route Podgorica-Belgrade. Après avoir acquitté le droit d'entrée (2 €), vous pouvez poursuivre en voiture sur 4 km pour rejoindre le lac aux eaux d'un vert incroyable. L'endroit est idyllique, et les connaisseurs repéreront hêtres, sapins, genévriers, frênes blancs, érables et ormes. Des groupes débarquent parfois d'un bus, mais repartent généralement après une balade de 10 minutes.

Ces bus rejoignent en principe directement le **Restoran Biogradsko Jezero** (plats 5,70-9 €), doté d'une merveilleuse terrasse d'où l'on aperçoit le lac à travers les arbres – un cadre parfait pour savourer un plat de veau ou d'agneau traditionnel.

LE MASSIF DE BJELASICA

Le massif de Bjelasica domine le nord-est du Monténégro avec ses 10 sommets dépassant les 2 000 m, dont le plus haut (2 139 m) porte le nom de Crna Glava (Tête noire).

À la fonte des neiges, on est surpris de découvrir un paysage de forêt vierge (dans le territoire protégé du parc national de Biogradska Gora) et de prairies tapissées de fleurs sauvages. Dans les hauts alpages, les *katun*, huttes circulaires au toit de chaume, sont utilisées depuis des siècles par les bergers semi-nomades qui viennent faire paître leurs troupeaux l'été. Le terrain est moins rude et l'environnement moins austère ici que dans les massifs de l'Orjen, du Lovćen ou du Durmitor.

On accède au départ des sentiers de randonnée par les localités entourant la montagne : Kolašin, Mojkovac, Bijelo Polje, Berane et Andrijevica. Les forêts se parent de multiples couleurs à la fin de l'été et à l'automne, la meilleure époque pour randonner. Sachez que les températures peuvent chuter brutalement et qu'un orage est toujours à craindre. Vous devriez trouver cartes, renseignements, conseils et coordonnées de guides dans les différents offices du tourisme de la région. Sinon, adressez-vous à une agence spécialisée dans les activités de plein air.

Vous pouvez louer une barque (8 €/heure) et acheter un permis de pêche (20 €/jour) au **bureau du parc** (☎020-865 625 ; www.nparkovi.me ; camping petite tente/grande tente/caravane 3/5/10 €, bungalow 20 € ; ⊙7h30-20h30), à côté du parking. Il y a un terrain de camping à côté, ainsi qu'une douzaine de cabanes de rondins, sans fenêtre, équipées de deux ou trois lits simples chacune. Les sanitaires des cabanes sont plus agréables que les toilettes à la turque du camping.

Un sentier de 17 km part du parking en direction du **mont Bendovac** (1 774 m), où l'on découvre une magnifique vue sur le lac, et du **mont Razverše** (2 033 m). Une randonnée de six heures environ, sans autre difficulté qu'une ou deux bonnes grimpettes.

Depuis/vers le parc national de Biogradska Gora

L'arrêt de bus le plus proche se trouve à une heure de marche du lac, à Kraljevo Kolo ; la gare ferroviaire de Štitarička Rijeka à 1 heure 30 de marche.

Mojkovac Мојковац

3 600 HABITANTS

Bien située, aux portes de deux parcs nationaux, Mojkovac (on prononce "*moy·ko·vatsse*") n'a pas encore grand-chose à proposer aux touristes. Toutefois, grâce aux efforts du PNUD (Programme des Nations unies pour le développement), la ville a pu effacer les séquelles de plusieurs siècles d'exploitation minière (argent, plomb et zinc), et consacre désormais ses efforts à promouvoir l'écotourisme et l'agriculture biologique.

Au cœur de la ville, la place triangulaire de Trg Ljubomira Bakoča renferme un joli petit square ainsi qu'une pompeuse statue de Janko Vukotić, général à la tête des forces monténégrines qui remportèrent ici une victoire contre l'armée d'Autriche-Hongrie lors de la Première Guerre mondiale. L'ensemble des services et commerces (notamment une poste et une banque) se trouvent tout autour de la place.

Aux alentours se dressent des immeubles de triste aspect, malgré les jardinières de fleurs. À l'entrée de la ville, un mémorial de la Seconde Guerre mondiale rappelle qu'environ 10% des habitants ont péri durant le conflit.

Un sentier raide part du centre de Mojkovac pour une boucle de 17 km (6 heures) dans les montagnes alentour. Prenez le chemin 310, puis le 319 et le 301 pour rentrer. La gare ferroviaire de Mojkovac est le départ d'un itinéraire de VTT de 309 km (boucle de 6 ou 7 jours, décrite en anglais dans la brochure *Top Biking Trail 3: Eastern Enchantment*) qui passe par le parc national de Biogradska Gora, Gusinje, Plav et Rožaje.

Où se loger

Hotel Dulović HÔTEL €€
(☎050-472 615 ; hoteldulovic@t-com.me ; Trg Ljubomira Bakoča bb ; s/d 20/40 € ; 📶). Hôtel de taille moyenne à l'angle de la place, derrière le square, totalement impersonnel mais propre. Petit-déjeuner complet correct.

Hotel Palas HÔTEL €€
(☎050-472 508 ; hotelpalasmojkovac@t-com.me ; route Podgorica-Belgrade ; s/d 24/43 € ; P). Cet assemblage de structures triangulaires qui semblent s'imbriquer les unes dans les autres n'a rien d'un palace, mais possède des chambres propres et fonctionnelles, à la décoration rappelant les années 1980.

Où se restaurer

Vous avez le choix entre deux restaurants peu engageants et les boulangeries proches de la gare routière qui vendent des *burek* (chausson de viande ou de fromage). Il y a deux épiceries sur la place et plusieurs cafés-bars – certains servent glaces et gâteaux.

Depuis/vers Mojkovac

La grande **gare routière** (☎050-470 133 ; route Podgorica-Belgrade) est un arrêt important sur l'axe Podgorica-Belgrade. Il y a notamment des bus pour Podgorica (6 €, 2 heures), Kolašin (4 €, 35 minutes), Pljevlja (6,50 €, 2 heures) et Belgrade (Serbie, 19 €, 9 heures 30).

Pour dénicher la **gare ferroviaire**, prenez la route entre l'Hotel Palas et le cimetière, tournez à gauche après le dépôt de bois et continuez jusqu'à la périphérie sud de la ville. Bar (6,20 €, 2 heures 45, 3/jour), Podgorica (4,40 €, 2 heures, 6/jour) et Bijelo Polje (1,20 €, 15 minutes, 5/jour) sont desservies.

Parc national du Durmitor Национални парк Дурмитор

La glace et l'eau ont sculpté dans le calcaire les spectaculaires paysages de ce parc national. Avec ses 2 523 m, le **Bobotov Kuk** est le plus haut des 48 pics dépassant les 2 000 m d'altitude que compte le massif. Domaine skiable de premier plan de décembre à mars, le Durmitor attire en été les amateurs d'activités de plein air, randonnée et rafting en tête.

Le parc héberge une grande variété d'animaux, notamment 163 espèces d'oiseaux, une cinquantaine de mammifères différents et sans doute la plus grande diversité de papillons de toute l'Europe. Vous ne risquez guère de croiser les ours et les loups qui y vivent. On nous a assuré que ces derniers ne sont dangereux que s'ils sont réellement très affamés, à la fin d'un long hiver !

Le parc national du Durmitor englobe le massif du Durmitor ainsi qu'une bande étroite de terre à l'est le long de la Tara, en direction de Mojkovac. La principale porte d'entrée, **Žabljak**, se situe à l'extrémité est du massif. Cette petite localité, la seule à l'intérieur du parc, n'est pas très séduisante mais possède supermarché, poste, banque, hôtels et restaurants, regroupés autour de la place centrale – c'est-à-dire du parking.

À l'ouest du parc, la Tara marque la frontière avec la Bosnie et rejoint la Piva à proximité de Šćepan Polje.

À voir

Monastère de Dobrilovina — MONASTÈRE

Il règne une atmosphère de paix dans ce couvent situé à 28 km de Mojkovac, à la limite orientale du parc, posé dans un cadre idyllique de champs verdoyants au pied des montagnes, avec la Tara coulant à proximité. Ne vous y fiez pas : l'ensemble a été détruit et reconstruit à plusieurs reprises depuis sa fondation (antérieure à 1593, la plus ancienne mention de son existence).

Une religieuse vous ouvrira l'église si elle juge que vous êtes décemment vêtu – frappez à la porte de l'aile réservée au logement pour demander. Vous admirerez alors les fresques dédiées à saint Georges (Sv Đorđe), aux couleurs passées mais de toute beauté.

Pont de Djurdjevica — VIADUC EN BÉTON

Les arches élégantes de cet ouvrage de 150 m de haut furent achevées au tout début de la Seconde Guerre mondiale. Il s'agissait à l'époque du plus grand viaduc routier de béton en Europe. Cinq arches majestueuses (dont une de 116 m de large) soutiennent l'ouvrage de 365 m de long.

En mai 1942, alors que des unités italiennes et allemandes avaient pris position à Žabljak, la Résistance donna l'ordre de faire sauter le pont. L'ingénieur Lazar Jauković eut l'honneur de poser la bombe qui détruisit le bel ouvrage qu'il avait créé. Capturé par les Italiens et les Četniks (royalistes serbes), Jauković fut exécuté sur les décombres de son pont. Une plaque rendant hommage à son courage fut posée sur l'ouvrage reconstruit en 1946.

Canyon de la Tara — RIVIÈRE

À l'extrémité nord du parc, la Tara entaille la montagne, formant une gorge qui peut atteindre 1 300 m de hauteur (200 m de moins seulement que le Grand Canyon du Colorado à l'endroit le plus profond).

C'est depuis la rivière que la vue est la plus spectaculaire, et le rafting sur la Tara figure à juste titre parmi les activités à ne pas manquer au Monténégro. Si vous préférez admirer les gorges de loin, vous pouvez grimper au sommet du **Ćurevac** (1 625 m) – mais les parois du canyon limitent la vue.

Mal indiqué, le point de vue n'est pas facile à trouver. De la place de Žabljak, prenez la route principale en direction de l'est et tournez à gauche avant la sortie de la ville, au niveau d'un panneau indiquant "Restoran Momčilov Grad". Bifurquez à droite peu après et suivez la route qui monte. Arrivé à une fourche, choisissez la route qui grimpe en serpentant et suivez l'indication "Tepca" jusqu'aux petits panneaux de bois indiquant Ćurevac ou "*vidikovac*" (point de vue). Laissez votre véhicule sur le parking (panneaux d'information du parc national) et finissez à pied par le petit sentier partant derrière.

Lac Noir — LAC

(Crno jezero). Le massif du Durmitor ne renferme pas moins de 18 lacs glaciaires, appelés ici *gorske oči* ("yeux de la montagne"). Lieu le plus fréquenté du parc, le plus grand d'entre eux est à 3 km de Žabljak par un chemin agréable. La silhouette arrondie du **Međed** ("L'Ours" ; 2 287 m) jette une ombre noire sur l'étendue d'eau. Un sentier facile de 3,6 km fait le tour du lac.

Activités

Rafting

Une expédition en rafting sur la Tara figure parmi les expériences mémorables d'un voyage au Monténégro. La rivière compte une série de rapides, mais la descente est plutôt tranquille. L'expédition est plus sportive en avril-mai, lorsque les flots s'emballent à la toute fin de la fonte des neiges. Des agences proposent des expéditions entre avril et octobre.

Le parcours, sur un tronçon de 82 km, va de Splavište, au sud du pont de Djurdjevica, jusqu'à Šćepan Polje, à la frontière de la Bosnie. La sortie classique de deux jours fait étape le soir à Radovan Luka, après la partie la plus encaissée du canyon. L'agence Summit (voir page ci-contre) propose une large gamme de sorties au départ de Žabljak (demi-journée/journée/2 jours 50/110/200 €).

Les excursions à la journée organisées à partir de la côte ne portent généralement que sur les 18 derniers kilomètres, à partir de Brstanovica – à l'extérieur du parc national, ce qui évite le droit d'entrée. Certes, on ne traverse pas la partie la plus encaissée, mais cette section demeure très belle et compte la plupart des rapides. Les bus empruntent une route spectaculaire le long de la rivière, ce qui vous garantit une double approche du canyon !

Si vous disposez d'une voiture, vous pouvez économiser quelques euros et vous épargner un long trajet en bus en vous rendant directement à Šćepan Polje. Choisissez impérativement un prestataire confirmé. Assurez-vous qu'on vous donne, au minimum, un casque et un gilet de sauvetage – et portez-les !

Agence fiable, **Kamp Grab** (☎040-200 598 ; www.tara-grab.com ; demi-journée repas compris 44 €, 2 jours tout compris 180 €) propose un hébergement dans un merveilleux site à 8 km en amont de Šćepan Polje. Pour vous y rendre, vous devrez passer la frontière côté monténégrin et piquer à droite (dites aux gardes que vous allez chez Grab) ; le dernier tronçon (3,5 km) n'est pas goudronné. Il y a des bungalows pour six personnes avec toilettes communes (33 €) et des chambres de trois personnes avec sdb (45 €), mais l'on peut planter sa tente (3,30 € et 1,10 €/pers) ou même en emprunter une sur place (3,50 €/pers). Grab organise aussi des sorties de **nage en eau vive** (ou "hydrospeed"), une descente de la rivière sur un flotteur utilisé comme un bodyboard (35 €).

Tara Tour (☎069-086 106 ; www.taratour.com) propose une belle sortie d'une demi-journée (40 €, deux repas compris) et possède de jolis petits chalets de bois à Šćepan Polje (toilettes à la turque et douches à part) ; la formule avec rafting (1/2 journée, 3 repas et hébergement) revient à 55 €.

L'ADVENTURE RACE MONTENEGRO

Envie de vous dépasser ? L'Adventure Race (www.adventureracemontenegro.com) est faite pour vous. Créée à l'initiative d'un groupe d'expatriés britanniques qui dirigent des agences de voyages spécialisées dans les activités de plein air, il s'agit en fait de deux manifestations distinctes ayant lieu fin septembre-début octobre.

Le **Coastal Challenge** se déroule sur une journée et combine kayak, VTT, randonnée et course d'orientation dans le cadre exceptionnel des bouches de Kotor. Pour les jusqu'au-boutistes, l'**Expedition Challenge** est une course d'équipe exténuante qui enchaîne les activités sur deux jours, y compris une descente en rafting et une traversée nocturne des montagnes du Nord.

D'après Jack Delf, cofondateur de la manifestation, il s'agit surtout de mettre en lumière l'environnement exceptionnel du Monténégro. "Nous organisons à dessein l'Expedition Challenge dans des endroits où l'on pense que vivent ours, lynx et loups. Le Monténégro est le dernier pays européen comptant encore les cinq grands mammifères du continent – l'ours, le loup, le chamois, le sanglier et le lynx. Ces animaux pourraient être un atout majeur pour le tourisme au Monténégro, mais il faut avant tout empêcher qu'ils soient exterminés. Personne ne sait actuellement combien ils sont, ce qu'ils font, et sur quel territoire ils se déplacent. Mon objectif est de rassembler 100 000 € pour qu'EuroNatur puisse marquer les ours et les lynx."

L'Expedition Challenge a dû batailler ferme pour trouver des sponsors, aussi la première édition ne s'est-elle tenue qu'en 2012. Le Coastal Challenge, lui, dégage de modestes bénéfices, reversés à des associations locales. Pendant ce temps, la situation de la faune sauvage du Monténégro demeure précaire.

"La dernière observation confirmée d'un ours vivant date d'il y a cinq ans, s'alarme Jack Delf. Depuis on m'a signalé deux ours tués. La plupart des Monténégrins pensent : "Mon père m'emmenait chasser, moi je veux emmener mon fils chasser." Nous voulons leur dire : "Si vous faites ça, votre fils sera le dernier à voir un ours vivant dans ce pays."

Randonnée

Le Durmitor compte parmi les massifs les mieux balisés d'Europe – trop, de l'avis de certains, au point d'inciter des novices à vagabonder sur des chemins de haute montagne où le brouillard peut tomber subitement et l'orage éclater à tout moment. Le centre pour visiteurs du parc national vous orientera vers des sentiers adaptés à votre forme physique et votre expérience.

Au nombre des belles randonnées, celle qui mène aux deux **lacs Škrčka** (Škrčka jezera), au centre d'une vallée tectonique, traverse des paysages grandioses. On peut passer la nuit en refuge. Si vous souhaitez vous attaquer au Bobotov Kuk ou entreprendre une expédition en hiver, mieux vaut vous assurer les services d'un guide.

Dans tous les cas, renseignez-vous sur les conditions météo avant le départ, restez sur le sentier et prenez de quoi vous couvrir en cas de pluie ou de chute des températures. Une boussole peut vous sauver la vie. Pour l'alpinisme et les longues randonnées, l'ouvrage de Branislav Cerović *Durmitor and the Tara Canyon* (12 €, en vente au centre pour visiteurs) se révèle très utile.

Ski

(⏲janv-mars). Les pentes les plus prisées sont celles du **Savin Kuk** (2 313 m), à 5 km de Žabljak, enneigées même au cœur de l'été. Longue de 3,5 km, la piste part de 2 010 m et convient aux bons skieurs. Au moment de la rédaction de ce guide, le gestionnaire de la remontée mécanique avait fait faillite et aucun repreneur n'avait été trouvé. Il reste à espérer que la situation sera résolue lors de votre voyage et surtout que des travaux de remise en état auront été entrepris.

À la sortie de Žabljak, près de la gare routière, le **Javorovača Ski Centar** (☎067-800 971) possède une piste de 300 m, adaptée aux enfants et aux débutants. Le restaurant fonctionne toute l'année.

Les forfaits sont intéressants dans le Durmitor : environ 15 €/jour et 70 €/semaine. Pour un cours de ski, comptez entre 10 et 20 €. **Sport Trade** (☎052-361 010 ; Vuka Karadžića 18, Žabljak ; ⏲8h-1h et 15h-20h) loue du matériel (ski et snowboard, 10 €/jour).

Canyoning

Juste au sud du parc national, près de Šavnik, l'impressionnant **canyon Nevidio** sur la Komarnica s'étire sur 2,7 km. À certains endroits le cours d'eau ne mesure que quelques mètres de large, d'où le nom de *nevidio* (invisible). L'endroit est magnifique, mais très dangereux, et il faut impérativement faire appel à un guide professionnel pour l'explorer. Juillet et août offrent les conditions les plus sûres. Les expéditions (3 ou 4 heures généralement) sont réservées aux personnes en très bonne forme et sachant nager.

Anitra (p. 107) organise des sorties au départ de Nikšić (prix sur demande), Summit (ci-dessous) au départ de Žabljak (120 €/pers déjeuner compris, au moins 2 pers).

> **ⓘ DROITS D'ENTRÉE**
>
> La route menant au lac Noir est barrée juste après le centre pour visiteurs du parc national. Le droit d'entrée s'élève à 2 € par personne et par jour (gratuit pour les moins de 7 ans). Un billet valable 10 jours est vendu 7 €. Il faudra laisser votre véhicule au parking (2 €), avant la barrière, et effectuer à pied les 500 derniers mètres jusqu'au lac. Conservez votre ticket pour le présenter le cas échéant aux gardes.

Tyrolienne

Les deux tyroliennes du **parc Avanturistički** (☎069-543 156 ; lac Noir ; forêt/lac/combiné 6/7/10 € ; ⏲10h-19h tlj juil-août, 10h-18h sam-dim juin et sept), sur les rives du lac Noir, offrent une bonne dose d'adrénaline à ceux qui rêvent de fendre les airs. La plus courte vous projette au-dessus de la forêt depuis une hauteur de 14 m, la plus longue (350 m) vous fait survoler le lac.

Escalade

Il y a deux parois aménagées à **Pirlitor**, mais vous devrez apporter vos cordes. La plus facile (côté est) offre six voies cotées 3+ à 4+ (cotation française), atteignant une hauteur de 10 m environ. Le mur ouest (30 m) possède 14 voies, cotées de 5b à 7b+.

De Žabljak prenez la direction du pont sur la Tara, tournez à gauche à Vrela et suivez les panneaux. Vous serez plus à l'aise en 4×4 sur le dernier tronçon, très mauvais.

☞ Circuits organisés

Agence Summit TOURISME D'AVENTURE
(☎052-360 082 ; www.summit.co.me ; Njegoševa 12, Žabljak). Anna Grbović propose sorties de rafting, circuits en Jeep (100 € pour trois

VAUT LE DÉTOUR

LE CANYON DE LA PIVA

Au nord de Nikšić, la route principale traverse une campagne verdoyante pendant 40 km, puis rejoint le cours de la Piva, qu'elle accompagne jusqu'à la frontière, à Šćepan Polje. La construction en 1975 d'un barrage hydroélectrique de 220 m de haut à Plužine a submergé une partie du canyon de la Piva et donné naissance au lac de la Piva, dont la profondeur dépasse les 180 m en certains endroits.

Il fallut 12 années pour déplacer le **monastère de la Piva** (Manastir Piva) en hauteur. Seul monastère orthodoxe serbe à avoir vu le jour sous la domination ottomane, il fut construit entre 1573 et 1586, avec l'autorisation du Grand Vizir, qui avait un lien de parenté avec le fondateur. Honneur rare, le dignitaire musulman est du coup représenté sur l'une des somptueuses fresques de l'église. Dans l'église, la porte intérieure donnant dans la nef est incrustée d'étoiles, d'arbres et de motifs géométriques.

Véritable prouesse d'ingénierie, la route longeant la rivière est accrochée à la falaise et traverse pas moins de 56 petits tunnels creusés dans la montagne durant l'après-guerre. Tout aussi spectaculaire, une route étroite passe à travers la montagne pour relier Žabljak à cet axe (la jonction se fait près de Plužine). Au nord de cet embranchement, l'itinéraire devient plus grandiose encore, les parois abruptes du canyon se reflétant dans les profondes eaux vertes de la rivière au fond des gorges.

Vous trouverez des hébergements dans les camps de rafting (p. 116) à proximité de Šćepan Polje et dans les *eko sela* (éco-villages) disséminés autour de Plužine et sur la petite route de Žabljak. Excellente adresse, l'**Eko Selo Meadows** (☎069-718 078 ; www.meadows-eco.com ; Donja Brezna bb ; s/d/tr/q 20/30/42/50 €, plats 6-10 € ; P) se situe à 17,5 km au sud du monastère de la Piva (suivez les panneaux). Installé dans une plaine entouré de collines, l'ensemble compte un grand restaurant servant des spécialités locales (soupe d'orties, agneau au lait, *cicvara, kačamak* et truite grillée) et des bungalows de bois propres, simplement meublés mais équipés chacun d'une salle de bains.

pers maxi), location de VTT (1,50/8 € l'heure/la journée) et expéditions de canyoning (120 €/pers).

Où se loger

L'agence Summit peut vous trouver un hébergement chez un particulier pour 10 €/pers environ.

♥ Eko-Oaza Suza Evrope — BUNGALOWS, CAMPING €

(☎069-444 590 ; ekooazatara@gmail.com ; Dobrilovina ; camping tente/pers/camping-car 5/1/10 €, bungalow 50 € ; ⏲avr-oct). Composée de 4 confortables bungalows en bois (capacité 5 pers chacun) et d'une belle pelouse, cette "éco-oasis" familiale donne l'occasion unique de goûter à l'hospitalité monténégrine. Une plage, en aval de la rivière, est accessible à pied, et l'on peut aussi monter jusqu'au lac Zaboj (1 477 m). Des repas maison sont préparés à la demande, et l'on organise sorties en kayak, pêche, rafting et safari en Jeep. Une excellente adresse.

Autokamp Mlinski Potok — CAMPING €

(☎069-497 625 ; empl par pers/voiture 3/1 €). Ce camping privé situé au-dessus du centre pour visiteurs est une adresse conviviale (vous ne couperez pas aux petits verres de *rakija* offerts par le très accueillant propriétaire), d'un confort assez sommaire – mais il y a des douches et des toilettes à l'occidentale. Loue aussi des chambres.

Autokamp kod Boće — CAMPING €

(☎052-361 340 ; www.kampkodboce.me ; Razvršje ; empl par tente 2,50 €, bungalow/app 6/20 €). Un camping joliment aménagé à 2 km au sud de Žabljak, avec d'impeccables bungalows (deux lits simples), une petite cuisine et un bloc sanitaire équipé de douches. Les propriétaires, très sympathiques, ne parlent guère anglais.

Refuges d'altitude — REFUGES €

(par pers Sušica/Škrčka 15/6,50 €, empl petite/grande tente 3/5 € ; ⏲15 juin-15 sept). Le centre pour visiteurs du parc national prend les réservations pour son refuge du lac Sušica (Sušičko jezero), équipé de lits avec literie. Il gère aussi le refuge (plus sommaire : apportez tout ce dont vous avez besoin) situé entre les deux lacs Škrčka. Vous pouvez planter votre tente où vous le souhaitez dans le parc national, pour le même tarif.

Hotel Soa
HÔTEL-RESTAURANT €€

(052-360 110 ; www.hotelsoa.com ; Njegoševa bb, Žabljak ; s 55-82 €, d 75-110 €, ste 130-160 € ;). Un nouvel établissement dont les autres hôteliers du Durmitor pourraient s'inspirer. Les douches ont du débit et on trouve dans chaque chambre articles de toilette raffinés, peignoirs et pantoufles. Il y a un espace de détente, des vélos à louer (2/8 € l'heure/la journée) et un séduisant restaurant en terrasse (plats 4-18 €). Cerise sur le gâteau, le personnel est charmant et les prix restent raisonnables.

Ski Hotel
HÔTEL €€

(052-361 088 ; www.skihotelzabljak.com ; Narodnih heroja bb, Žabljak ; s/d 40/80 € ;). L'intérieur n'est pas tout à fait à la hauteur de la façade de ce beau bâtiment de type chalet, mais il offre des chambres plus que correctes, complétées par un sauna, une petite salle de gym et une piscine couverte.

MB Hotel
HÔTEL-RESTAURANT €€

(052-361 601 ; www.mbhotel-mn.com ; Tripka Đakovića bb, Žabljak ; s/d 30/55 € ;). Ce petit hôtel installé dans une rue paisible à mi-chemin du centre et de la gare routière possède des chambres simples et un joli restaurant, qui sert un assortiment de plats locaux et internationaux (3-10 €). Personnel anglophone.

Où se restaurer et prendre un verre

Les meilleurs restaurants de la ville sont ceux des hôtels Soa et MB.

Zlatni Papagaj
PIZZERIA, CAFÉ €

(Vuka Karadžića 5, Žabljak ; plats 4-13 € ;). Les barriques de vin comme tables, les lustres suspendus au plafond de bois et l'épais nuage de fumée de cigarette en suspension donnent au "Perroquet doré" des airs de taverne de pirates. À la carte, steaks et pizzas classiques.

Konoba Luna
MONTÉNÉGRIN €

(Njegoševa bb ; plats 2-7 € ; 6h-minuit). Une gargote où l'on mange une cuisine locale simple dans un cadre sans fioritures. À la carte : *kačamak*, agneau grillé, mais aussi spaghettis et omelettes.

Čudna Šuma
CAFÉ, BAR

(Vuka Karadžića bb, Žabljak). Café-bar au nom intrigant (l'"Étrange forêt") et à l'ambiance étonnante, à la fois rustique et branchée.

Renseignements

Centre pour visiteurs du parc national (052-360 228 ; www.nparkovi.me ; 7h-17h lun-ven, 10h-17h sam-dim janv et juin à mi-sept, 7h-15h lun-ven mi-sept à déc et fév-mai). Sur la route du lac Noir, ce centre renferme un merveilleux mini-musée consacré à la flore et à la faune du parc. Le personnel, très compétent, fournit tous les renseignements utiles et vend de l'artisanat local, des permis de pêche (rivière/lac 20 €), des cartes (5 €) et des guides de randonnée (12 €).

Office du tourisme de Žabljak (052-361 802 ; www.montenegro-mountains.com/zabljak-durmitor/me ; Trg Durmitorskih ratnika, Žabljak ; 7h-22h mi-juin à sept, 8h-20h oct à mi-juin). Petite maison de bois sur la place centrale.

Depuis/vers le parc national du Durmitor

Tous les chemins qui mènent au Durmitor sont magnifiques. La route la plus sûre pour rejoindre Žabljak longe la Tara en direction de l'ouest depuis Mojkovac. En été, comptez une heure et demie environ pour effectuer ces 70 km. Venant de Podgorica, le plus rapide est de passer par Nikšić et Šavnik. La route principale au nord de Nikšić suit le très spectaculaire canyon de la Piva pour rejoindre Šćepan Polje. Au niveau de Plužine, une superbe petite route part à travers la montagne vers Žabljak, mais elle est impraticable dès les premières chutes de neige.

La **gare routière** se trouve à l'extrémité sud de Žabljak, sur la route de Šavnik. Bus pour Nikšić (9 €, 6/jour), Podgorica (9,50 €, 3/jour) et Pljevlja (4,50 €, 3/jour).

Pljevlja
Пљевља

19 200 HABITANTS

La route qui emprunte le vertigineux pont de Djurdjevica, qui enjambe la Tara à 23 km à l'est de Žabljak, rejoint, au nord, la troisième ville du Monténégro. Bien qu'elle plonge ses racines dans un passé ancien (romain et même illyrien), Pljevlja présente un triste visage, avec ses trottoirs défoncés et ses murs couverts de graffitis. La campagne environnante, elle, est d'une grande beauté dans l'ensemble – mais il faut compter avec la présence des sites industriels, dont une immense mine de charbon et une centrale thermique.

Même si elle abrite d'importantes mosquées, Pljevlja est majoritairement orthodoxe (73%). La frontière de la Serbie n'est qu'à 10 km, et près de la moitié de la population se revendique serbe.

À voir

Mosquée Hussein Pasha MOSQUÉE
(Husein Pašina Džamija ; ☎052-323 509 ; Vuka Kneževića bb). Construite en 1569, la plus belle mosquée du Monténégro arbore le minaret le plus haut des Balkans (42 m). L'intérieur, atypique, arbore des fresques représentant de savants motifs géométriques et floraux. Si vous trouvez porte close (cela arrive souvent), vous pourrez vous faire une idée des peintures en observant la décoration extérieure près de l'entrée.

Monastère de la Sainte-Trinité MONASTÈRE
(Manastir Sv Trojice). Cet impressionnant monastère de 1537 occupe un lieu d'une divine tranquillité, au milieu des collines à un kilomètre au nord de la ville. Des bâtiments de style ottoman décorés de jardinières de fleurs composent un bel arrière-plan pour l'église massive. Cette dernière est très richement décorée à l'intérieur et arbore une iconostase dorée. Derrière, une petite cascade se jette dans un étang.

Où se loger et se restaurer

Hotel Oazza HÔTEL €
(☎052-353 049 ; hoteloazza@gmail.com ; RVI bb ; s/d 29/37 € ; ❄📶). Si vous devez passer la nuit à Pljevlja, optez pour les chambres tout à fait correctes de cet hôtel situé dans la partie est de la ville. Venant de Žabljak, prenez à droite la route de Prijepolje et suivez le panneau.

Restoran Milet Bašta MONTÉNÉGRIN €
(Dr Sava Dimitrijevića bb ; plats 3-5 € ; ⌚8h-23h ; 📶). Cuisine locale (truite, viandes grillées, *cicvara*, *kačamak*, etc.) et généreuse à des prix fixés pour les habitants. Installez-vous à une table dans le jardin, la salle à l'intérieur n'a pas été redécorée depuis l'éclatement de la Yougoslavie…

Renseignements

Office du tourisme (☎052-300 148 ; www.pljevlja.travel ; Kralja Petra 43)

Depuis/vers Pljevlja

Gare routière (angle Miloša Tošica et III Sandžačke ; 📶). Bus pour Žabljak (4,50 €, 1 heure 15, 3/jour), Mojkovac (6,50 €, 2 heures, 5/jour), Kolašin (7 €, 2 heures 30, 5/jour), Podgorica (10 €, 4 heures, 8/jour) et Budva (14 €, 5 heures 30, 3/jour). À l'étranger, Belgrade (Serbie, 18 €, 3/jour) et Sarajevo (Bosnie-Herzégovine, 9 €, 1/jour), entre autres, sont desservies.

Bijelo Polje — Бијело Поље

15 400 HABITANTS

Quatrième ville du Monténégro, Bijelo Polje ("bi·*yé*·lo *po*·lyé") appartenait autrefois au Sandjak de Novi Pazar, région sous domination ottomane qui, jusqu'en 1912, séparait la Serbie du Monténégro. De nos jours, 42,4% des habitants se revendiquent Bosniaques ou musulmans, 36,3% Serbes et 16,1% Monténégrins. Dans cette ville, l'une des plus mélangées du pays, les minarets et les clochers rivalisent en nombre.

Le large cours du Lim contourne un centre-ville d'aspect un peu délabré, où vous trouverez quantité de cafés-bars, pizzerias et banques, ainsi que la **poste** (Tomaša Žižića 2).

À voir

Église Saint-Pierre-l'Apôtre ÉGLISE ORTHODOXE
(Crkva Sv Apostola Petra ; Kneza Miroslava bb). Bâtie en 1196, cette église fut transformée en mosquée par les Turcs qui détruisirent ses tours. Lorsqu'ils la récupérèrent en 1912, les fidèles orthodoxes en construisirent de nouvelles, qui demeurent des ajouts voyants. À l'intérieur, les pâles vestiges de fresques contrastent avec le rouge éclatant du trône épiscopal et de l'iconostase moderne.

Où se loger et se restaurer

MB Dvori HÔTEL-RESTAURANT €€
(☎050-488 571 ; mbdvori@t-com.me ; route de Podgorica à Belgrade ; s/d 35/61 €, plats 5-11 € ; P❄📶). Volets de bois, petits pignons et carrelage en terre donnent un air rétro à cet hôtel en bordure de route, au sud-ouest de la ville. Choisissez si possible une chambre sur l'arrière, ouvrant sur les champs. Le restaurant sert une pizza à la pâte bien croustillante.

Depuis/vers Bijelo Polje

La **gare routière** est située sur la route, non loin du centre. Elle est desservie par les bus effectuant la liaison Podgorica-Belgrade.

Il y a une **gare ferroviaire** importante à 2,5 km au nord de la ville. Les trains desservent Bar (7,20 €, 3 heures 15, 3/jour), Podgorica (7 €, 2 heures, 6/jour), Kolašin (2,20 €, 30 minutes, 4/jour), Mojkovac (1,20 €, 15 minutes, 5/jour) et Belgrade (Serbie, 17 €, 8 heures, 6/jour).

Rožaje — Рожаје

9 500 HABITANTS

Nichée dans les plis des montagnes bordant la Serbie et le Kosovo, la ville la plus orientale du Monténégro compte une population majoritairement musulmane. Ici, les chants des muezzins se répondent à l'heure de la prière et le rituel de la promenade du soir offre un spectacle différent des autres localités du pays puisqu'on y voit des groupes d'hommes déambuler bras dessus, bras dessous ainsi que des femmes voilées (certes minoritaires).

Avec son écrin de belles falaises rocheuses et ses maisons de bois anciennes dont le délabrement ne manque pas de charme, Rožaje pourrait être ravissante. Hélas, le tableau est gâché par les détritus qui jonchent les rives de l'Ibar.

Les mosquées de la ville ont accueilli les réfugiés du Kosovo à la fin des années 1990.

À voir

Ganića Kula TOUR

(Trg IX Crnogorske Brigade bb). Jadis, un peu partout dans l'est du Monténégro, au Kosovo et en Albanie, la *kula* servait de rempart contre les envahisseurs, mais aussi de refuge pour les hommes en cas de conflits familiaux. Le rez-de-chaussée est percé de meurtrières et les deux étages au-dessus ne comptent que de petites ouvertures pourvues de barreaux. Le niveau supérieur, en bois, offre un peu plus de confort, avec ses fenêtres plus grandes et son balcon sculpté. La tour, rarement ouverte au public, abrite une petite collection d'objets usuels.

Mosquée Sultan Murad II MOSQUÉE

(Đzamija Sultana Murata II ; Mustafa Pećancia bb). Coiffée de plusieurs dômes et flanquée de deux minarets, la principale mosquée de Rožaje a un intérieur entièrement couvert de céramiques formant des motifs géométriques. On peut voir une représentation de la Kaaba de La Mecque, au-dessus du mirhab.

Mosquée Kurtagić MOSQUÉE

(Kurtagića Džamija ; Mustafa Pećancia 14). Si le joli minaret de bois et les portes d'entrée très basses témoignent de l'âge vénérable de cette mosquée, érigée en 1697, la façade de pierre porte, elle, la marque d'une reconstruction dans les années 1960.

Où se loger et se restaurer

Duga HÔTEL-RESTAURANT €

(☎051-278 266 ; resoran_duga@hotmail.com ; s/d 15/30 €, plats 5-8,50 € ; P Wi-Fi). Jardinières de fleurs, moulures de bois sombre et personnel accueillant créent une sympathique ambiance de pension de famille à l'ancienne. Les chambres sont spartiates et vieillottes, mais propres – et à ce prix, il ne viendrait à l'idée de personne de se plaindre. Le restaurant, très prisé, sert pâtes et viandes grillées sur la terrasse. Sur la nationale à 2,5 km à l'ouest de Rožaje.

Hotel Rožaje HÔTEL €€

(☎051-240 000 ; www.hotelrozaje.montenegro.com ; Maršala Tita bb ; s/d 50/90 € ; ❄ @ Wi-Fi 🏊). Impossible de louper la silhouette de cet hôtel en forme de M, l'une des adresses les plus chics de la ville. Il fonctionne toutefois au ralenti depuis sa saisie par les autorités à la suite d'une affaire de blanchiment d'argent. L'ambiance s'en ressent, et les services étaient restreints lors de notre visite, mais les chambres, avec de lourds rideaux, d'épais couvre-lits brodés et de jolies sdb, n'ont rien perdu de leur luxe.

Où prendre un verre

Tajson Caffe CAFÉ

(Maršala Tita bb ; ⏲7h-24h). Les canapés du "meilleur café de la ville", comme le dit, à juste titre, la signalétique sont parfaits pour assister à la promenade du soir sur la place.

Renseignements

Office du tourisme (☎051-270 158 ; www.torozaje.me ; 13 Juli bb ; ⏲8h-16h)

Depuis/Vers Rožaje

La Serbie se trouve à 22 km au nord-est de Rožaje par la nationale. Une route balayée par les vents mène, au sud-est, au seul point de passage entre le Monténégro et le Kosovo.

La **gare routière** (☎051-271 115) est au bord de la nationale, au-dessus du centre-ville. Les bus desservent Herceg Novi (18 €, 7 heures 15, 4/jour), Bar (13 €, 5 heures, tlj), Ulcinj (14 €, 5 heures 45, tlj), Podgorica (11 €, 4 heures, 3/jour) et Gusinje (6 €, 2 heures, 1/jour). Il y a aussi des liaisons internationales, avec notamment Peć (Kosovo, 5 €, 2/jour), Priština (Kosovo, 10 €, 1/jour) et Belgrade (Serbie, 14 €, 7/jour).

Plav Плав

3 800 HABITANTS

À vol d'oiseau, il n'y a que 33 km entre Rožaje et Plav. Seulement voilà, un massif montagneux et une frontière séparent les deux villes, et il faut faire un détour de 83 km par Berane et Andrijevica pour les relier. Après Andrijevica la route suit le cours du Lim, traversant des champs verdoyants tandis qu'apparaissent les plus hautes montagnes

LES PLUS BEAUX ITINÉRAIRES DU MONTÉNÉGRO EN VOITURE

- Le tour des bouches de Kotor (p. 32)
- De Kotor à Cetinje via le parc national du Lovćen (p. 48)
- De Nikšić à Šćepan Polje, par le canyon de la Piva (p. 118)
- La route de montagne entre Plužine et Žabljak (p. 119 ; praticable uniquement en été)
- De Žabljak à Mojkovac, le long de la Tara (p. 119)
- De Plav à Andrijevica et d'Andrijevica à Kolašin, à travers les montagnes (p. 111)
- De Kolašin à Podgorica, le long du canyon de la Morača (p. 111)
- De Virpazar à Ulcinj, sur la rive sud du lac de Skadar (p. 99)

du pays, le massif des Prokletije. Dans ce cadre idyllique, surgit une perle : le ravissant **lac de Plav** (Plavsko jezero). En se prélassant sur ses rives ourlées de nénuphars, on observe des bancs de minuscules poissons évoluer entre les roseaux et on écoute le gazouillis des oiseaux et le chœur des grenouilles. Mais il faut oublier les détritus baignant dans ses eaux et les prétentieuses demeures à tourelles construites au bord de la route.

Perchée dans ce joli décor à 1 000 m d'altitude, Plav est comme Rožaje une ville essentiellement musulmane ; 80% de ses habitants se définissent comme Bosniaques ou musulmans, et 9% comme Albanais.

Ne cherchez pas les pancartes, seul votre sens de l'orientation vous aidera à vous repérer dans les ruelles tortueuses de la *čaršija*, l'ancien centre commerçant construit à flanc de colline.

À voir et à faire

Dans le centre, on remarque surtout les minarets des nombreuses mosquées. Près du grand rond-point, la plus imposante, la **mosquée Sultana** (Džamija Sultanija ; 1909), est coiffée d'un ensemble de coupoles de tailles diverses. Non loin de là, on reconnaît la **vieille mosquée** (Stara Džamija ; 1471) à son minaret de bois décoré.

En descendant jusqu'à la rue principale depuis le rond-point, puis en prenant à droite et en remontant, vous parviendrez à la **mosquée de Redžepagić** (Redžepagića Džamija ; 1774), dont le fin minaret composé de panneaux de bois agencés en chevron s'élance vers le ciel. Pour entrer, il faut franchir un porche de bois joliment sculpté et une porte décorée de riches motifs floraux.

Un peu plus haut, la **kula Redžepagića** (officiellement construite en 1671) est une tour défensive similaire à celle de Rožaje. Les deux niveaux inférieurs présentent des murs de pierre de plus d'un mètre d'épaisseur et sont surmontés d'un étage en bois orné de jolis balcons en saillie.

On peut piquer une tête dans le lac depuis l'agréable **ponton**, et louer pédalos (2 €/heure) et kayaks (1 €/heure) à proximité.

Où se loger et se restaurer

Les bonnes adresses sont rares, en particulier dans le centre.

Aqua BUNGALOWS, RESTAURANT €
(☎ 051-252 432 ; visitaqua@gmail.com ; Brezojevica bb ; ch 25 €, plats 3-12 €). Installé sur la rive ouest du lac, près de la route de Gusinje, cet ensemble comprend des bungalows basiques, d'une capacité de 4 personnes, ainsi que quelques chambres équipées de 3 lits simples, le tout d'un confort correct. Situé en étage, un restaurant propose pizzas, pâtes, salades, poisson et viandes, et une belle vue sur le lac !

Lake Views CAMPING €
(☎ 068-591 044 ; empl/dort 5/8 €). Un bel endroit où planter sa tente, dans un champ à l'entrée de Plav – mais les toilettes à la turque ont moins de charme. Quelques chambres de type dortoir sous le restaurant.

Komnenovo Etno-Selo HÔTEL €€
(☎ 051-255 350 ; www.kuladamjanova.com ; Vojno Selo bb ; s/d 39/54 €). Situé sur les bords du lac, ce bel hôtel de bois et de pierre est accessible par la petite route depuis Plav. L'ambiance se veut traditionnelle (*etno-selo* signifie “ethno-village”) et le restaurant sert des spécialités locales (petit-déjeuner inclus dans le prix de la chambre). Pêche, balades à cheval et expéditions en montagne avec guide, entre autres activités, sont proposées.

Renseignements

Office du tourisme de Plav (063-231 428 ; 8h-16h lun-ven, 9h-15h sam). Personnel parlant peu les langues étrangères, mais très sympathique, à l'écoute et incroyablement efficace. En vente sur place (4 €), la carte au 1/50 000 *Prokletije Hiking & Biking* décrit 10 itinéraires à vélo et 15 sentiers de randonnée.

Depuis/vers Plav

Les bus réguliers depuis Berane (3 €, 1 heure) marquent l'arrêt à la gare routière, sur la nationale.

Environs de Plav

Monastère de la Sainte-Trinité Манастир Св Тројице

Sur la route qui mène à Plav, au niveau du dernier village avant le lac, surgit le monastère de Brezojevica, posé dans un cadre de toute beauté : près de la rivière, au milieu de prairies couvertes de fleurs jaunes et violettes.

Construite au XVIe siècle sur des fondations du XIIIe siècle, **l'église de la Sainte-Trinité** (Crkva Sv Trojice) a été endommagée durant la Seconde Guerre mondiale et laissée ensuite à l'abandon. Réservée aux cérémonies d'obsèques jusqu'à une date récente, elle est en cours de restauration, signe du renouveau de la foi orthodoxe observé ces derniers temps. De la nationale, on y accède par un tout nouveau portail de pierre surmonté d'une étincelante croix orthodoxe dorée. Des vestiges de fresques d'origine sont visibles dans l'église. La seule scène aisément reconnaissable est la *Dormition de la Vierge*, au-dessus de la porte.

Gusinje Гусиње

Alors que Plav présente un aspect un peu délabré de ville du bout du monde, Gusinje ("*gou*·si·nié") offre, à 10 km de là en direction de nulle part, un visage propret et sympathique. Il faut dire que le cadre est magnifique : la ville est installée au milieu d'une campagne bien verte encadrée des majestueuses montagnes déchiquetées des Prokletije. À vélo ou en voiture, vous pouvez consacrer une journée à explorer les petites routes et les villages de ce coin perdu.

L'immense majorité des 1 700 habitants sont musulmans, mais les deux mosquées de la ville cohabitent en toute tranquillité avec une église catholique et une église orthodoxe. La plus remarquable au plan architectural, la **mosquée du Vizir** (Vezirova Džamija ; 1626), est un édifice de pierre doté d'un porche et d'un minaret en bois sculpté, similaires à ceux des mosquées de Plav mais mieux conservés. Le petit cimetière abrite quatre tombes imposantes de dignitaires communistes.

Vous trouverez dans le centre de Gusinje poste, DAB, cafés et gargotes où acheter pizzas et *burek*.

Parc national des Prokletije Национални парк Проклетије

Vaste étendue sauvage formant la frontière avec l'Albanie et le Kosovo, le massif des Prokletije est protégé sur une zone de 160 km² côté monténégrin, depuis la création en 2009 du cinquième parc national du pays. Deux parcs nationaux ont vu le jour côté albanais, celui de Theth (26 km²) et celui de la vallée de Valbona (80 km²). Il existe un ambitieux projet de fondation d'un parc de la Paix dans les Balkans, qui engloberait l'ensemble du massif de part et d'autre des frontières.

Quel paradoxe lorsqu'on sait que les noms slave et albanais du massif signifient "maudit", en référence à l'environnement très rude de ces sommets déchiquetés – le plus haut d'entre eux, le Jezerski Vrh (2 694 m), se dresse côté albanais, le Monténégro revendiquant pour sa part 2 534 m avec le pic Kolac. Cette région d'une majestueuse beauté compte parmi les coins les moins explorés d'Europe.

De Gusinje et de Plav, plusieurs itinéraires de randonnée sont indiqués par des panneaux jaunes, signalant la distance et le temps de marche estimé. On monte en quelques heures jusqu'à des lacs glaciaires et des sources de montagne. La carte *Prokletije Hiking & Biking*, en vente à l'office du tourisme de Plav, se révèle une ressource précieuse pour découvrir le coin à pied ou à vélo.

Pour une expédition en haute montagne, mieux vaut s'adresser à une agence spécialisée dans le tourisme d'aventure, qui vous aidera à trouver des guides, à réserver les refuges et à remplir les formalités administratives pour franchir, le cas échéant, la frontière avec l'Albanie.

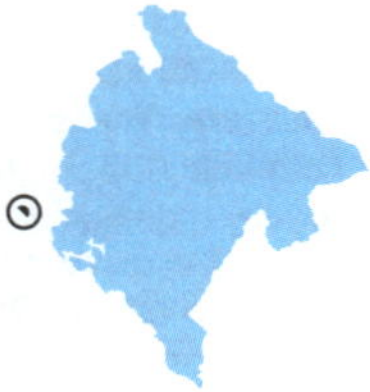

Dubrovnik (Croatie)

30 000 HABITANTS

Dans ce chapitre ➡

Le top des restaurants

- ➡ Oyster & Sushi Bar Bota Šare (p. 134)
- ➡ Lucin Kantun (p. 134)
- ➡ Sugar & Spice (p. 134)
- ➡ Oliva Gourmet (p. 134)
- ➡ 360° by Jeffrey Vella (p. 135)

Le top des hébergements

- ➡ Karmen Apartments (p. 131)
- ➡ Hotel Bellevue (p. 131)
- ➡ Fresh Sheets (p. 131)
- ➡ Villa Klaić (p. 131)
- ➡ Begović Boarding House (p. 131)

Pourquoi y aller

Pourquoi inclure une ville croate dans un guide sur le Monténégro ? D'abord pour une raison pratique : de nombreux voyageurs arrivent à l'aéroport de Dubrovnik, qui ne se trouve qu'à 17 km de la frontière. Mais surtout parce qu'il semble inconcevable d'être aussi proche de l'une des plus belles villes du bassin méditerranéen, si ce n'est du monde, sans la visiter. Sa proximité avec les bouches de Kotor rend l'excursion presque obligatoire, ne serait-ce que pour une journée.

Dubrovnik est tout simplement unique. Sa beauté envoûtante et son cadre sublime laissent sans voix. Que l'on s'y rende pour la première ou la centième fois, l'émerveillement que l'on ressent quand on pose les yeux sur la remarquable vieille ville, encerclée d'imposants murs défensifs, ne s'estompe jamais. D'ailleurs, il est difficile d'imaginer que l'on puisse se lasser de ses rues en marbre, de ses édifices baroques et de l'infini miroitement de l'Adriatique.

Quand partir

- ➡ La Saint-Blaise est célébrée en février par des spectacles et des processions, et un carnaval précède le carême.
- ➡ Le prestigieux Festival d'été en juillet et août permet d'assouvir son appétit culturel.
- ➡ En octobre, la mer reste encore assez chaude pour la baignade le long de la côte.

Histoire

Après la destruction par les Slaves de la cité romaine d'Epidaurum (aujourd'hui Cavtat) au VIIe siècle, les survivants se réfugièrent dans le seul endroit sûr qu'ils trouvèrent – un îlot rocheux séparé du continent par un étroit chenal. À la fin du XIIe siècle, la ville qu'ils avaient fondée, Raguse (future Dubrovnik), était devenue un important centre marchand sur le littoral. Elle passa sous domination vénitienne en 1205, dont elle se libéra en 1358. Grâce à ses dons de diplomatie, la république de Raguse conserva de bonnes relations avec tous ses voisins – même avec l'Empire ottoman, auquel elle commença à payer un tribut au XVIe siècle.

Des siècles de paix et de prospérité permirent à l'art, aux sciences et à la littérature de s'épanouir, mais la plupart des trésors artistiques et architecturaux de la Renaissance furent détruits par le tremblement de terre de 1667, qui tua 5 000 personnes et laissa la cité en ruine. Ce séisme marqua également le début du déclin économique de la république. Le coup de grâce fut asséné par Napoléon en 1808.

Prise dans la tourmente de la guerre qui ravagea l'ancienne Yougoslavie, Dubrovnik fut bombardée par quelque 2 000 obus en 1991 et 1992, qui causèrent des dégâts considérables. Tous les édifices endommagés ont depuis été restaurés.

À voir

Vieille ville

Porte Pile PORTE DE LA VILLE

(carte p.132). Point de départ habituel des visites de Dubrovnik, cette superbe porte de la ville fut construite en 1537. Remarquez la **statue de saint Blaise**, le saint patron de la ville, placée dans une niche au-dessus de l'arche Renaissance. En franchissant la porte intérieure (1460), on découvre la magnifique promenade piétonne de Dubrovnik, la **Placa**, communément appelée le Stradun.

Remparts et forts FORTIFICATIONS

(Gradske Zidine ; carte p.132 ; tarif plein/réduit 70/30 Kn ; 9h-18h30 avr-oct, 10h-15h nov-mars). La visite serait incomplète sans une promenade autour des remparts de la ville, édifiés entre le XIIIe et le XVIe siècle. Longue de 2 km et haute de 25 m à son point culminant, cette barrière de pierre, la plus belle au monde dans son genre, encercle totalement la vieille ville. L'entrée principale se trouve à la porte Pile, mais on peut aussi entrer par la **porte Ploče**. La promenade s'effectue uniquement dans le sens des aiguilles d'une montre.

War Photo Limited GALERIE

(carte p.132 ; 326 166 ; www.warphotoltd.com ; Antuninska 6 ; 30 Kn ; 9h-21h juin-sept, 9h-15h mar-sam et 9h-13h dim mai et oct). Cette excellente galerie de photos offre une expérience émouvante à travers des expositions préparées par le photojournaliste Wade Goddard, qui a travaillé dans les Balkans dans les années 1990. Le propos de la galerie est "de dévoiler le mythe de la guerre [...] en se concentrant sur les injustices qu'elle inflige aux innocents comme aux combattants". Au dernier étage, une exposition permanente est consacrée à la guerre en Yougoslavie.

Monastère franciscain et musée MONASTÈRE

(Muzej Franjevačkog Samostana ; carte p.132 ; Placa 2 ; tarif plein/réduit 30/15 Kn ; 9h-18h). Au-dessus de l'entrée du monastère, une remarquable *pietà* a été sculptée en 1498. L'intérieur renferme un cloître datant du milieu du XIVe siècle (l'un des plus beaux témoignages du style roman tardif en Dalmatie) et la troisième plus ancienne pharmacie d'Europe toujours en activité (depuis 1391). Le petit musée du monastère possède une collection de reliques, d'objets liturgiques et d'équipements pharmaceutiques.

Monastère dominicain et musée MONASTÈRE

(Muzej Dominikanskog Samostana ; carte p.132 ; près d'Ulica Svetog Dominika 4 ; tarif plein/réduit 20/10 Kn ; 9h-18h mai-oct, jusqu'à 17h nov-avr). Cet imposant joyau architectural mêle les influences gothique et Renaissance. Construit au XIVe siècle, à la même époque que les remparts, son extérieur austère ressemble plus à une forteresse qu'à un édifice religieux. L'intérieur renferme un cloître gracieux du XVe siècle, une grande église et l'impressionnante collection d'art du monastère.

Palais du Recteur PALAIS

(carte p.132 ; Pred Dvorom 3 ; tarif plein/réduit 35/15 Kn, audioguide 30 Kn ; 9h-18h mai-oct, jusqu'à 16h nov-avr). Ce palais mêlant style gothique et Renaissance orné de remarquables sculptures fut édifié à la fin du XVe siècle. Construit pour le recteur qui

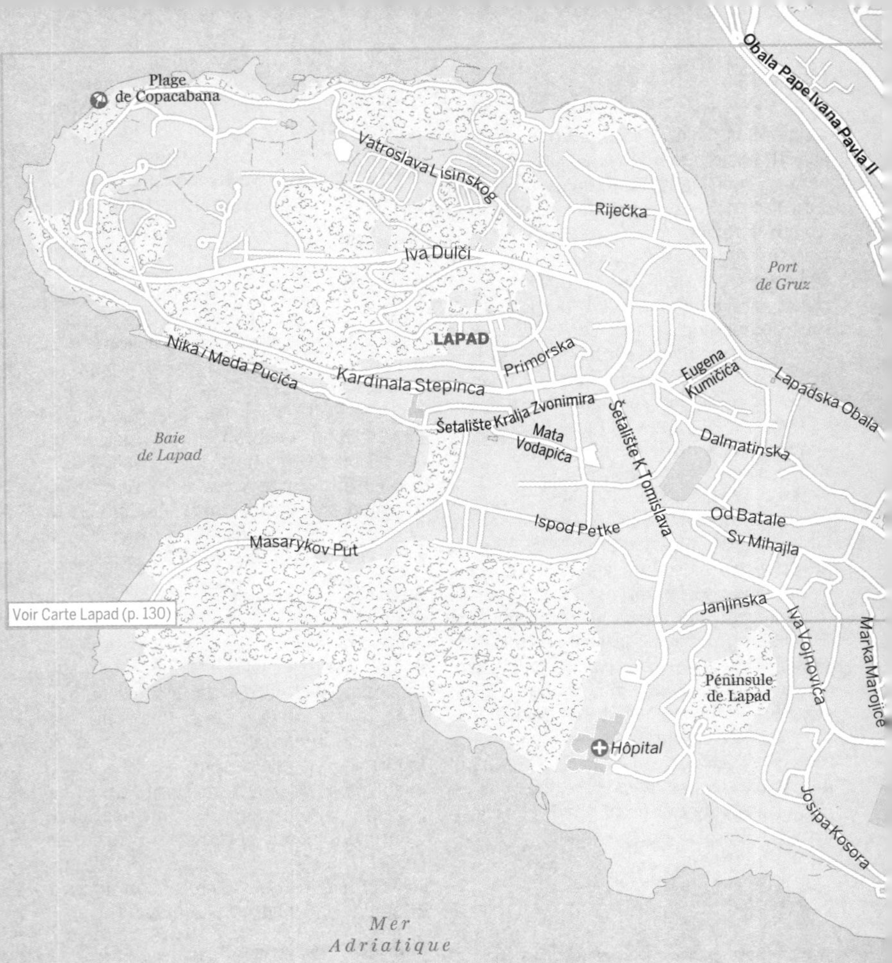

À ne pas manquer

1 S'adonner à la plus charmante et touristique des activités : contempler Dubrovnik depuis ses **remparts** (p. 125)

2 Visiter l'excellente galerie **War Photo Limited** (p. 125) et se faire une idée de l'histoire récente des Balkans

3 Profiter d'un coucher de soleil dans un des bars **Buža** (p. 135)

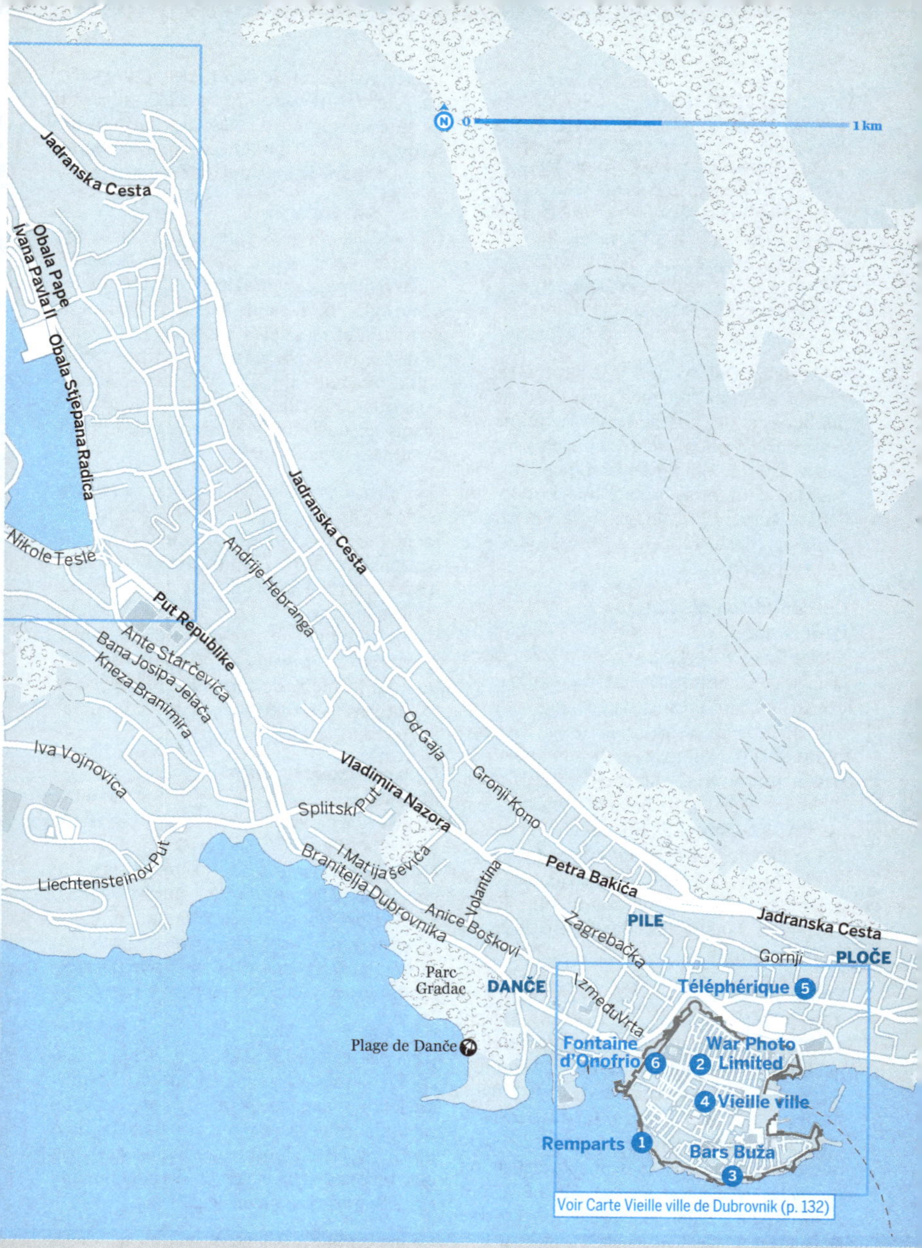

4 Découvrir les rues en marbre de la **vieille ville** (p. 125), tôt le matin ou tard le soir, avant ou après le passage des vacanciers des bateaux de croisière

5 Prendre le **téléphérique** (p. 129) rénové jusqu'au mont Srđ pour une vue sans égale et une intéressante exposition sur le bombardement de Dubrovnik

6 Se désaltérer comme il se doit, à la **fontaine d'Onofrio** (p. 128)

INDICATIFS TÉLÉPHONIQUES CROATES

Pour appeler les numéros indiqués dans ce chapitre depuis la Croatie, il faut ajouter l'indicatif régional 020. En dehors de la Croatie, composez le code d'accès international (le 00 depuis la France, le Monténégro et la plupart des pays) puis 385-20, et enfin le numéro.

gouvernait Dubrovnik, il comprend son bureau, ses appartements privés, des salles publiques et des bureaux pour l'administration. Curieusement, le recteur, élu, n'avait pas le droit de quitter l'édifice pendant son mandat d'un mois sans l'autorisation du Sénat. Aujourd'hui, le palais a été transformé en musée rappelant le passé glorieux de la république.

Cathédrale de l'Assomption-de-la-Vierge CATHÉDRALE
(Stolna Crkva Velike Gospe ; carte p. 132 ; Poljana M Držića ; messe matin et fin d'après-midi). Construite sur le site d'une basilique du VIIe siècle, cette cathédrale de style baroque (1713) se distingue par ses beaux autels. Le **trésor** (carte p. 132 ; Riznica ; tarif plein/réduit 10/5 Kn ; 8h-17h30 lun-sam, 11h-17h30 dim mai-oct, 10h-12h et 15h-17h nov-avr) contient 138 reliquaires en or et en argent fabriqués par les orfèvres de Dubrovnik. L'éblouissant polyptyque de l'Assomption de la Vierge fut réalisé dans l'atelier de Titien, le grand peintre vénitien.

Palais Sponza PALAIS
(carte p. 132 ; Stradun). Ce palais du XVIe siècle abrita d'abord les douanes, puis un hôtel de la Monnaie, le trésor de l'État et une banque. Aujourd'hui, il accueille les **Archives nationales** (Državni Arhiv u Dubrovniku ; carte p. 132 ; 20 Kn ; 8h-15h lun-ven, jusqu'à 13h sam) qui renferment une inestimable collection de manuscrits vieux de près de 1 000 ans. À l'intérieur également, le **mémorial des défenseurs de Dubrovnik** (carte p. 132 ; 10h-22h lun-ven, 8h-13h sam) est une émouvante collection de portraits de jeunes gens morts entre 1991 et 1995.

Église Saint-Ignace ÉGLISE
(Crkva Svetog Ignacija ; carte p. 132 ; Uz Jezuite ; messe soir). Construite dans le même style que la cathédrale, Saint-Ignace (1725) est ornée de fresques dépeignant la vie de saint Ignace, fondateur de l'ordre des jésuites. Le **collège des jésuites** (carte p. 132) adjacent est situé au sommet d'un escalier qui descend jusqu'à la place Gundulićeva Poljana, où se tient un **marché matinal** animé.

Église Saint-Blaise ÉGLISE
(Crkva Svetog Vlaha ; carte p. 132 ; Luža Sq ; messe matin et fin d'après-midi lun-sam). L'extérieur richement décoré de cette imposante église baroque de 1715 tranche avec la sobriété des demeures alentour. L'intérieur se distingue par ses autels en marbre et une statue argentée du XVe siècle représentant le patron de la ville, saint Blaise, tenant une maquette de Dubrovnik (telle qu'elle était avant le séisme de 1667).

Fontaine d'Onofrio FONTAINE
(carte p. 132). Au nombre des célèbres monuments de Dubrovnik, la fontaine d'Onofrio, construite en 1438, faisait partie d'un réseau d'approvisionnement en eau dont l'origine était située à 12 km de la ville. Initialement, la fontaine était ornée de sculptures, mais elle fut gravement endommagée lors du tremblement de terre de 1667 et seuls 16 mascarons sculptés crachant de l'eau ont été conservés.

Église orthodoxe serbe et musée ÉGLISE, MUSÉE
(Muzej Pravoslavne Crkve ; carte p. 132 ; Od Puča 8 ; tarif plein/réduit 10/5 Kn ; 9h-14h lun-sam). Cette église de 1877 abrite une fascinante collection d'icônes du XVe au XIXe siècle. À ces représentations de la famille biblique provenant de Crète, d'Italie, de Russie et de Slovénie, s'ajoutent plusieurs portraits du célèbre peintre croate Vlaho Bukovac.

Synagogue SYNAGOGUE
(Sinagoga ; carte p. 132 ; Žudioska 5 ; 20 Kn ; 10h-20h lun-ven mai-oct, jusqu'à 15h nov-avr). La plus ancienne synagogue sépharade et deuxième plus ancienne synagogue des Balkans date du XVe siècle. À l'intérieur, un musée dévoile des reliques religieuses et des documents sur la population juive locale.

Église du Saint-Sauveur ÉGLISE
(Crkva Svetog Spasa ; carte p. 132 ; Placa). Érigée entre 1520 et 1528, cette église fut l'un des rares édifices à survivre au séisme de 1667. Elle ouvre occasionnellement pour des expositions et des concerts aux chandelles.

Musée ethnographique Rupe MUSÉE
(Etnografski Muzej Rupe ; carte p. 132 ; Od Rupa ; tarif plein/réduit 40/20 Kn ; 9h-16h dim-ven).

Aménagé dans un grenier à blé (*rupe* signifie "silo à grain") du XVIe siècle, ce musée présente des objets illustrant les activités pastorales d'antan et les coutumes locales.

Colonne d'Orlando MONUMENT
(carte p. 132 ; Luža Sq). Lieu de rendez-vous populaire où l'on annonçait les édits, les festivités et les sentences publiques. Sculpté en 1417, l'avant-bras de ce chevalier médiéval fut la mesure officielle de la république (51,1 cm).

Musée maritime MUSÉE
(carte p. 132 ; tarif plein/réduit 40/20 Kn ; 9h-18h mai-sept, jusqu'à 16h oct-avr). À l'intérieur du fort Saint-Jean, ce musée retrace l'histoire de l'activité maritime à Dubrovnik, à l'aide de maquettes de navires, d'instruments de navigation et de peintures.

MONNAIE LOCALE

La monnaie croate est la kuna (abréviation locale : Kn ; HRK selon la norme ISO 4217), qui se décline notamment en coupures de 500, 200, 100, 50, 20, 10 et 5 Kn. La kuna se subdivise en 100 lipas, sous forme de pièces argentées de 50 et 20 lipas, et de pièces de 10 lipas de couleur bronze. La monnaie croate est liée par un taux fixe à l'euro, d'où un taux de change relativement constant d'une année sur l'autre. L'État surévalue néanmoins la kuna en été, afin d'amasser des devises fortes. Le taux de change est donc plus avantageux de la mi-septembre à la mi-juin. Au moment de notre recherche, le taux était de 7,6 Kn pour 1 €.

Est de la vieille ville

Téléphérique POINT DE VUE
(carte p. 132 ; www.dubrovnikcablecar.com ; Petra Krešimira IV ; tarif plein/réduit 87/50 Kn ; 9h-22h mar-dim mai-oct, horaires réduits le reste de l'année). Le téléphérique vous conduit du nord des remparts au sommet du mont Srđ en moins de 4 minutes. À l'arrivée, à 405 m de hauteur, la vue sur la ville et les îles est sublime.

Musée de la Guerre patriotique MUSÉE
(www.tzdubrovnik.hr ; admission 20 Kn ; 8h-18h avr-oct, 9h-16h nov-mars). Consacré à la "guerre patriotique" – comme est appelée en Croatie la guerre des années 1990 –, ce musée est installé dans un fort napoléonien, juste au-dessus de l'arrivée du téléphérique. Il présente les dommages infligés à la ville, ainsi que des vidéos du bombardement.

Musée d'Art moderne MUSÉE
(Frana Supila 23 ; 10h-19h mar-dim). GRATUIT Expose des artistes croates contemporains, notamment le peintre local Vlaho Bukovac.

Activités

Baignade

Située à environ 600 m à l'est de la porte Ploče, la **plage de Banje** est la plus populaire de la ville. Juste au sud-est, **Sveti Jakov**, une plage fréquentée par les habitants, n'est pas trop bondée et dispose de douches, d'un bar et d'un restaurant. Les bus n°5 et 8 vous y conduisent.

Dans la vieille ville, vous pouvez vous baigner en contrebas des deux bars Buža, à l'extérieur des remparts. Des marches permettent d'entrer dans l'eau, et un espace bétonné entre les rochers permet de profiter du soleil.

Du côté ouest de la ville, **Šulići** est une plage de galets, et **Danče**, une plage rocheuse. La plage la plus agréable, accessible à pied depuis la vieille ville, se trouve en contrebas de l'Hotel Bellevue, il s'agit d'une crique abritée, adossée à de hautes falaises (qui ombragent ses galets en fin d'après-midi).

Plongée et kayak

Navis Underwater Explorers (carte p. 130 ; 099 35 02 773 ; www.navisdubrovnik.com ; plage de Copacabana) et **Blue Planet Diving** (carte p. 130 ; 091 89 90 973 ; www.blueplanet-diving.com ; Masarykov Put 20, Hotel Dubrovnik Palace) proposent des plongées (notamment sur l'épave du *Taranto*) et des leçons.

Contactez **Adriatic Kayak Tours** (carte p. 132 ; 091 72 20 413 ; www.adriatickayaktours.com ; Zrinsko Frankopanska 6) pour des excursions en kayak (d'une demi-journée à une semaine).

Où se loger

Dubrovnik est la ville la plus chère de Croatie. Les tarifs y sont donc bien supérieurs à ceux que l'on rencontre au Monténégro. De nombreux hôtels de catégorie moyenne sont installés à Lapad, un quartier situé à 4 km à l'ouest du centre, que les bus relient régulièrement à la vieille ville. Réservez bien à l'avance, surtout en été.

Lapad

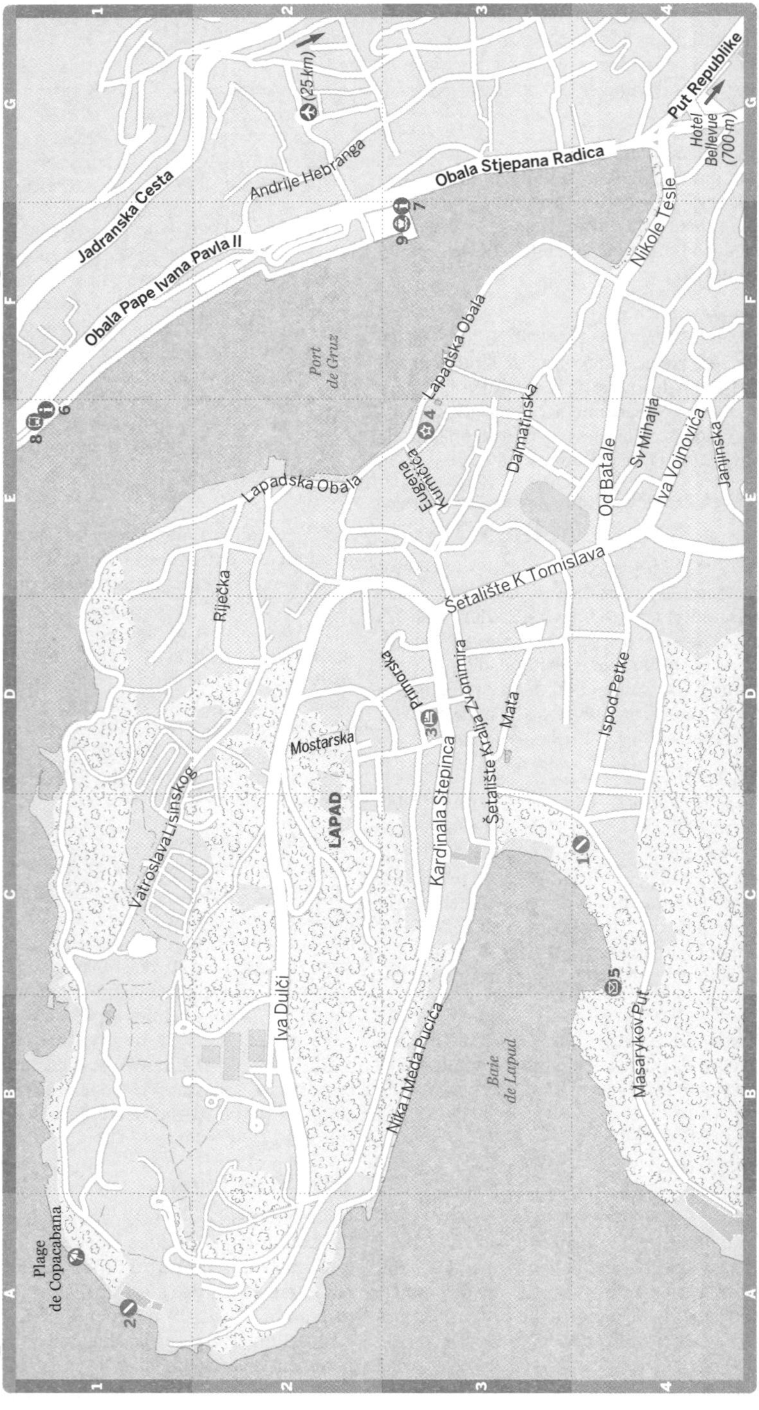

400 m
Jadranska Cesta
Obala Pape Ivana Pavla II
Andrije Hebranga
(25 km)
Obala Stjepana Radica
Put Republike
Hotel Bellevue (700 m)
Port de Gruz
Lapadska Obala
Eugena Kumičića
Dalmatinska
Nikole Tesle
Od Batale
Sv Mihajla
Iva Vojnovića
Janjinska
Šetalište K Tomislava
Riječka
Primorska
Mostarska
Šetalište Kralja Zvonimira
Mata
Ispod Petke
Kardinala Stepinca
LAPAD
Vatroslava Lisinskog
Iva Dulči
Nika i Meda Pucića
Baie de Lapad
Masarykov Put
Plage de Copacabana

Lapad

Activités

1 Blue Planet Diving ... C4
2 Navis Underwater Explorers ... A1

Où se loger

3 Begović Boarding House ... D3

Où sortir

4 Cinéma en plein air (Lapad) ... E3

Renseignements

5 Bureau de poste et centre téléphonique ... C4
6 Office du tourisme (gare routière) ... E1
7 Office du tourisme (port de Gruž) ... F3

Transports

8 Gare routière de Dubrovnik ... E1
9 Terminal des ferries de Jadrolinija ... F3

Les hébergements chez l'habitant sont une bonne solution, mais méfiez-vous des propriétaires qui attendent à la gare routière et au terminal des ferries. Essayez de repérer l'emplacement à l'avance si vous souhaitez pouvoir rejoindre la vieille ville à pied. Attention, séjourner dans un établissement sans licence vous laisse sans protection en cas de problème ; tous les hôtels enregistrés arborent un panneau bleu indiquant *sobe* (chambres disponibles). En haute saison, comptez à partir de 300 Kn pour une chambre double et 500 Kn pour un appartement.

Fresh Sheets AUBERGE DE JEUNESSE €

(carte p. 132 ; ☎091 79 92 086 ; www.igotfresh.com ; Sv Šimuna 15 ; dort/d 210/554 Kn ; @ wi-fi). Auberge typique de routards, à l'ambiance festive, chaleureuse et accueillante. Elle occupe un emplacement paisible, proche des remparts et du bar Buža. Au rez-de-chaussée, un espace commun permet de faire des rencontres en buvant une bière fraîche. L'étage comporte deux dortoirs propres et simples de 8 lits, avec casiers et ventilateurs, un dortoir de 4 lits et une double confortable avec vue sur la mer.

Begović Boarding House CHAMBRES CHEZ L'HABITANT €

(carte ci-contre ; ☎435 191 ; www.begovic-boarding-house.com ; Primorska 17 ; dort/ch/app 150/320/385 Kn ; P @). Une montée abrupte depuis Lapad conduit à cet établissement familial accueillant et apprécié, où les hôtes anglophones s'assurent du bien-être de leurs clients. Les chambres, petites mais propres, sont lambrissées, et certaines donnent sur un magnifique jardin à la vue époustouflante.

Apartments & Rooms Biličić CHAMBRES ET APPARTEMENTS €

(carte p. 132 ; ☎417 152 ; www.dubrovnik-online.com/apartments_bilicic ; Privežna 2 ; ch/app 450/870 Kn ; ❄). Établissement charmant, accessible à pied depuis la vieille ville (par quelques marches abruptes). Ses chambres lumineuses, propres et agréables sont confortables et équipées de TV (mais sans sdb privée). L'endroit dispose d'un superbe jardin subtropical et d'une cuisine.

Karmen Apartments APPARTEMENTS €€

(carte p. 132 ; ☎098 619 282, 323 433 ; www.karmendu.com ; Bandureva 1 ; app 450-1200 Kn ; ❄ wi-fi). Tenus par un Anglais installé à Dubrovnik depuis des décennies, ces 4 appartements plaisants jouissent d'un excellent emplacement, à deux pas du port de Ploče. Ils sont tous décorés différemment, avec des œuvres d'art, des touches de couleur, un mobilier recherché et des livres. Petit balcon dans l'appartement n°2 et magnifique vue sur le port dans le n°1.

Villa Klaić CHAMBRES CHEZ L'HABITANT €€

(☎411 144 ; Šumetska 11 ; s/d 288/492 Kn ; P ❄ @ piscine). En matière de service, les hôtels 5 étoiles peuvent s'inspirer de Milo Klaić, le propriétaire expérimenté et accueillant qui se démène pour assurer le bien-être de ses clients. Transferts gratuits et piscine extérieure privée. L'établissement se trouve près de la principale route côtière, au-dessus de la ville, mais des tickets de bus sont offerts.

Apartments Amoret APPARTEMENTS €€

(carte p. 132 ; ☎091 53 04 910 ; www.dubrovnik-amoret.com ; Dinke Ranjine 5 ; app 755-1423 Kn ; ❄ wi-fi). Onze studios rénovés et de qualité sont répartis dans trois bâtiments historiques au cœur de la vieille ville. Décor élégant, mobilier de bon goût, touche artistique, parquet et kitchenette. L'appartement Amoret 1 dispose d'une agréable terrasse.

Hotel Bellevue HÔTEL €€€

(☎330 000 ; www.hotel-bellevue.hr ; Petra Čingrije 7 ; d à partir de 1900 Kn ; P ❄ @ wi-fi piscine). La devanture en verre teinté un peu vieillotte cache un hôtel très élégant, installé au-dessus d'escarpements rocheux dominant l'Adriatique. Toutes les chambres

Vieille ville de Dubrovnik

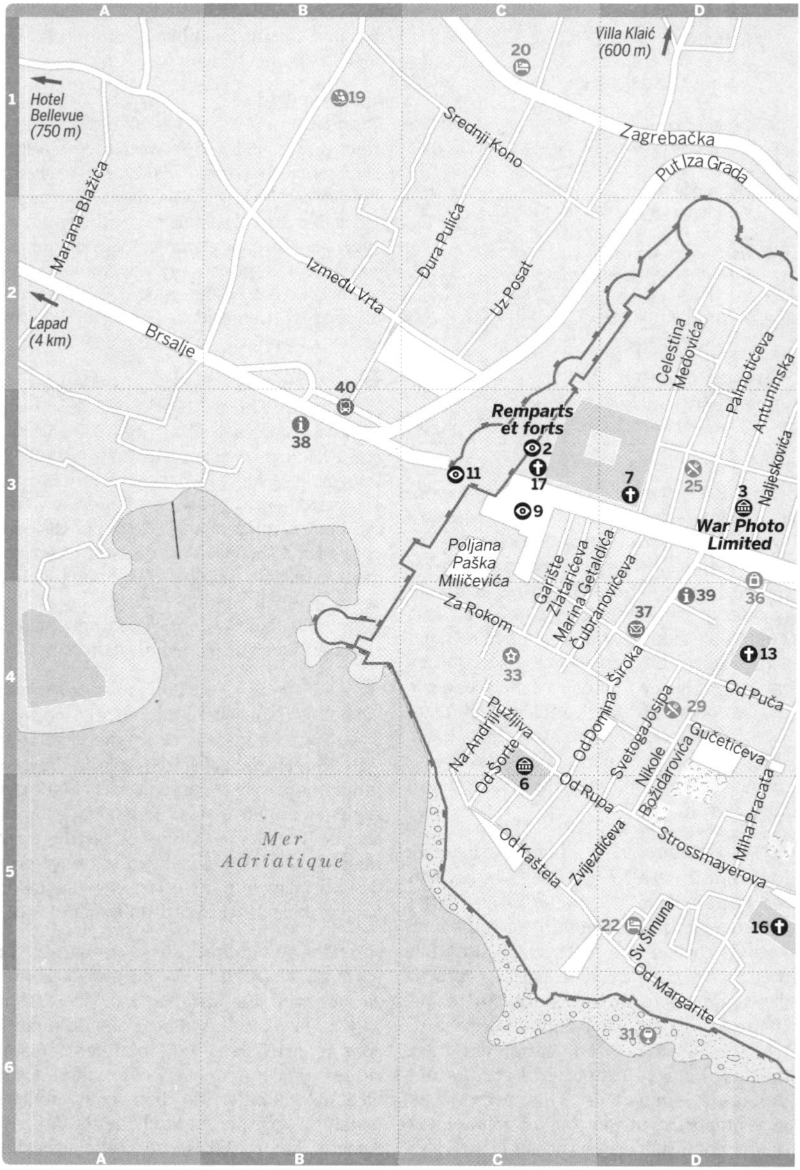

disposent d'un balcon avec une superbe vue. La décoration est moderne et les équipements sont excellents. Mais surtout, une magnifique crique se trouve en contrebas. L'établissement est situé à 15 minutes à pied à l'ouest de la porte Pile.

Hotel Excelsior HÔTEL €€€
(☎353 353 ; www.hotel-excelsior.hr ; Frana Supila 12 ; s/d à partir de 1 640/1 960 Kn ; P❄@🛜🏊). À quelques pas de la vieille ville, la meilleure adresse de Dubrovnik répond à tous les standards du luxe

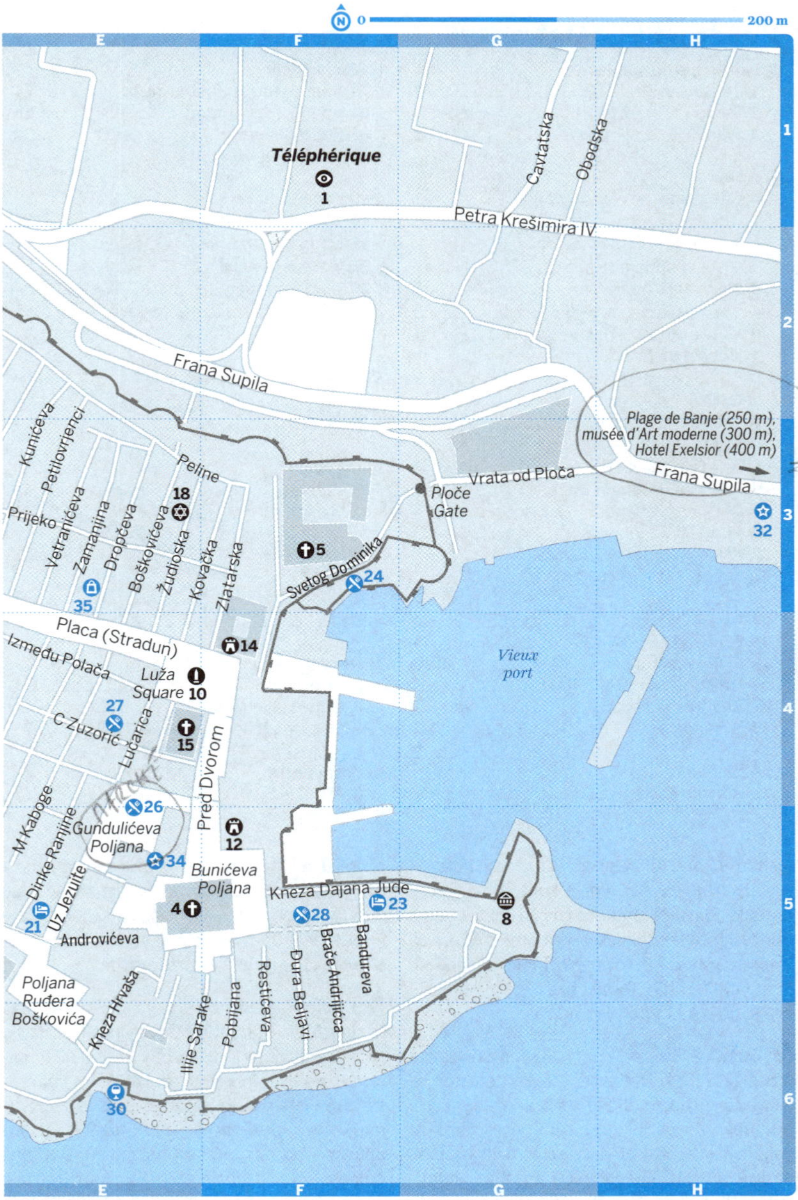

contemporain. Fréquenté par les familles royales et les stars hollywoodiennes, l'hôtel respire l'opulence. Les chambres sont tout simplement magnifiques et beaucoup disposent d'une superbe vue sur la ville fortifiée.

Où se restaurer

Sélectionnez avec soin les restaurants de la vieille ville. Les tarifs y sont bien plus élevés qu'au Monténégro (ils sont même les plus hauts de Croatie) et de nombreux établissements partent du principe que les

Vieille ville de Dubrovnik

Les incontournables
1 Téléphérique ... F1
2 Remparts et forts ... C3
3 War Photo Limited ... D3

À voir
4 Cathédrale de l'Assomption-de-la-Vierge ... E5
Trésor de la cathédrale de l'Assomption-de-la-Vierge ... (voir 4)
5 Monastère dominicain et musée ... F3
6 Musée ethnographique Rupe ... C4
7 Monastère franciscain et musée ... D3
Collège jésuite ... (voir 16)
8 Musée maritime ... G5
Mémorial des défenseurs de Dubrovnik ... (voir 14)
9 Fontaine d'Onofrio ... C3
10 Colonne d'Orlando ... E4
11 Porte Pile ... C3
12 Palais du Recteur ... F5
13 Église orthodoxe serbe et musée ... D4
14 Palais Sponza ... F4
15 Église Saint-Blaise ... E4
16 Église Saint-Ignace ... D5
17 Église du Saint-Sauveur ... C3
Archives nationales ... (voir 14)
18 Synagogue ... E3

Activités
19 Adriatic Kayak Tours ... B1

Où se loger
20 Apartments & Rooms Biličić ... C1
21 Apartments Amoret ... E5
22 Fresh Sheets ... D5
23 Karmen Apartments ... F5

Où se restaurer
24 360° by Jeffrey Vella ... F3
25 Lucin Kantun ... D3
26 Marché matinal ... E5
27 Oliva Gourmet ... E4
28 Oyster & Sushi Bar Bota Šare ... F5
29 Sugar & Spice ... D4

Où prendre un verre
30 Buža ... E6
31 Buža II ... D6

Où sortir
32 Lazareti ... H3
33 Cinéma en plein air (vieille ville) ... C4
34 Troubadur ... E5

Achats
35 Lega-Lega ... E3
36 Uje ... D3

Renseignements
37 Poste centrale ... D4
38 Office du tourisme ... B3
39 Office du tourisme (vieille ville) ... D4

Transports
40 Arrêt de bus ... B3

visiteurs sont de passage et ne reviendront pas. Les tables médiocres sont concentrées dans la Placa et dans la rue Prijeko, tandis que les petites rues réservent plus d'adresses intéressantes. La rue principale de Lapad, Šetalište Kralja Tomislava, est pleine de cafés, de bars et de restaurants.

Sugar & Spice CAFÉ, BOULANGERIE €
(carte p. 132 ; Sv Josipa 5 ; gâteaux à partir de 8 Kn). La propriétaire de cet adorable café-boulangerie est la reine du cheesecake, du cake à la carotte et des tartes à la banane et au chocolat. Elle prépare aussi des confitures et, en été, son jus de menthe et de citron frais est idéal. Un endroit original à la décoration vintage où savourer des pâtisseries traditionnelles.

Oyster & Sushi Bar Bota Šare SUSHIS €€
(carte p. 132 ; ☎324 034 ; www.bota-sare.hr ; Od Pustijerne bb ; huîtres/sushis à partir de 12/15 Kn l'unité). Cet établissement propose des huîtres fraîches de Ston et des sushis délicieux, dans un cadre divin, avec vue sur la cathédrale depuis la terrasse. Le repas s'accompagne à merveille d'un vin blanc croate bien frais. Service chaleureux et professionnel.

Lucin Kantun CROATE €€
(carte p. 132 ; ☎321 003 ; Od Sigurate bb ; plats à partir de 80 Kn). Cet établissement d'apparence modeste possède un cadre au charme suranné et quelques tables sur le trottoir, mais les apparences sont parfois trompeuses – sa cuisine compte parmi les plus créatives de Dubrovnik. La courte carte de petites assiettes n'offre que d'excellents plats fraîchement cuisinés dans une cuisine ouverte ; il y a donc un peu d'attente en cas d'affluence.

Oliva Gourmet MÉDITERRANÉEN €€
(carte p. 132 ; ☎324 076 ; www.pizza-oliva.com ; Cvijete Zuzorić 2 ; plats à partir de 100 Kn). Charmant petit établissement avec joli intérieur

CIRCULER ENTRE LA CROATIE ET LE MONTÉNÉGRO

Depuis/vers l'aéroport de Dubrovnik

Aucun liaison par bus n'existe entre l'aéroport de Dubrovnik et le Monténégro, mais il est possible de prévoir un transfert via une agence de voyages ou un hébergement de Herceg Novi pour 40 € environ.

Bus

Chaque jour, deux bus au moins relient Herceg Novi (10 €) et Kotor (14 €) à la gare routière de Dubrovnik. La durée du trajet dépend de l'attente à la frontière ; comptez 2 heures depuis/vers Herceg Novi.

Voiture

Seuls 47 km séparent la vieille ville de Herceg Novi et celle de Dubrovnik, mais l'attente à la frontière peut être très longue, en particulier du côté croate ; prévoyez 1 heure pour le passage de la frontière en haute saison. Lorsque la Croatie aura adhéré à l'UE, ce qui sera le cas lorsque vous lirez ces lignes, cela pourrait prendre encore plus de temps. Un autre poste-frontière, plus petit et moins connu, se trouve à la pointe de la péninsule de Preklava. Il serait réservé aux habitants, mais nous n'avons jamais eu de problème pour l'emprunter.

et terrasse dans une ruelle de la vieille ville. Des pièces vintage ornent les murs de pierre traditionnels, et le mobilier est coloré et moderne. La cuisine est bonne et privilégie la simplicité et les mets locaux. L'Oliva Pizzeria, à côté, est aussi excellent.

♥ 360° by Jeffrey Vella MÉDITERRANÉEN €€€
(carte p. 132 ; ☎322 222 ; www.360dubrovnik.com/ ; Ulica Svetog Dominika bb ; plats à partir de 170 Kn). Repris par le chef maltais Jeffrey Vella, l'établissement propose de la grande gastronomie : les petites portions raffinées et savoureuses (et onéreuses) de mets inventifs sont présentées tels des joyaux. Le cadre, au sommet des murs de la ville, est imbattable, et les tables sont disposées de façon à ce que l'on puisse regarder le port à travers les remparts.

Où prendre un verre

♥ Buža BAR
(carte p. 132 ; Ilije Sarake). Trouver ce bar isolé sur une falaise relève de l'exploit puisqu'il faut faire le tour des remparts pour en découvrir le tunnel d'entrée. L'établissement s'ouvre sur la mer dans un cadre splendide, avec de la musique agréable (soul, funk) et une clientèle détendue venue profiter de l'ambiance, de la vue et du soleil.

Buža II BAR
(carte p. 132 ; Crijevićeva 9). Légèrement plus luxueux que l'original, ce bar est situé plus bas sur la falaise et dispose d'une terrasse ombragée où l'on peut passer la journée à grignoter des chips, des cacahuètes, ou un sandwich, hypnotisé par le panorama.

Où sortir

♥ Lazareti ARTS DU SPECTACLE
(carte p. 132 ; ☎324 633 ; www.lazareti.com ; Frana Supila 8). Ce centre culturel de très bonne tenue organise des soirées cinéma ou discothèque, des concerts et quasi tous les événements intéressants de la ville.

Cinéma en plein air (Lapad) CINÉMA
(carte p. 130 ; Kumičića, Lapad). En juillet et août, des films sont projetés chaque soir, après le coucher du soleil. Une autre adresse se trouve dans la **vieille ville** (carte p. 132 ; Za Rokom).

Troubadur CONCERTS
(carte p. 132 ; ☎412 154 ; Bunićeva Poljana 2). Plutôt quelconque de jour, ce bar de quartier s'anime les soirs d'été, lors des concerts de jazz, souvent (pas toujours) donnés par Marko, le propriétaire, et son groupe.

Achats

La Placa est bordée principalement de boutiques de souvenirs kitsch ; les rues latérales en abritent de plus plaisantes. Sur le **marché matinal** (carte p. 132 ; Gundulićeva Poljana ; ⌚7h-13h), vous trouverez de l'artisanat et des produits locaux.

♥ Lega-Lega SOUVENIRS
(carte p. 132 ; www.lega-lega.com ; Dropčeva 3 ; ⌚9h-19h lun-sam). Un magasin branché où acheter des souvenirs uniques (T-shirts,

carnets, sous-verre ou badges). Lega-Lega est une coopérative croate de design originaire d'Osijek, dans le Nord.

Uje ALIMENTATION
(carte p. 132 ; www.uje.hr ; Placa 9 ; ⌚9h-21h lun-sam, 9h-15h dim). Meilleure adresse de la ville pour faire le plein de produits croates de qualité. Spécialisée dans l'huile d'olive, elle vend aussi d'excellentes confitures (celle au citron est divine), des câpres marinées et des herbes et épices locales.

Renseignements

Hôpital (☎431 777 ; Dr Roka Mišetića)

Office du tourisme (www.tzdubrovnik.hr ; ⌚8h-20h juin-sept, 8h-15h lun-ven et 9h-14h sam oct-mai). Gare routière (carte p. 130 ; ☎417 581 ; Obala Pape Ivana Pavla II 44a) ; port de Gruž (carte p. 130 ; ☎417 983 ; Obala Stjepana Radića 27) ; Lapad (carte p. 132 ; ☎437 460 ; Šetalište Kralja Zvonimira 25) ; vieille ville (carte p. 132 ; ☎323 587 ; www.tzdubrovnik.hr ; Široka 1 ; ⌚8h-20h juin-sept, 8h-15h lun-ven, 9h-14h sam oct-mai) ; vieille ville 2 (☎323 887 ; Ulica Svetog Dominika 7). Cartes, renseignements et l'indispensable guide *Dubrovnik Riviera*. Le nouveau bureau central, actuellement en construction à l'ouest de la porte Pile, devrait ouvrir bientôt.

Depuis/vers Dubrovnik

AVION

L'aéroport de Dubrovnik est desservi par plus de 20 compagnies européennes. Pour plus de détails, voir p. 171.

BATEAU

Deux fois par semaine, un ferry côtier de **Jadrolinija** (carte p. 130 ; ☎418 000 ; www.jadrolinija.hr ; port de Gruž) remonte la côte croate vers le nord et dessert Korčula, Hvar, Split, Zadar et Rijeka. Des ferries circulent entre Dubrovnik et Bari, au sud de l'Italie ; six fois par semaine en été (300-450 Kn, 9 heures) et deux fois en hiver. D'autres, locaux, conduisent aux îles à proximité.

BUS

Les bus qui partent de la **gare routière de Dubrovnik** (carte p. 130 ; ☎060 305 070 ; Obala Pape Ivana Pavla II 44a) peuvent être bondés ; réservez à l'avance en été. Vous pouvez faire garder vos bagages à la **garderoba** (consigne 1re heure 7 Kn, puis 2 Kn/heure ; ⌚4h30-22h). Parmi les destinations proposées figurent Split (Croatie, 140 Kn, 4 heures 30, 14/jour), Zadar (Croatie, 230 Kn, 8 heures, 8/jour), Zagreb (Croatie, 270 Kn, 11 heures, 9/jour), Mostar (Bosnie-Herzégovine, 130 Kn, 3 heures, 3/jour) et Sarajevo (Bosnie-Herzégovine, 230 Kn, 5 heures, 2/jour). Tous les horaires sont détaillés sur le www.libertasdubrovnik.hr.

Pour les liaisons par bus entre Dubrovnik et le Monténégro, voir p. 135.

Comment circuler

DEPUIS/VERS L'AÉROPORT

L'aéroport de Dubrovnik (www.airport-dubrovnik.hr) est situé à 24 km au sud-est de la vieille ville ; un taxi coûte environ 250 Kn. Les bus (35 Kn) relient l'aéroport à la gare routière de Dubrovnik (via la porte Pile) plusieurs fois par jour.

BUS

Les bus circulent fréquemment et même après 2h en été sur les itinéraires touristiques. Le ticket coûte 15 Kn si vous l'achetez auprès du chauffeur, et 12 Kn dans un *tisak* (kiosque). Les horaires sont disponibles sur www.libertasdubrovnik.hr. Depuis la gare routière, prenez les bus n°1a, 1b, 3 ou 8 jusqu'à la vieille ville, et le n°7 pour Lapad. Le bus n°6 conduit de la porte Pile à Lapad.

VOITURE

La vieille ville est entièrement piétonne. Les voitures dotées de plaques monténégrines sont parfois dégradées lorsqu'elles sont garées dans la rue, mieux vaut opter pour un parking surveillé. Le **parking** (Ilijina glavica ; 80 Kn/jour ; ⌚24h/24) le plus pratique pour rejoindre le centre se trouve à 10 minutes à pied de la porte Pile.

Comprendre le Monténégro

Le Monténégro aujourd'hui

Le choix du Monténégro de se séparer de la Serbie en 2006 fut courageux – surtout avec une population si peu nombreuse. Mais l'histoire a démontré que ce peuple sait faire face à l'adversité, l'identité nationale monténégrine s'étant forgée pendant des siècles par la résistance contre l'Empire ottoman, dans une enclave montagneuse plus petite encore que le pays actuel. Déterminé à s'accrocher à cette indépendance retrouvée, le Monténégro frappe aujourd'hui à la porte de l'Union européenne.

À voir

L'Homme qui voulait vivre sa vie (2010) Dans l'adaptation du roman de Douglas Kennedy par Éric Lartigau, Romain Duris refait sa vie comme photographe dans les superbes paysages du Monténégro.

La Bataille de la Neretva (1969) Avec un superbe casting réunissant Yul Brynner et Orson Welles, ce film a été nommé aux Oscars. Il se passe de l'autre côté de la frontière, en Bosnie, où il a aussi été tourné, mais le réalisateur, Veljko Bulajić, est né dans ce qui est désormais le Monténégro.

À lire

Sin (le fils) (Andrej Nikolaidis ; 2011) L'histoire de ce roman qui a remporté le Prix de littérature de l'Union européenne se déroule à Ulcinj en une seule nuit.

Le Cirque de famille (Danilo Kiš ; 1965-1972) Trilogie autobiographique de l'auteur de père hongrois et de mère monténégrine.

Agneau noir et faucon gris (Rebecca West ; 1941) Un classique de la littérature de voyage.

Pasquala Ivanovitch et autres pages monténégrines (Pierre Loti) Le grand voyageur a consacré plusieurs récits au Monténégro, à l'époque de son indépendance (après la Guerre russo-turque de 1877-1878).

Un gouvernement indéboulonnable

La coalition sortante “Pour un Monténégro européen”, regroupant l'Union démocratique des socialistes (DPS) et le Parti social-démocrate (SDP), a remporté les élections législatives de 2012. L'alliance avec les petits partis représentant les minorités a permis à Milo Djukanovic, charismatique chef du DPS, de constituer une majorité et de revenir au poste de Premier ministre en décembre 2012.

Propulsé à la tête de la petite république fédérée en février 1991, à l'âge de 29 ans, Djukanovic a donc entamé son cinquième mandat de Premier ministre (il a aussi été président de la République entre 1998 et 2002). “L'État de droit est un objectif-clé de mon gouvernement”, déclare aujourd'hui celui qui est soupçonné de nombreuses activités illicites par l'Italie et dont la fortune reste suspecte pour certains.

Le DPS doit sa popularité constante à cet artisan de l'indépendance du Monténégro (qui était jusqu'en 1995 un fervent partisan de la politique nationaliste de la fédération serbe dont le Monténégro était membre). Plusieurs des principaux partis d'opposition, notamment les partis proserbes, étaient farouchement opposés à une séparation de la Serbie, et même si la plupart ont abandonné publiquement leur position anti-indépendantiste, de nombreux électeurs se méfient de leurs intentions. Lors des dernières élections législatives, Pozitivna Crna Gora, un nouveau parti sans affiliation ethnique et pro-indépendantiste, a remporté 8% des votes, et ce sont certainement des partis tels que celui-ci qui apporteront à l'avenir une nouvelle forme de choix politique à l'électorat. Mais le DPS n'est pas prêt à lâcher les rênes du pouvoir facilement comme l'a montré la réélection contestée de Filip Vujanovic en avril 2013 pour un troisième mandat de président de la République.

Les grandes préoccupations

En 2012, des milliers de gens sont descendus dans les rues de Podgorica pour manifester contre la corruption, le crime organisé et la dégradation économique. Le Monténégro n'a pas été épargné par la crise économique mondiale. La croissance rapide qui a suivi l'indépendance a ralenti, le chômage est monté en flèche et le revenu moyen déjà bas s'érode.

La Commission européenne a noté en 2012 dans son rapport sur le Monténégro que “la corruption reste répandue et très préoccupante et entrave les enquêtes pénales, menées dans les affaires de criminalité organisée”. Cependant, elle a souligné que “des progrès ont été réalisés dans le domaine de la lutte contre la corruption” depuis son précédent rapport.

OTAN et UE

Dans le même temps, le Monténégro s'efforce d'atteindre son objectif : adhérer à l'OTAN et à l'Union européenne (UE). Peu après l'indépendance (2006), le Monténégro a déposé sa demande d'adhésion, et en juin 2012, il a entamé les négociations officielles avec l'UE.

Si la plupart des Monténégrins souhaitent rejoindre l'UE, l'adhésion à l'OTAN est beaucoup plus controversée. Les souvenirs de l'OTAN bombardant l'aéroport de Podgorica ou le pont de Murino pendant la guerre du Kosovo (le Monténégro bien que s'étant déclaré neutre faisait encore partie de la Fédération yougoslave) sont encore frais. Dans une interview récente accordée au journal *Dan*, le métropolite Amfilohije de l'Église orthodoxe serbe s'est déclaré contre cette adhésion, décrivant l'OTAN comme une organisation qui “exerce sa violence sur le monde entier”. Néanmoins, déterminé, le gouvernement a déclaré publiquement attendre l'invitation à rejoindre l'alliance en 2014.

POPULATION : **626 000**

SUPERFICIE : **13 812 KM²**

PIB PAR HABITANT : **5 211 €**

CROISSANCE ÉCONOMIQUE : **0,5% (ESTIMATION DE 2012)**

CHÔMAGE : **20%**

SALAIRE MENSUEL MOYEN : **480 €**

Sur 100 personnes au Monténégro

45 se considèrent monténégrines
29 se considèrent serbes
12 se considèrent bosniaques/musulmanes
5 se considèrent albanaises
9 ne se prononcent pas ou se considèrent d'une autre origine ethnique

Religions

(% de la population)

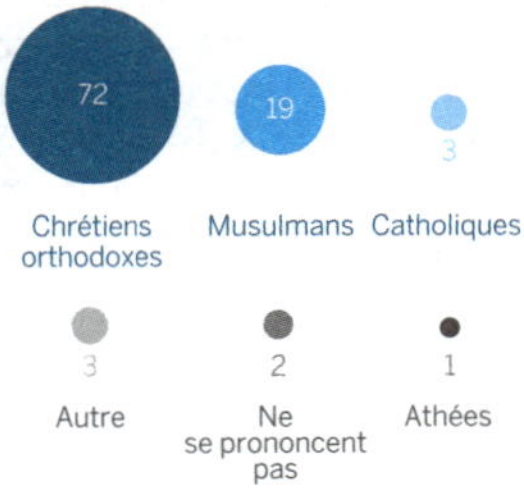

Population au km²

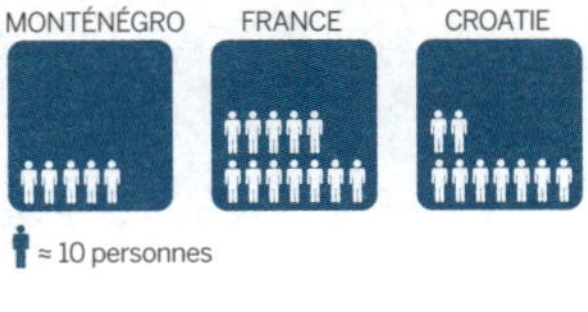

Histoire

L'histoire des Balkans n'a rien de simple. Dans cette région du monde, des événements datant de plusieurs siècles pèsent encore lourd dans la conscience nationale et les discours politiques. Au fil du temps, les frontières du Monténégro n'ont cessé d'être modifiées, le pays actuel possède donc plusieurs histoires distinctes. Ce chapitre se concentre sur son passé et celui des territoires qui l'ont précédé ; l'histoire des régions côtières est traitée plus en profondeur dans les chapitres concernés.

Les Illyriens et les Romains

Arrivés à l'âge du fer tardif, les Illyriens sont le premier peuple connu à occuper la région. Dès l'an 1000 av. J.-C., une langue et une culture illyriennes communes étaient partagées par les habitants dans une grande partie des Balkans. Les rapports entre les groupes n'étaient pas toujours amicaux – la forme d'établissement la plus répandue était des villages fortifiés sur des collines –, mais un art illyrien se développa, dont des bijoux en ambre et en bronze portent témoignage. Avec le temps, les Illyriens établirent une sorte de fédération de tribus, concentrée sur un territoire correspondant à la Macédoine et au nord de l'Albanie actuelles.

Les Romains profitèrent du magnifique littoral adriatique pour bâtir de somptueuses villas en bord de mer, dotées de sols en mosaïque, dont des vestiges sont visibles à Risan et à Petrovac. D'autres ruines romaines se trouvent sur le site de Doclea, au nord de Podgorica.

Autour de 400 av. J.-C., les Grecs s'installèrent sur les sites de certains villages côtiers illyriens. La culture hellénique se répandit à partir de ces centres, notamment depuis celui de Bouthoè (Budva). Les Romains entrèrent ensuite en jeu à la demande des Grecs qui cherchaient une protection contre la reine illyrienne Teuta. Les Illyriens résistèrent aux Romains jusqu'en 168 av. J.-C., quand le dernier roi d'Illyrie, Gentius, fut vaincu. Bientôt, les Romains absorbèrent entièrement les Balkans et établirent des réseaux de forts, de voies romaines et de routes marchandes depuis le Danube jusqu'à la mer Égée. À l'extérieur des villes, la culture illyrienne restait cependant dominante.

L'actuel Monténégro faisait partie de la province romaine de Dalmatie. La ville la plus importante de cette région était Doclea (Podgorica), fondée autour de l'an 100. Des découvertes archéologiques indiquent qu'elle était au cœur d'un vaste réseau commercial.

CHRONOLOGIE

300 av. J.-C.

Les tribus illyriennes dominent les Balkans : elles fondent des cités-États (dont une au bord du lac de Skadar près de l'actuelle frontière albanaise) et s'imposent comme puissance maritime dans l'Adriatique.

231-228 av. J.-C.

La reine illyrienne Teuta s'établit à Risan. Sous son commandement, les pirates sillonnent l'Adriatique, s'attaquant notamment aux Romains. Ces derniers finissent par mettre un terme à son règne.

100

Doclea (aujourd'hui Podgorica), une colonie créée par les Illyriens, s'accroît jusqu'à devenir une ville importante sous l'Empire romain. Elle compte près de 10 000 habitants.

Au fil des siècles, l'Empire romain connut un déclin progressif. Les envahisseurs du Nord et de l'Ouest empiétèrent sur son territoire, et, en 395, l'empire fut formellement scindé en deux. La partie occidentale conserva Rome comme capitale, tandis que la partie orientale (qui devint ensuite l'Empire byzantin) opta pour Constantinople (Istanbul). L'actuel Monténégro se trouvait sur la ligne de partage entre ces deux entités.

Au VIe siècle, l'empereur byzantin Justinien Ier prit le contrôle des Balkans anciennement dominés par les Romains, repoussant les Ostrogoths qui avaient progressé dans la région. Il apporta avec lui le christianisme.

Bien que redoutables, les Avars disparurent rapidement des annales de l'histoire. "Disparaître comme les Avars" est d'ailleurs un dicton répandu dans les Balkans.

Arrivée des Slaves

Vers le début du VIe siècle, un nouveau groupe de peuples, les Slaves, se mit en marche dans les vastes plaines au nord du Danube en direction du sud. Ils se seraient déplacés dans le sillage des Avars, un peuple nomade d'Asie centrale, célèbre pour sa férocité. Les Avars s'attaquèrent aux Byzantins, dévastant Doclea lors de leur progression dans les Balkans. Dans leur élan, ils tentèrent d'assiéger Constantinople, la puissante capitale byzantine, en 626, mais furent anéantis par les Byzantins.

L'incertitude persiste quant au rôle joué par les Slaves dans la disparition des Avars. Certains affirment que Byzance fit appel à eux pour repousser l'assaut des Avars, tandis que d'autres pensent que les Slaves prirent simplement la place des Avars après leur disparition. Quoi qu'il en soit, les Slaves s'installèrent rapidement à travers les Balkans, atteignant l'Adriatique au début du VIIe siècle.

Deux groupes étroitement liés aux Slaves s'installèrent le long du littoral adriatique et dans l'arrière-pays : les Croates et les Serbes. La culture byzantine persista dans les villes situées dans les terres, encourageant ainsi la christianisation des Slaves.

Il semblerait que les Byzantins n'aient pas été entièrement convaincus lors de leurs premières rencontres avec les Slaves. En effet, l'historien byzantin Jean d'Éphèse les qualifia de "sauvages mal dégrossis".

Premiers royaumes slaves

Au VIIe siècle, les Bulgares créèrent le premier État slave des Balkans. Au IXe siècle, le prince bulgare Boris prôna l'utilisation du slavon comme langue liturgique. Il encouragea la diffusion de l'écriture cyrillique, qu'utilisèrent plusieurs autres royaumes slaves pour voir le jour puis rompre leurs attaches avec Byzance.

L'un de ces royaumes, la Rascie, était constitué d'un groupe de tribus serbes réunies près de Novi Pazar (en Serbie actuelle) afin de se libérer du contrôle bulgare. Vaincue par le tsar bulgare Siméon Ier vers 924, la Rascie reprit son autonomie à la mort de ce dernier en 927 avant de repasser sous contrôle byzantin.

Bientôt, un autre État serbe, la Dioclée, se développa à partir du site de Doclea, fondé par les Romains. Dirigée par Jovan Vladimir, la Dioclée

395

L'Empire romain est divisé en deux. La Croatie et la Bosnie actuelles se retrouvent dans la partie occidentale, la Serbie intègre l'Empire byzantin, à l'est, et le Monténégro se tient sur la ligne de partage.

614

Les Avars pillent les cités romaines de Salone (Split) et d'Epidaurum (Cavtat). Les tribus slaves suivent leurs pas, tantôt en défenseurs invités, tantôt en occupants opportunistes.

Années 800

La première entité serbe, la Rascie, voit le jour près de l'actuelle ville serbe de Novi Pazar. Elle est enserrée entre les Empires byzantin et bulgare.

869

Les moines macédoniens Méthode et Cyrille créent l'alphabet glagolitique, précurseur de l'alphabet cyrillique, afin de favoriser l'expansion du christianisme parmi les peuples slaves.

étendit rapidement son territoire jusqu'à Raguse et engloba la Rascie. En 1040, elle était assez confiante pour s'opposer au contrôle byzantin, étendre son territoire le long du littoral de la Dalmatie et établir une capitale à Skadar (aujourd'hui Shkodra, en Albanie). Autour de 1080, la Dioclée réalisa sa plus grande progression en absorbant l'actuelle Bosnie. Toutefois, son apogée fut bref : des guerres civiles et diverses intrigues conduisirent à sa chute, et le pouvoir revint à la Rascie au cours du XIIe siècle.

Les Nemanjić et l'âge d'or

Étienne Nemanja (né près de l'actuelle Podgorica) fonda la dynastie qui vit la Rascie atteindre son apogée territorial. En 1190, il avait libéré la Rascie du joug de Byzance, revendiquant également le Kosovo et la Macédoine actuels pour son royaume. Puis il embrassa la vie monastique et se retira sur le mont Athos en Grèce, tandis que ses fils conquéraient d'autres territoires. Après sa mort, il fut canonisé par l'église orthodoxe sous le nom de saint Siméon.

On peut découvrir l'héritage de la Rascie en visitant le monastère de Reževići (et notamment l'église de la Dormition), fondé par Étienne Nemanja, et le monastère de Morača, fondé par son petit-fils. La famille royale de Rascie est représentée sur les fresques des églises du pays tout entier.

Dans le même temps, en 1204, la quatrième croisade avait affaibli les Byzantins, et l'influence vénitienne s'étendait dans l'Adriatique. En 1219, Étienne Ier Nemanjić, un des fils de Nemanja, et son frère Sava passèrent un accord avec Byzance pour obtenir l'autocéphalie (autonomie) de l'Église serbe. Sava (futur saint) en devint le premier archevêque.

Autour de 1331, Stefan Uroš IV Dušan (Étienne Douchan) fut proclamé "jeune roi". Il occupe une place importante dans l'histoire de la Serbie, tant par sa taille (il mesurait 2 m) que par ses actions. Il affirma rapidement son pouvoir en chassant les Bulgares de Macédoine et en s'emparant du territoire des Byzantins. Bientôt, le territoire incluait les Serbes, les Albanais, les Bulgares et les Grecs faisant de l'État serbe un empire. Dušan fut plus qu'un militaire ambitieux : il codifia également les lois serbes (appelées *Zakonik*) et établit le patriarcat serbe. En alliant l'église orthodoxe à la lignée royale serbe, Dušan instaura également un sentiment de cohésion entre des tribus serbes jusqu'alors opposées.

Pendant cette période, la Zeta (nouveau nom de la Dioclée) était restée distincte de la Serbie. Les nobles de la Zeta affichaient leur réticence à se soumettre aux dirigeants de la Rascie, qui plaçaient généralement leurs fils à la tête de la Zeta, soulignant la séparation des deux entités. Ainsi, la Rascie devint la Serbie, et la Dioclée/Zeta est considérée comme l'ancêtre du Monténégro.

L'arrivée des Turcs

Sous le règne du fils de Dušan, Uroš, plusieurs factions se disputèrent le pouvoir, dont la famille Balšić (Balchides), très puissante en Zeta. Les Balšić s'établirent près de Skadar et commencèrent à gagner du terrain

1015
Après le déclin de l'Empire bulgare, suite à la mort du tsar Samuel, la Dioclée devient une principauté serbe et supplante bientôt la Rascie.

1166
Étienne Nemanja fonde la dynastie Nemanjić, une lignée serbe qui va régner pendant plus de 200 ans. Il sera canonisé par l'Église orthodoxe plus tard.

1331
Selon la légende, aucun autre homme n'était aussi grand que Dušan, l'héritier du trône serbe. Il transforme la Serbie à son image, en l'un des plus grands royaumes d'Europe de l'époque.

1355
La famille Balšić arrive sur le devant de la scène. Malgré sa position au sein de la noblesse serbe, elle serait probablement issue d'un milieu valaque.

sur le littoral adriatique. Au nord, les Vénitiens réapparurent. À la mort d'Uroš, les barons serbes, trop occupés à se quereller, se souciaient peu de la menace que représentaient les Turcs ottomans qui progressaient dans les Balkans.

En 1441, les Ottomans avaient atteint la Serbie et, à la fin des années 1470, ils attaquèrent la région autrefois insoumise de la Zeta. Ivan Crnojević mena un groupe de survivants de la Zeta sur les contreforts difficiles d'accès du mont Lovćen, où, en 1482, il établit une cour et un monastère dans ce qui allait devenir la nouvelle capitale, Cetinje. C'est à cette époque que les marins vénitiens commencèrent à appeler le mont Lovćen "Monte Negro" ("montagne noire"). Pendant plusieurs années, les Ottomans assiégèrent Cetinje et réussirent à l'occuper en 1514.

Parmi les sites qui évoquent la mémoire d'Ivan Crnojević figurent les ruines de sa forteresse abandonnée, Žabljak Crnojevića, et le monastère de Cetinje, qu'il a érigé.

La mainmise ottomane sur les Balkans

Malgré la prise de Cetinje, les Ottomans se retirèrent. Ces montagnes inhospitalières et arides intéressaient moins les Turcs que le contrôle de l'Adriatique. Menés par Soliman le Magnifique, ils s'emparèrent de Belgrade en 1521 contre les Hongrois, achevant leur conquête des Balkans. Le sommet rocheux du mont Lovćen et ses environs devinrent le dernier refuge de la culture orthodoxe serbe contre les Ottomans.

Même si personne n'y prêta attention, la principauté monténégrine conserva son autonomie, les Ottomans pragmatiques ayant d'autres chats à fouetter. Parallèlement, les Vénitiens étendirent leur contrôle dans l'Adriatique, en s'emparant de Kotor et de Budva, et les Monténégrins se retrouvèrent une fois encore sur la ligne de partage des Empires turc et vénitien.

LA BATAILLE DE KOSOVO POLJE

En 1386, les Turcs ottomans s'emparèrent du bastion serbe de Niš, puis en 1389, les armées du prince serbe Lazar Hrebeljanović et du sultan ottoman Murat Ier s'affrontèrent à Kosovo Polje. Cette bataille fut l'un des événements les plus importants de l'histoire des Balkans. Les deux dirigeants furent tués et si aucun camp ne put véritablement crier victoire, l'Empire serbe s'écroula et les Ottomans purent continuer leur progression dans le centre de l'Europe. La veuve de Lazar accepta la suzeraineté ottomane, et la bataille s'ancra dans la mémoire collective serbe comme un acte de bravoure noble et désespéré dans des circonstances qui leur étaient en tout point défavorables.

Cette bataille est encore un marqueur de l'identité serbe aujourd'hui et explique l'hostilité des Serbes à l'existence d'un Kosovo indépendant dominé par les Albanais. En Serbie et dans les régions serbes du Monténégro, vous verrez des graffitis "*Kosovo je Srbija*" ("le Kosovo est la Serbie"), souvent accompagnés de "1389", date de la bataille.

1389

Une grande partie de la noblesse serbe est décimée lors de la bataille de Kosovo Polje par les envahisseurs turcs ottomans. Les Ottomans accroissent leurs conquêtes dans les Balkans.

1482

Après une série d'assauts ottomans menés contre la Zeta à la fin des années 1470, Ivan Crnojević conduit les survivants qui refusent de se rendre à Cetinje, qui deviendra le cœur de l'État monténégrin.

PATRICK HORTON / GETTY IMAGES ©

➡ Statue d'Ivan Crnojević

1521

Les Ottomans s'emparent de Belgrade, confirmant leur contrôle sur la Serbie. Les Vénitiens qui étendent leur conquête du littoral adriatique depuis un siècle en contrôlent la majeure partie.

Au cours du XVIIe siècle, plusieurs guerres révélèrent les faiblesses de la machine de guerre ottomane autrefois invincible. À cette époque, les Ottomans décidèrent de revenir sur les privilèges dont les Monténégrins bénéficiaient et que certains considéraient comme allant de soi. La résistance monténégrine face à la tentative turque d'instauration d'un impôt fut violente. En retour, la répression turque fut si terrible qu'elle resserra les liens entre les clans monténégrins souvent divisés.

Durant les années 1690, les Ottomans s'emparèrent à plusieurs reprises de Cetinje, mais, chaque fois, ils durent battre en retraite face aux ripostes des Monténégrins. À la fin de la guerre de Morée (sixième guerre turco-vénitienne), en 1699, les Ottomans qui pour la première fois recherchaient la paix, cédèrent les territoires de Risan et de Herceg Novi à Venise. La participation efficace à la guerre des Monténégrins attira l'attention des Habsbourg et des Russes sur leur sort, et créa un sentiment d'appartenance commune chez les peuples balkaniques autrefois opposés.

Mais les Ottomans ne souhaitaient pas abandonner leurs territoires. Puisqu'ils ne réussiraient pas à contrôler le Monténégro, ils construisirent, pour l'encercler, une série de villes fortifiées qui attirèrent les populations musulmanes de la région. Les paysans et les tribus orthodoxes restèrent dans les campagnes où se développa un fort sentiment identitaire par rapport aux populations citadines plus aisées. Cette identité était liée à la notion de tribu et à l'église orthodoxe serbe, plutôt qu'au territoire serbe ou monténégrin. Toutefois, des sentiments d'appartenance serbe et monténégrin se développaient : les Serbes étaient gouvernés par les Ottomans, tandis que les Monténégrins conservaient une certaine autonomie dans leur bastion montagneux échappant au joug ottoman.

ŠĆEPAN MALI

Un des personnages les plus singuliers de l'histoire du Monténégro, Šćepan Mali, se fit passer en 1767 pour le tsar Pierre III de Russie qui avait été assassiné. Il trompa les Monténégrins et réussit à être élu pour diriger le *zbor* (conseil). Sa chance tourna en 1773 quand il fut assassiné.

Les vladikas

En 1696, Danilo Petrović Njegoš fut élu *vladika*, l'équivalent d'un évêque dans l'Église orthodoxe. Ambitieux et belliqueux, il se déclara "vladika de Cetinje et seigneur de la guerre de tous les territoires serbes". Ainsi, il s'attribua le rôle de leader des Serbes. En outre, Danilo réussit à élever la fonction de *vladika* à celle, héréditaire, de "prince-évêque" – dirigeant politique (et militaire) et ecclésiastique – et fonda la dynastie Petrović, qui allait régner sur le Monténégro jusqu'à la Première Guerre mondiale.

En 1766, les Ottomans établirent le patriarcat œcuménique de Constantinople, responsable de toutes les Églises orthodoxes du territoire ottoman. Les Serbes créèrent ensuite leur propre patriarcat sur le territoire des Habsbourg, hors de portée des autorités ottomanes. Ces décisions entraînèrent la séparation des Églises monténégrine et serbe, et, si les Monténégrins conservaient jusqu'alors un sentiment de communauté qui les liait aux Serbes, cette nouvelle division favorisa l'apparition d'une conscience nationale distincte parmi les Monténégrins.

1593-1606
Pendant les guerres austro-ottomanes, le pape tente, sans grand succès, d'inciter les Monténégrins, également chrétiens, à combattre les Ottomans. Les Ottomans contrôlent Bar et Ulcinj.

1667
Un séisme dévastateur frappe la côte adriatique, détruisant une grande partie de Kotor, alors sous contrôle vénitien. La ville a également subi une épidémie de peste peu de temps auparavant.

1696
Danilo devient *vladika* (prince-évêque) et fonde la dynastie Petrović. Il sert d'intermédiaire dans les conflits entre les tribus et les clans et, au bout de 15 ans, commence à lutter contre les Ottomans.

1784
Pierre Ier Petrović Njegoš est consacré *vladika* et devient un héros militaire et spirituel. En 1796, il vainc le renégat ottoman Kara Mahmud et étend considérablement le territoire monténégrin.

RUSSIE ET MONTÉNÉGRO : DES RAPPORTS PRIVILÉGIÉS

Au début du XVIIIe siècle, la Russie, en pleine expansion avec Pierre le Grand, cherchait des alliés en Europe. Les émissaires du tsar se rendirent dans l'Adriatique et rencontrèrent les Monténégrins. En plus de partager la foi orthodoxe et la même haine pour les Ottomans, les Russes furent séduits par les qualités guerrières des Monténégrins. Le prince Danilo Ier, conscient que son petit royaume avait besoin d'alliés puissants, demanda le soutien du tsar russe pour lutter contre les Turcs. À Saint-Pétersbourg, Danilo Ier signa ainsi une alliance avec la Russie qui allait se révéler essentielle pour le Monténégro.

À partir de ce moment, les *vladikas* successifs ne manquèrent pas de se rendre en Russie pour renforcer leurs relations avec le tsar. En 1833, Pierre II Petrović Njegoš se rendit même à Saint-Pétersbourg pour être consacré par le tsar Nicolas Ier. De nombreux *vladikas* étaient éduqués en Russie, surtout parce que le Monténégro comptait peu d'institutions d'enseignement, et rentraient toujours au Monténégro avec de nouvelles idées pour moderniser leur État encore peu développé.

Lors des combats opposant les Monténégrins et les Ottomans, la Russie fournit un soutien tactique et financier, même si l'indépendance du Monténégro passait toujours après les intérêts stratégiques de la Russie.

Le jeu des grandes puissances

En 1797, lors de la première campagne d'Italie, Bonaparte fit planer une menace sur les territoires vénitiens de l'Adriatique, affaiblissant le principal rival du Monténégro dans la région. Durant les années suivantes, Napoléon affronta les Monténégrins, les Britanniques et les Autrichiens dans l'Adriatique. Les Monténégrins qui bénéficiaient de l'appui militaire des Russes s'emparèrent brièvement de Herceg Novi, ville côtière depuis longtemps convoitée, qu'ils durent abandonner par la suite, à l'issue de négociations diplomatiques.

En 1830, Pierre II Petrović Njegoš devint *vladika* à la mort de son oncle. Avec ses 2 m, il correspondait à l'image du *vladika* charismatique, beau et élégant. Il échoua à plusieurs reprises à obtenir un accès à la mer, mais il rencontra plus de succès dans ses efforts pour moderniser son pays. Il renforça le rôle du gouvernement et instaura un système d'impôt national. Il canonisa son prédécesseur Pierre Ier, conférant ainsi une aura mystique aux *vladika,* à la manière des saints rois de la Serbie médiévale.

Pierre II effectua le désormais traditionnel voyage à Saint-Pétersbourg à la recherche d'un soutien militaire et financier de la part des tsars dans son entreprise de consolidation du pays. Ses successeurs poursuivirent dans cette voie. Danilo accéda au pouvoir en 1851 et mit fin au statut ecclésiastique du *vladika*. Désormais, c'est en tant que prince séculier

Pierre Ier Petrović Njegoš n'était pas seulement un dirigeant politique et ecclésiastique ; on lui attribue aussi l'introduction de la pomme de terre au Monténégro.

1797-1815

Napoléon met fin à la république vénitienne ; les territoires vénitiens sont d'abord donnés aux Habsbourg, mais en 1806, Napoléon conquiert la côte adriatique, à laquelle il donne le nom de provinces illyriennes.

Années 1800

Pierre Ier Petrović Njegoš courtise la Russie dans l'espoir d'obtenir un soutien militaire et financier pour lutter contre les Ottomans. Le soutien de la Russie fluctuera selon ses intérêts stratégiques.

1830

Pierre II Petrović Njegoš est le dernier *vladika* et l'un des dirigeants les plus appréciés de la nation. Son poème épique *La Couronne de la montagne* est une grande œuvre de la littérature monténégrine.

1851

En prenant le titre de "prince", Danilo, le neveu de Njegoš, devient le premier dirigeant laïc du pays. Il est assassiné en 1860 par un clan monténégrin rival.

qu'il régnait sur les Monténégrins. En 1855, il emporta une grande victoire sur les Ottomans à Grahovo et joua habilement des rivalités entre les grandes puissances - Autriche-Hongrie, Russie, France et Grande-Bretagne -, qui avaient toutes des visées sur le Monténégro et la région des Balkans, pour préserver l'indépendance et le rôle du pays.

Nicolas Ier, qui succéda à Danilo, poursuivit la politique de développement de ses prédécesseurs, encourageant la construction de routes et d'un réseau télégraphique. Il fut également à l'origine de la fondation de l'école pour filles de Cetinje, la première institution de ce genre au Monténégro. Durant les années 1860, Nicolas Ier se rapprocha de Michel III Obrenović, dirigeant de la principauté serbe (déjà largement émancipée de la tutelle ottomane). Les deux dirigeants signèrent un accord visant à œuvrer ensemble à la libération de leurs peuples et à créer un État unique. Enfin, Nicolas Ier réorganisa l'armée monténégrine pour en faire une force de combat moderne.

Libérés des Ottomans

Dans son ouvrage *Le Monténégro et l'Italie durant la Seconde Guerre mondiale* (CNRS Éditions, 2004), Antoine Sidoti replace les événements de 1941-1944 au Monténégro dans le cadre des Balkans et de leur histoire sur le long terme.

En 1875, une rébellion contre les Ottomans éclata en Bosnie-Herzégovine. Serbes et Monténégrins se joignirent à l'insurrection, les Monténégrins (dirigés par Nicolas Ier) remportèrent des victoires qui autorisèrent de nouveaux gains territoriaux. Après ces événements, le congrès de Berlin (1878) officialisa l'indépendance du Monténégro et de la Serbie. Le Monténégro qui obtint le contrôle des régions montagneuses de Nikšić, Podgorica et Žabljak et des territoires autour du lac de Skadar et du port de Bar, vit sa superficie tripler. Les Autrichiens annexèrent la Bosnie-Herzégovine, empêchant à l'avenir toute nouvelle expansion monténégrine vers le nord. Les Monténégrins réussirent cependant à prendre le contrôle de la région d'Ulcinj sur la côte adriatique.

Après 1878, le Monténégro connut une longue période de paix. Le règne de Nicolas Ier devint néanmoins de plus en plus autocratique. Pour assurer la place du pays en Europe, il manœuvra pour marier plusieurs de ses filles à des rois. En 1910, à l'occasion du 50e anniversaire de son règne, il s'éleva du rang de prince à celui de roi.

Le début du XXe siècle fut marqué par des revendications panslaves pour une union avec la Serbie et par une opposition grandissante à Nicolas Ier. Mais le roi Pierre Ier de Serbie (dont la défunte femme était une des filles de Nicolas Ier) fut suspecté d'avoir voulu renverser Nicolas Ier, et les relations serbo-monténégrines se dégradèrent.

Pendant les guerres des Balkans de 1912-1913, les Monténégrins se réconcilièrent avec les Serbes et s'unirent aux Grecs et aux Bulgares afin de chasser les Turcs ottomans d'Europe une fois pour toutes. Ils en profitèrent pour s'emparer de Bijelo Polje, de Berane et de Plav, retrouvant une frontière commune avec la Serbie pour la première fois

1876-1878

Pendant les guerres d'indépendance, la Serbie, la Bulgarie et le Monténégro se libèrent de l'Empire ottoman qui perd des territoires. La superficie du Monténégro triple, avec Nikšić, Podgorica, Žabljak et Bar.

1910

Le prince Nikola Petrović Njegoš se proclame roi à la surprise de l'Europe qui se demande comment un territoire aussi petit et pauvre, peuplé de 200 000 habitants à peine, peut se qualifier de royaume.

1918

Le royaume des Serbes, Croates et Slovènes est créé suite à la Première Guerre mondiale. Pierre Ier de Serbie devient roi. Le Monténégro est inclus dans ses territoires.

1920-1939

L'entre-deux-guerres est une période difficile pour le Monténégro, marquée par le démantèlement de ses institutions, les désaccords sur l'organisation de la Yougoslavie et la morosité économique.

depuis plus de 500 ans. L'idée d'une union serbo-monténégrine se refit jour, et, lors des élections de 1914, de nombreux électeurs la plébiscitèrent. Pragmatique, Nicolas Ier soutint l'idée à la condition expresse que les maisons royales serbe et monténégrine restent au pouvoir.

Première Guerre mondiale et première Yougoslavie

La Première Guerre mondiale survint avant que cette union ne puisse se réaliser. Le Monténégro entra en guerre aux côtés de la Serbie et des Alliés. L'Autriche-Hongrie l'envahit peu après et s'empara rapidement de Cetinje, exilant Nicolas Ier en France. En 1918, l'armée serbe pénétra au Monténégro, et les Français, favorables à l'instauration de l'union serbo-monténégrine, refusèrent de laisser Nicolas Ier quitter la France, mettant formellement un terme à la dynastie Petrović. Cette même année, le Monténégro cessa d'exister puisqu'il fut intégré au nouveau royaume des Serbes, Croates et Slovènes – la première Yougoslavie.

Pendant les années 1920, des Monténégrins, agacés par leur statut de "petit frère" de la Serbie, ainsi que par la perte de leur souveraineté, s'opposèrent farouchement à l'union avec la Serbie. Leur ressentiment s'accrut après l'abolition de l'Église monténégrine, qui fut incluse dans le patriarcat orthodoxe serbe de Belgrade. Le 6 janvier 1929, profitant des craintes d'une guerre civile serbo-croate, le roi Alexandre Ier proclama une dictature royale, abolit les partis politiques et suspendit le gouvernement parlementaire, mettant ainsi fin à tout espoir de changement démocratique. En 1934, lors d'une visite d'État à Marseille, Alexandre Ier fut assassiné par le mouvement croate Oustachi (Ustaše), d'inspiration fasciste.

Pendant ce temps, au milieu des années 1920, le parti communiste yougoslave vit le jour ; Josip Broz Tito en prit la tête en 1937. Le nombre élevé d'adhérents au parti communiste parmi les Monténégrins reflétait peut-être le mécontentement suscité par le statut du Monténégro au sein de la Yougoslavie.

TITO

Le site www.titoville.com, en anglais, offre un regard décalé sur Tito, avec des photos de lui tout au long de sa vie, les textes de ses discours, la liste de ses "femmes" et des blagues qui lui sont consacrées.

Seconde Guerre mondiale et seconde Yougoslavie

Pendant la Seconde Guerre mondiale, Hitler envahit la Yougoslavie sur plusieurs fronts ; les Italiens suivirent dans son sillage. Après avoir mis en déroute l'armée yougoslave, l'Allemagne et l'Italie se partagèrent le pays. Les Italiens contrôlaient le Monténégro et une partie de la Dalmatie voisine. Certains Monténégrins défavorables au royaume collaboraient avec les Italiens dans l'espoir de voir la dynastie Petrović revenir à la tête d'un Monténégro indépendant. Dans le même temps, les partisans de Tito et les Tchetniks (Četniks), les royalistes serbes, combattaient les

1941

Hitler envahit la Yougoslavie et la divise en régions sous contrôle allemand et italien. Mussolini occupe le Monténégro avec l'intention d'en faire un protectorat italien.

1943

Les partisans de Tito opposent une résistance victorieuse et forment un front antifasciste. Ils récupèrent le territoire des troupes italiennes qui se replient puis prennent le contrôle de la Yougoslavie.

1945-1948

Fondation de la République fédérative socialiste de Yougoslavie. Tito rompt les relations avec Staline et se positionne entre les blocs de l'Est et de l'Ouest, créant le mouvement des non-alignés.

Années 1960

Le tourisme décolle en Yougoslavie, surtout sur la côte adriatique. Des lieux comme Sveti Stefan attirent la jet-set internationale jusqu'aux guerres yougoslaves.

Italiens, et parfois se battaient aussi entre eux. Les unités dirigées par Tito étaient les plus redoutables. Issu du parti communiste yougoslave illégal, le mouvement attirait les intellectuels et les antifascistes de toutes sortes. Les partisans obtinrent un large soutien populaire grâce à un manifeste qui, bien que vague, promettait pour l'après-guerre une fédération yougoslave accordant beaucoup d'autonomie à ses composantes.

Si à l'origine les Alliés soutenaient les Tchetniks, ils reportèrent bientôt leur appui vers les partisans, peut-être parce que certains Tchetniks se rapprochaient des nazis, sûrement car les partisans étaient les plus efficaces. Grâce à l'appui diplomatique et militaire des puissances alliées, les partisans avaient pris le contrôle d'une grande partie de la Yougoslavie dès 1943. Ils établirent des gouvernements locaux dans les territoires dont ils s'emparèrent, ce qui facilita ensuite leur accession au pouvoir. Les diverses tentatives d'Hitler pour tuer Tito et anéantir les partisans furent infructueuses. Alors que le cours de la guerre s'inversait, les Italiens se rendirent aux Alliés, et, harcelés par les partisans, les Allemands se retirèrent. Le 20 octobre 1944, Tito entra dans Belgrade aux côtés de l'Armée rouge et fut nommé Premier ministre.

CAPITALE

En 1946, la capitale monténégrine fut déplacée de Cetinje à Podgorica qui fut alors rebaptisée Titograd. En 1992, Titograd retrouva son nom de Podgorica, mais demeura capitale.

La République fédérative populaire (puis socialiste) de Yougoslavie fut proclamée. Tito était déterminé à créer un État dont le paysage politique ne serait pas dominé par les références ethniques. Le Monténégro devint l'une des six républiques – avec la Macédoine, la Serbie, la Croatie, la Bosnie-Herzégovine et la Slovénie – d'une union strictement organisée. Tito imposa l'équilibre entre tous dans le cadre d'un État à parti unique qui interdisait toute opposition, qu'elle soit nationaliste, royaliste ou religieuse. Le Monténégro fut alors établi dans les frontières qui sont encore les siennes aujourd'hui : il gagna Kotor, mais perdit certaines régions du Kosovo dans les négociations entreprises par Tito afin d'établir un équilibre entre les diverses républiques yougoslaves.

En 1948, Tito rompit brutalement avec Staline et l'URSS, créant une certaine consternation au Monténégro étant donné les liens historiques tissés avec la Russie. De toutes les républiques yougoslaves, le Monténégro comptait le plus d'adhérents au parti communiste et il était largement représenté dans l'armée.

Durant les années 1960, la concentration du pouvoir à Belgrade devint une question épineuse lorsqu'il apparut que la richesse des républiques les plus prospères, la Slovénie et la Croatie, était distribuée aux autres, pas toujours de manière équitable. L'agitation s'accentua en 1971 quand des réformateurs demandèrent une plus grande autonomie économique et l'assouplissement des liens au sein de la République fédérative, et déjà des revendications indépendantistes se manifestèrent. La constitution de Tito de 1974 accorda plus d'autonomie aux républiques, mais le décor était planté pour la montée du nationalisme et les guerres des années 1990.

1980

Le pays est endeuillé par la mort du président Tito. La Yougoslavie, fortement endettée, est touchée par l'inflation et le chômage. Sans leader charismatique, les griefs des différentes populations s'expriment.

1991

La Yougoslavie se divise. La Slovénie, la Croatie, la Bosnie-Herzégovine et la Macédoine demandent leur indépendance. Un an plus tard, les Monténégrins lors d'un vote décident de rester dans la fédération.

1997

Milo Đukanović remporte de nouvelles élections. Le Monténégro adopte une position pro-occidentale et prend ses distances par rapport à la Serbie.

2003

La Yougoslavie est remplacée par la Communauté d'États Serbie-et-Monténégro. Censée placer les deux nations sur un pied d'égalité, cette union se révèle vite bancale et défavorable au Monténégro.

À sa mort en mai 1980, Tito laissait une Yougoslavie instable. Une présidence alternée entre les six républiques ne pouvait pas remplacer la fermeté de l'ancien dirigeant. L'autorité du gouvernement central sombra avec l'économie, et la méfiance longtemps réprimée entre les ethnies de la Yougoslavie refit surface.

L'union avec la Serbie et l'indépendance

Alors que le communisme s'effondrait dans toute l'Europe de l'Est, Slobodan Milošević utilisa la question du Kosovo pour accéder au pouvoir en Serbie, profitant de la vague nationaliste. Les Monténégrins soutenaient largement leur coreligionnaire orthodoxe.

En 1991, la Slovénie et la Croatie déclarèrent leur indépendance, déclenchant les guerres yougoslaves. Il n'y eut pas de combat au Monténégro, mais des groupes de paramilitaires monténégrins, avec l'armée yougoslave dominée par les Serbes, participèrent au bombardement de Dubrovnik et du littoral dalmate. Ces actes furent d'autant plus critiqués qu'ils ne répondaient à aucun but stratégique. En 1992, alors que la Bosnie-Herzégovine et la Macédoine optaient pour l'indépendance, les Monténégrins votèrent de manière écrasante pour rester dans l'État yougoslave avec la Serbie. Toutefois, les Monténégrins furent bientôt déçus par la place qui leur était accordée au sein de la "Grande Serbie", et l'Église monténégrine autocéphale fut recréée en 1993.

Alors que la guerre sanglante en Bosnie prenait fin avec la signature des accords de Dayton en 1995, le Premier ministre monténégrin, Milo Đukanović, s'éloigna de Milošević dont il avait été l'allié fidèle. Đukanović, au pouvoir depuis 1991, réalisa que face à la chute du niveau de vie et au mécontentement croissant, la meilleure solution pour ne pas être balayé par l'Histoire consistait à se rapprocher de l'Occident. Il devint ainsi la coqueluche des dirigeants occidentaux qui tentaient d'isoler et de faire tomber Milošević. Alors que le régime serbe était marginalisé sur la scène internationale, les Monténégrins réaffirmaient leur identité nationale. Les rapports avec la Serbie se tendirent rapidement, Đukanović ayant remporté de nouvelles élections au Monténégro malgré l'intervention de Belgrade.

En 2000, Milošević perdit les élections en Serbie et fut arrêté en 2001. En 2003, le nom de Yougoslavie disparut, et le Monténégro entra dans une union avec la Serbie. En théorie, cette union était fondée sur l'égalité entre les deux membres, mais en pratique la Serbie dominait tellement son partenaire que, dès le début, l'union se révéla impossible. Une fois de plus, les Monténégrins, qui n'avaient pas oublié leur surnom de "meilleurs des Serbes", furent piqués dans leur orgueil. En mai 2006, une petite majorité vota en faveur de l'indépendance, et l'État moderne du Monténégro fut formé.

La lecture de *Territoire et nationalisme au Monténégro*, d'Amaël Cattaruzza (L'Harmattan, 2010), permet de comprendre le processus qui, entre 1992 et 2006, a conduit le Monténégro à se séparer de la Serbie.

2006

En mai, un référendum sur l'indépendance du Monténégro vis-à-vis de la Serbie est organisé. Une timide majorité (55%) ayant répondu oui, le Monténégro déclare son indépendance en juin.

PRISMA ARCHIVO / ALAMY ©

➡ Drapeau monténégrin

2007

Devenu membre de l'ONU l'année précédente, le Monténégro est admis au FMI et signe un accord "de stabilisation et d'association" avec l'UE.

2011

Le Parlement accorde la double nationalité au citoyen français, le prince Nikola II Petrović Njegoš, arrière-petit-fils du roi Nicolas Ier, et l'autorise à représenter le pays lors d'événements non politiques.

La société monténégrine

Dans cette partie du monde, l'histoire, la politique et la religion sont si profondément liées aux questions nationales, qu'elles sont difficiles à aborder. Pour mémoire, c'est ici que des expressions telles que "épuration ethnique" ont été inventées. Pourtant, plus le voyageur sillonne les Balkans, plus il est frappé par les similarités existant entre les divers peuples : l'hospitalité chaleureuse, les liens familiaux étroits, le conservatisme social, le tempérament fougueux et l'approche passionnée de la vie.

Football, basket, water-polo et handball sont les sports nationaux. Mirko Vučinić, Stevan Jovetić et Simon Vukčević comptent parmi les grandes figures actuelles du football. La NBA héberge plusieurs basketteurs monténégrins, dont Nikola Vučević et Nikola Peković.

Origine ethnique et nationalité

Dans les Balkans, les habitants ont tendance à se référer à leur ethnie plutôt qu'à leur nationalité. Cela n'est pas étonnant puisque dans une famille vivant dans le même village depuis des générations les enfants seront nés au Monténégro, leurs parents en Yougoslavie, leurs grands-parents dans le royaume des Serbes, Croates et Slovènes, et leurs arrière-grands-parents dans les Empires ottoman ou austro-hongrois. Ceci dit, depuis les mouvements nationaux du XIXe siècle, la plupart des groupes ethniques ont eu à un moment ou à un autre un État correspondant, ce qui rajoute encore à la complexité de la situation. On comprend pourquoi un Albanais, un Bosniaque (Slave du Sud musulman), un Croate ou un Serbe ne se considère pas comme monténégrin, même si sa famille vit depuis des générations dans la région qui est aujourd'hui le Monténégro.

Lors du recensement de 2011, parmi les principaux groupes ethniques du pays figuraient les Monténégrins (45%), les Serbes (29%), les Bosniaques (9%) et les Albanais (5%). Les habitants "ne souhaitant pas se prononcer" étaient 5%. Mais tout ce petit monde appartient à des sous-groupes qui rendent la situation très complexe : Serbes monténégrins, Monténégrins serbes, musulmans monténégrins, Monténégrins musulmans, Bosniaques musulmans, musulmans bosniaques, Bosniaques et simplement musulmans.

En réalité, ces multiples identités ethniques ont peu à voir avec l'héritage génétique, et, malgré les 29 origines ethniques répertoriées lors du recensement, environ 88% de la population pourraient être rattachés au groupe des Slaves du Sud, tandis que les Albanais (5%) et les Roms (1%) formeraient les minorités non slaves les plus importantes. Mais si l'on creuse un peu, cela devient encore plus nébuleux, car, durant des millénaires, de nombreuses armées ont envahi et dévasté ces terres. Nous avons rencontré un Monténégrin étonné d'avoir découvert, en se portant volontaire pour une étude scientifique, que ses marqueurs génétiques indiquaient un mélange spectaculaire d'origines ethniques, avec notamment une importante proportion de gènes huns.

Les Monténégrins sont majoritaires dans une grande partie du pays, tandis que les Albanais dominent dans le Sud-Est (Ulcinj), les Bosniaques dans l'extrême Est (Rožaje et Plav), et les Serbes à Herceg Novi (en raison d'un afflux massif causé par les guerres yougoslaves) et dans des régions du Nord et de l'Est (Plužine, Pljevlja, Bijelo Polje, Berane et Andrijevica).

La religion étant souvent liée à l'origine ethnique, la population compte plus de 72% d'orthodoxes (la plupart Monténégrins et Serbes), 19% sont musulmans (Bosniaques et Albanais principalement), 3% sont catholiques (Albanais et Croates principalement) et 1% seulement sont athées.

D'après une croyance populaire, le Monténégro serait plus tolérant envers les minorités ethniques et religieuses que nombre de ses voisins. C'est fort possible, mais les manifestations d'hostilité ou de méfiance envers les Serbes, les Albanais ou les Croates sont aussi fréquentes.

L'esprit guerrier

Les régions dans lesquelles les habitants se considèrent le plus monténégrins sont celles qui appartenaient au Monténégro avant le début du XXe siècle, notamment les terres autour de Cetinje, l'ancien cœur du pays. C'est là qu'est né l'archétype du noble guerrier monténégrin, féroce au combat et attaché à sa liberté et à l'Église orthodoxe.

Presque tous les musées du pays exposent une collection d'armes. Il ne s'agit pas juste de vieux pistolets et d'épées : incrustés de magnifiques perles et ornés de pierres précieuses, ce sont des objets ouvragés qui ont été réalisés par de véritables artistes. L'architecture de l'époque était imposante et sobre et les peintures généralement pieuses, mais, quand il s'agissait de fabriquer des pistolets, les Monténégrins mettaient du cœur à l'ouvrage. Un homme n'était pas correctement vêtu si deux beaux pistolets ne dépassaient pas de sa ceinture.

Cet esprit guerrier a beau être ancré dans la société monténégrine, la plupart des habitants souhaitent aujourd'hui vivre leur vie et oublier les troubles des 25 dernières années. S'il arrive encore parfois d'entendre des coups de feu, c'est uniquement dans un but festif. Il s'agit d'une tradition qui se pratique lors des mariages et autres cérémonies, comme a pu le découvrir un avion en 2008 : en vol entre Ljubljana et Podgorica, ce

On raconte que, dans la première prison de Cetinje, il n'était pas nécessaire de verrouiller les portes : confisquer les pistolets des prisonniers suffisait à ce qu'ils ne sortent pas, tant il était honteux de se promener sans arme.

MONTÉNÉGRINS ET SERBES

La question de l'identité est particulièrement épineuse dans le cadre des relations serbo-monténégrines actuelles. Pendant des siècles, les Monténégrins se sont considérés comme "les meilleurs des Serbes", étant les seuls à préserver leur indépendance face à l'Empire ottoman. Des graffitis proserbes couvrent le pays, et, si la plupart des Monténégrins ressentent de fortes affinités avec leurs frères les plus proches, ce sentiment s'accompagne d'une affirmation virulente de leur identité distincte.

Le principal facteur d'unité était l'Église orthodoxe serbe, mais cette institution a été ébranlée par la création d'une nouvelle Église orthodoxe monténégrine en 1993, qui prétend faire renaître l'église autogouvernée des *vladikas* (princes-évêques) du Monténégro, dissoute en 1920. L'Église monténégrine demande que toute propriété de l'Église antérieure à 1920 et toute église construite avec les fonds de l'État depuis, lui soient rendues. L'Église orthodoxe serbe, comme les autres principales Églises orthodoxes, ne reconnaît pas son homologue monténégrine. Elle contrôle toujours la plupart des églises et monastères du pays, et les relations entre les deux Églises sont pour le moins tendues.

Sur le plan temporel, les rapports ne sont pas au beau fixe. Après la rupture à l'amiable entre les deux États en 2006, les relations se sont dégradées. En 2008, la Serbie a expulsé l'ambassadeur monténégrin après que le Monténégro, comme une cinquantaine d'autres nations, a officiellement reconnu l'ancienne province serbe du Kosovo comme un pays indépendant. La Serbie a juré qu'elle ne reconnaîtrait jamais l'indépendance du Kosovo que beaucoup de Serbes considèrent comme leur fief spirituel.

Depuis, les relations diplomatiques entre les deux pays se sont améliorées. Après son élection en 2012, le président serbe Tomislav Nikolić, considéré comme un nationaliste, a déclaré : "Je reconnais l'indépendance monténégrine, mais je ne reconnais aucune différence entre les Serbes et les Monténégrins, parce qu'il n'y en a pas."

dernier a reçu un tir accidentel lors des célébrations du Noël orthodoxe ! Heureusement, il n'y a eu aucun blessé.

Liée à cette culture guerrière, la notion de *čojstvo i junaštvo* ("humanité et courage" – les valeurs de la chevalerie) est très importante. Par le passé, cela poussait les soldats à se battre jusqu'à la mort plutôt que d'abandonner leurs camarades à l'ennemi ou de subir l'affront d'être fait prisonnier. Si l'application pratique du dicton n'est plus vraiment la même aujourd'hui, ne vous attendez pas à ce qu'un Monténégrin renonce à en venir aux mains, surtout si l'honneur de ses proches est en jeu.

Le graffiti le plus répandu au Monténégro représente une croix avec une sorte de "c" dans chacun de ses quartiers. Il s'agit en fait de l'équivalent en alphabet cyrillique du "s", et cela signifie *samo sloga Srbina spasava*, soit "seule l'unité sauve les Serbes".

La vie monténégrine

Durant les chaudes soirées d'été, dans toutes les villes et comme partout dans les Balkans, la rue principale accueille un défilé ininterrompu d'habitants bien mis, de tous âges, qui discutent entre amis, s'observent et profitent de la vie. L'été, on vit dans la rue et dans les cafés.

Un stéréotype persistant dans la région présente les Monténégrins comme des personnes paresseuses, un reproche dont ils se délectent eux-mêmes. Selon un dicton populaire, "l'homme naît fatigué et vit pour se reposer". Certes, les cafés et les bars sont toujours pleins, mais pas plus que dans les pays voisins. Cette accusation d'indolence date probablement de l'époque où toute activité qui ne consistait pas à combattre et attaquer les voisins turcs était considérée indigne d'un homme. En tout cas, cela ne s'applique certainement pas aux Monténégrines, auxquelles incombent tous les travaux.

La société monténégrine est traditionnellement et rigoureusement patriarcale, et les femmes devaient – jusqu'à récemment – embrasser la main des hommes en signe de respect. En 1855, le prince Danilo provoqua un scandale en embrassant en public la main de sa fiancée ; l'un de ses représentants le réprimanda, en déclarant : "Je n'embrasserais jamais la main d'une femme, ni celle d'un Turc." Malgré d'importants progrès réalisés dans l'accès à l'éducation pour les femmes et dans l'octroi de droits égaux à ceux des hommes sous le régime communiste, la distinction des rôles en fonction des sexes demeure. Si, par exemple, vous êtes invité à dîner dans une famille monténégrine, il est fort probable que les femmes seules préparent le repas, servent et nettoient. Si vous dînez chez des personnes âgées, la femme ne dînera sans doute pas avec vous et restera à la cuisine.

Dans ses textes sur le Monténégro, Pierre Loti a écrit : "On se demande ce que seront ces Slaves, descendus de leurs montagnes et devenus une vraie nation. On ne se les représente pas, transformés en peuple moderne, et lancés dans le mouvement du siècle." Et il faut bien reconnaître que les mœurs évoluent doucement dans ce pays situé au cœur des Balkans.

Aujourd'hui, de nombreuses jeunes femmes sortent dans les cafés et les bars. Les taux d'alphabétisation et d'emploi sont relativement égaux, et les droits fondamentaux des femmes sont inscrits dans la loi, y compris (depuis 1945) le droit de vote.

La société monténégrine, traditionnellement tribale, attache beaucoup d'importance aux clans formés par la famille élargie. Ce système n'est pas sans risque de népotisme ; de gros employeurs et des représentants publics sont régulièrement accusés de favoriser leur famille, leurs amis ou leurs associés. Les liens familiaux sont forts, et les enfants vivent généralement avec leurs parents jusqu'au mariage ; ce qui complique énormément la vie des homosexuels ou de toute personne souhaitant un peu d'indépendance. La solution pour beaucoup de jeunes consiste à aller étudier dans une autre ville.

Bien que les habitants quittent les villages les plus reculés, le Monténégro n'est pas particulièrement urbanisé : la moitié de la population vit dans des communautés de moins de 10 000 personnes. À peine un tiers de la population vit dans les deux villes de plus de 20 000 habitants que compte le pays (Podgorica et Nikšić).

Arts et architecture

Les témoignages artistiques les plus anciens sont des églises aux somptueuses peintures, mais aussi des armes ouvragées et des poèmes épiques. Il faut dire que les longues années de lutte contre l'Empire ottoman ont favorisé le développement d'une imagerie guerrière dont les artisans et les poètes se sont fait les chantres. La période de paix qui a correspondu à la Yougoslavie favorisa l'émergence d'une expression artistique foisonnante, notamment dans le domaine de la peinture, de la sculpture, du cinéma et de l'architecture.

Littérature

Pierre II Petrović Njegoš (1813-1851) domine tant et si bien la littérature monténégrine que son mausolée surplombe le pays, au sommet de la Montagne noire (le mont Lovćen). Ce poète et prince-évêque est l'auteur de la plus grande œuvre littéraire du pays, *Gorski vijenac* (*La Couronne de la montagne* ; 1847), une poésie en vers qui relate la lutte pour la liberté face aux Ottomans. Elle est controversée car elle glorifie le massacre des musulmans qui eut lieu le soir du Noël orthodoxe en 1702. Il n'est pas certain que cet épisode, connu sous le nom de Vêpres monténégrines, se soit réellement produit, mais l'histoire raconte que Danilo Šćepčević Njegoš, le grand-oncle de Njegoš, ordonna aux chefs des tribus monténégrines de tuer tous leurs proches (hommes, femmes et enfants) qui s'étaient convertis à l'islam. Certains observateurs ont établi un parallèle entre cette histoire et les atrocités commises en Bosnie dans les années 1990.

Dans cette même tradition épique, Avdo Međedović (1875-1953), un paysan de Bijelo Polje, était considéré comme le plus important *guslar* (ménestrel qui s'accompagne d'une *gusle,* un instrument folklorique à une corde) de son époque. Au cours de l'une de ses représentations qui aurait duré plusieurs jours, Međedović aurait déclamé un poème de 13 331 vers.

D'origine croato-bosniaque, Ivo Andrić (1892–1975), le plus grand écrivain de Yougoslavie, vivait à Herceg Novi. Il a remporté le prix Nobel en 1961 après la publication du brillant *Pont sur la Drina* (1945). Si vous faites du rafting sur la Tara, souvenez-vous que cette rivière devient la Drina juste après la frontière bosniaque.

Miodrag Bulatović (1930-1991) était célèbre pour son humour noir et ses portraits sombres et réalistes. Ses célèbres romans, comme *Le Héros à dos d'âne* (1967), *Le Coq rouge vole vers le ciel* (1959) et *Les Hommes à quatre doigts* (1975) sont disponibles en français.

De nombreuses œuvres de l'auteur yougoslave Danilo Kiš (1935-1989), notamment *Sablier* (1972) et *Un tombeau pour Boris Davidovich* (1976), sont traduites en France où il a vécu de 1962 à sa mort. Né dans l'actuelle Serbie, il a déménagé à Cetinje avec sa mère monténégrine après la mort de son père juif hongrois pendant l'Holocauste.

Autre grande figure de la littérature yougoslave, monténégrin de naissance, Borislav Pekić (1930-1992) est l'auteur de romans, de pièces de théâtre, d'œuvres de science-fiction, de scripts, d'essais et de mémoires politiques. Son œuvre a été traduite en plusieurs langues mais seuls

Le monténégrin se prête à la poésie, et, autrefois, il était banal de s'exprimer en vers. Un diplomate britannique de l'époque du roi Nicolas Ier rapporta qu'un jour un ministre avait parlé du budget entièrement en vers.

LA MUSIQUE, SACRÉE ET PROFANE

L'archevêque Jovan de Dioclée, qui écrivait des chants religieux au Xe siècle, est le plus ancien compositeur connu de la région. Parmi les instruments traditionnels figurent la flûte et le *gusle* à une corde qui accompagne les poèmes épiques.

Le guitariste classique Miloš Karadaglić est le musicien monténégrin le plus célèbre aujourd'hui. Il a remporté des prix internationaux et remplit les salles partout où il passe dans le monde.

Dans les années 1990, les Monteniggers (jeu de mot pour le moins douteux) représentaient le hip-hop national. Rambo Amadeus, qui porte un nom dommageable pour lui seul, est le Frank Zappa monténégrin. Il sort des albums depuis la fin des années 1980, adoptant des styles aussi divers que le turbo folk, le hip-hop et le drum and bass – toujours avec beaucoup d'humour. En 2012, il a attiré l'attention lors du concours de l'Eurovision, avec sa chanson *Euro Neuro*, interprétée devant un "âne de Troyes" en bois. Les paroles, d'actualité ("break dance monétaire, laisse-moi le temps de refinancer"), comportaient des diatribes inspirées comme : "Je n'aime pas le snobisme, le nationalisme, le puritanisme. [...] J'aime le cyclisme, le libéralisme, le tourisme, le nudisme..."

Si certains doutent de l'intérêt de l'Eurovision, il suffit de se rendre au Monténégro pour découvrir que les habitants adorent leur pop locale, surtout les ballades déchirantes ou les chansons kitsch accompagnées d'un rythme techno lancinant.

quelques romans sont disponibles en français : *Le Temps du miracle* (1996), *La Toison d'or* (2002) et *L'Homme qui mangeait la mort* (2005).

Arts visuels

Les beaux-arts monténégrins se sont exprimés dans deux grands domaines : l'iconographie religieuse et la peinture et la sculpture de l'époque yougoslave.

Les églises du pays comptent de superbes fresques et iconostases (panneau séparant les fidèles des prêtres assurant l'office dans les églises orthodoxes) peintes. Nombre d'entre elles furent réalisées par des membres du clan Dimitrijević-Rafailović, originaire de Risan dans la baie de Kotor, qui a compté 11 peintres entre le XVIIe et le XIXe siècle.

Longin, un moine du XVIe siècle, originaire de Peć (aujourd'hui au Kosovo), compte parmi les premiers maîtres serbes. Son traitement des couleurs créait des scènes surnaturelles où saints et membres de la famille royale évoluaient sur fond de montagnes bleues et de ciel doré. Ses œuvres ornent le monastère de Piva. Un demi-siècle plus tard, Đorđe Mitrofanović de Hilandar (aujourd'hui en Grèce) réalisa des icônes et des fresques qui se trouvent dans les monastères de Morača et de Pljevlja. Son talentueux contemporain, Kozma, travailla également à Morača.

L'une des figures montantes de la littérature monténégrine est Andrej Nikolaidis, dont le roman *Sin* (Le Fils ; 2011) a remporté le prix de la littérature de l'Union européenne mais n'a pas été traduit en français, pas plus que *Dolazak* (L'Arrivée ; 2009). Autre personnalité d'intérêt, Ognjen Spahić a écrit *Hansenova djeca* (*Les Enfants de Hansen* ; 2004) traduit en français en 2011.

La Yougoslavie s'est révélée être un âge d'or pour les arts. Parmi les peintres de cette époque figure Petar Lubarda (1907-1974) dont les peintures à l'huile illustraient l'histoire monténégrine. Miodrag (Dado) Đurić (1933-2010) était connu pour ses formidables toiles et dessins surréalistes, mais il a également réalisé des gravures, des sculptures et, à la fin de sa vie, des œuvres numériques. En 2012, une antenne de la Galerie d'art du Monténégro, consacrée à l'art du XXe siècle et contemporain, a ouvert à Cetinje et porte son nom.

Milo Milunović (1897-1967), Jovan Zonjić (1907-1961), Vojo Stanić (né en 1924), Filip Janković (né en 1935), Dimitrije Popović (né en 1951) et le sculpteur Risto Stijović (1894-1974) sont d'autres artistes intéressants. Les meilleurs lieux pour découvrir leurs œuvres et celles d'autres artistes sont la Galerie d'art du Monténégro, à Cetinje, et les musées et galeries de Podgorica.

Parmi les artistes contemporains, Jelena Tomašević expose ses peintures et ses installations vidéo à New York, Berlin, Milan et Venise. Spécialiste de la performance, Marina Abramović est née à Belgrade de parents monténégrins. Elle a remporté un Lion d'or lors de la Biennale de Venise en 1997. Pour l'une de ses œuvres les plus célèbres, *The Artist Is Present,* elle est restée assise immobile sur une chaise pendant 75 jours au musée d'Art moderne de New York tandis que des visiteurs prenaient place tour à tour face à elle.

L'*oro* est une singulière danse en cercle accompagnée par les chants des participants qui tour à tour entrent dans le cercle pour réaliser une danse de l'aigle stylisée. Pour finir en beauté, les danseurs costauds forment un cercle à étage en se tenant sur les épaules de leurs camarades.

Cinéma

Depuis l'indépendance, le cinéma monténégrin n'a pas encore ébloui le monde. Marija Perović, la première femme réalisatrice et metteuse en scène du pays, s'efforce d'y remédier. Après *Opet pakujemo majmune,* son premier film, en 2004, elle a réalisé *Gledaj me* (Regarde-moi) en 2008.

Né au Monténégro, Veljko Bulajić réalise des films depuis les années 1950, le plus récent étant *Libertas,* en 2006. Son film *Vlak bez voznog reda* (Train sans horaire) a été nominé pour la Palme d'or à Cannes en 1959, tandis que *Rat* (Guerre) a été nominé pour le Lion d'or à la Biennale de Venise en 1960. En 1969, il a écrit et réalisé *Bitka na Neretvi* (La bataille de la Neretva), qui a été nominé aux Oscars dans la catégorie du meilleur film en langue étrangère.

Autre remarquable réalisateur de l'époque yougoslave, Živko Nikolić (1941-2001) a réalisé 24 films entre les années 1960 et 1990.

La personnalité monténégrine qui a le mieux réussi à Hollywood est le directeur de la photographie Bojan Bazelli. Il a travaillé notamment sur *The King of New York* (1990), *Kalifornia* (1993), *Mr & Mrs Smith* (2005), *Hairspray* (2007) et *Rock forever* (2012).

On pense souvent au James Bond de 2006, *Casino Royale,* quand on évoque le Monténégro. Or les scènes du Monténégro ont en fait été tournées en République tchèque. Quant aux *Fantasmes de Madame Jordan* (1981), réalisé par le Serbe Dušan Makavejev et nominé à Cannes, il a été tourné en Suède. Par contre, des scènes de *L'Homme qui voulait vivre sa vie* (2010) ont été réalisées dans les bouches de Kotor.

STEĆCI

Le nord du Monténégro et d'autres régions des Balkans occidentaux recèlent des pierres tombales médiévales sculptées appelées *stećci.* Leurs origines et leur symbolisme laissent les archéologues perplexes.

Architecture

Les maisons traditionnelles monténégrines sont de robustes structures dotées de petites fenêtres avec volets et d'une toiture inclinée aux tuiles de terre cuite. Dans les régions montagneuses, une base en pierre est surmontée d'un étage en bois et d'un toit à deux pans assez raides, conçu pour que la neige puisse glisser. La *kula*, maison semblable à une tour carrée construite pour se défendre, est très répandue dans les régions de l'extrême Est. Elle dispose généralement de trois ou quatre niveaux - le niveau inférieur étant dépourvu de fenêtre - et possède parfois des balcons ornés, en bois ou en pierre, au dernier étage.

L'influence vénitienne est flagrante dans les villes fortifiées de la côte, qui rappellent Dubrovnik et d'autres villes de Dalmatie. Les rues de Cetinje arborent des demeures et des palais datant de la fin du XIXe siècle, vestiges de l'époque où elle était capitale royale.

L'architecture socialiste fonctionnelle de l'époque yougoslave a tendance à être ignorée, alors que certains édifices, merveilleusement inventifs, datent de cette période. Il serait dommage de ne pas rendre leur gloire passée aux hôtels des années 1970 qui n'ont pas déjà été détruits ou modernisés.

Quant aux bâtiments en béton dans les villes, ils ont peut-être l'air sinistre, mais ils n'ont rien à voir avec certaines cités que l'on trouve dans les banlieues occidentales. Si personne ne semble se soucier de l'entretien extérieur, à l'intérieur, ils sont généralement confortables et bien tenus.

La cuisine monténégrine

Mariage de nombreuses influences, la cuisine du Monténégro est délicieuse. En général, la plupart des produits sont locaux, frais et bio, et donc de saison. Ce petit pays possède au moins trois styles régionaux distincts : la cuisine du cœur historique du Monténégro, celle des montagnes et la cuisine de la côte.

Spécialités du Monténégro central

Le village de Njeguši sur les pentes du Lovćen (la Montagne noire) est célèbre pour son *pršut* (jambon fumé) et son *sir* (fromage). Toute spécialité qui porte un nom contenant "Njeguški" sera un authentique plat monténégrin où l'on retrouvera ces deux délices et, au choix, des côtes de porc, du veau, du steak ou de viande rôtie à la broche *(Njeguški ražanj).*

Le Vieux Monténégro s'étirait jusqu'aux rives de la Crnojević et aux berges nord du lac de Skadar, où la cuisine est dominée par trois poissons d'eau douce : l'anguille *(jegulja),* l'ablette *(ukljeva)* et la carpe *(krap).*

On raconte qu'en 1951, lorsque le célèbre sculpteur croate Ivan Meštrović a réalisé les modèles des magnifiques statues du mausolée de Njegoš, situé au sommet du mont Lovćen, il aurait demandé à n'être payé qu'en fromage et *pršut* de Njeguši.

Cuisine des montagnes

Dans les montagnes du Nord, la cuisine fait la part belle aux viandes et aux influences serbes. Roborative, elle doit aider les montagnards à passer l'hiver. L'*ispod sača* consiste à faire rôtir viande et légumes entre deux feux, le plat étant placé sous un couvercle en métal recouvert de charbons chauds. L'agneau peut être lentement poché dans du lait avec des épices et des pommes de terre *(brav u mljeku)* dans un plat particulièrement apprécié dans les régions habitées par des Albanais. Le bœuf est cuisiné avec du *raštan* (sorte de chou), du riz et des poivrons rouges dans un ragoût appelé *japraci.* Il peut être accompagné de *cicvara* (polenta ou sarrasin à la crème et au fromage) ou de *kačamak* (polenta à base de farine de maïs et de purée de pommes de terre). Le meilleur miel *(med)* est produit dans les montagnes.

Cuisine de la côte

La cuisine que goûteront les vacanciers venus chercher le soleil est absolument délicieuse et ne diffère pas de celle de Dalmatie : influences italiennes, poissons grillés, ail, huile d'olive.

Goûtez à la soupe de poisson *(riblja čorba),* un savoureux bouillon clair comprenant généralement du riz. Le calamar grillé *(lignje na žaru),* avec ses tentacules croustillants couverts d'ail et d'huile d'olive, est une valeur sûre ; le *punjene lignje* est farci de *pršut* et de *sir.* Près de 400 ans de domination vénitienne ont légué d'excellents risottos et plats de pâtes. Le risotto noir *(crni rižoto),* avec morceaux de seiche, tient sa couleur et son parfum subtil de l'encre de seiche. Le risotto de fruits de mer peut être blanc ou rouge (avec une sauce à la tomate) et servi chaud ou froid.

Si tous ces plats font de copieux repas, lors d'un grand dîner, ils précèdent le poisson grillé. Dans la plupart des restaurants de poisson,

VIN MONTÉNÉGRIN

Le vin du Monténégro est tout à fait convenable et c'est généralement le moins cher de la carte. Le cépage rouge du pays, le *vranac*, produit d'excellents vins charnus. Il est traditionnellement vieilli dans des tonneaux en bois de noyer plutôt qu'en chêne et son histoire est très ancienne. La reine illyrienne Teuta, qui aurait particulièrement apprécié ce vin, encouragea sa production au IIIe siècle av. J.-C. Parmi les vins blancs locaux figurent le chardonnay, le sauvignon blanc et le *krstač*.

on vous présentera des poissons entiers *(ribe)* pour que vous fassiez votre choix. Ils sont vendus au kilo, et le prix dépend de la catégorie. Les espèces locales sont petites mais savoureuses ; les plus grosses bien que fraîches sont importées. Les plats de poisson sont parfumés avec des herbes comme le laurier et le persil, ainsi qu'avec du citron et de l'ail. L'accompagnement traditionnel est un délicieux mélange de blettes *(blitva)*, de pommes de terre bouillies, d'huile d'olive et d'ail, souvent appelé "Dalmatian garnish" dans les menus en anglais.

Les habitants fabriquent souvent leur propre *rakija* (eau-de-vie). La variété la plus commune au Monténégro est la *loza*, à base de raisin, mais elle peut être réalisée avec n'importe quel ingrédient. Elle est offerte en signe d'hospitalité, il faut donc lui faire honneur (pour info, elle contient en général entre 40 et 60° d'alcool).

Spécialités balkaniques

Les viandes grillées sont peu ou prou les mêmes dans tous les Balkans, notamment : *ćevapčići* (petites saucisses de viande hachée), *pljeskavica* (hamburgers épicés) et *ražnjići* (brochettes de porc ou de veau). Les grillades sont souvent accompagnées de frites et de salade.

Pour ne pas vous limiter à la viande, essayez la *musaka* (la moussaka : couches d'aubergine, de pommes de terre et de viande hachée), le *sarma* (viande hachée et riz enroulés dans des feuilles de chou), le *kapama* (agneau mijoté, oignons et épinards avec yaourt) et le *punjene tikvice* ou le *paprike* (courgettes ou poivrons farcis de viande hachée et de riz). Parmi les autres plats régionaux figurent le goulasch épicé hongrois *(gulaš)* et les kebabs turcs *(kebap)*.

L'en-cas le moins cher et le plus répandu dans les Balkans est le *burek*, un feuilleté fourré au fromage, à la viande *(meso)*, aux pommes de terre *(krompir)* ou parfois aux champignons *(pečurke)*, le plus souvent accompagné de yaourt. Dans les lieux fréquentés, des kiosques vendent des crêpes salées ou sucrées *(palačinke)* avec des garnitures diverses : noix et amandes concassées, confiture ou banane. Encore plus riche, le *slane* (salé) *palačinke* est une crêpe frite et panée, fourrée au fromage.

Principaux repas

Le petit-déjeuner *(doručak)* se compose de pain frais, de fromage et de charcuterie (salami ou *pršut*), parfois de pâtisseries. Si on prépare un plat chaud, ce sera une omelette *(omlet)*. Les Monténégrins sautent souvent ce repas et prennent un en-cas comme le *burek* en allant au travail.

Le déjeuner *(ručak)*, servi en milieu d'après-midi, est généralement le principal repas familial, mais l'adoption des horaires de travail occidentaux change peu à peu les choses. Un déjeuner familial peut se composer d'une soupe, suivie d'une salade et d'un plat de viande ou de poisson cuisiné. Le dîner *(večera)* serait ensuite léger, probablement composé uniquement de pain et de charcuterie, de fromage et d'olives. Cependant, si vous sortez dîner, vous commencerez sûrement tard (après 20h) et aurez un repas similaire au déjeuner typique.

Les fruits frais se mangent plutôt en dessert. Les *priganice* (beignets) servis avec du miel, du fromage et du jambon *(džem)* sont la spécialité sucrée la plus typique du Monténégro. Des gâteaux et tartes extrêmement sucrés, comme les délicieux baklavas, sont proposés avec le café. La glace locale *(sladoled)* est aussi excellente.

Le végétarisme est une notion abstraite au Monténégro, attendez-vous à des regards perplexes. Pâtes, pizzas et salades restent les meilleures options de secours. Évitez de commander des légumes farcis car ils le sont souvent à la viande.

Environnement

"Beauté sauvage" : le slogan touristique du Monténégro n'est pas mensonger. Ce petit pays est en effet un concentré de merveilles naturelles, souvent encore préservées. Dans les montagnes de l'arrière-pays, des étendues de forêt vierge hébergent de grands mammifères depuis longtemps disparus dans la majeure partie du continent.

Parc national du Durmitor

Les trois plus anciens des cinq parcs nationaux du Monténégro, ceux du Lovćen, de Biogradska Gora et du Durmitor, datent de 1952. Avec ses montagnes, ses lacs glaciaires et sa flore, le Durmitor est un paradis pour les amoureux de la nature, et celui qui attire le plus de visiteurs. Depuis 1980, il figure sur la liste du patrimoine mondial de l'Unesco.

Les 39 000 ha du parc englobent le massif du Durmitor et l'étroite bande qui longe le canyon de la Tara. Point culminant du massif, qui compte 48 sommets de plus de 2 000 m, le Bobotov Kuk (2 523 m) est souvent cité comme le plus haut du pays. En réalité, le massif des Prokletije qui borde l'Albanie possède un pic plus élevé, mais le Bobotov Kuk est entièrement situé au Monténégro. Rival du Colorado, l'impressionnant canyon de la Tara est le plus profond d'Europe (jusqu'à 1 300 m).

Au nombre des activités souvent pratiquées dans le parc on compte le rafting (entre avril et octobre), le ski (de janvier à mars), la randonnée, l'escalade et les safaris en jeep (plus agréable en été). Elles peuvent être organisées depuis Žabljak, la ville par laquelle on accède au parc.

Le Monténégro possède quelque 500 types d'herbes aux vertus médicinales, dont une grande partie est récoltée pour produire des huiles essentielles et des remèdes naturels. L'armoise, un ingrédient de l'absinthe, était autrefois exportée en Italie pour produire la liqueur amère Amaro Montenegro.

Parc national du Lovćen

D'une superficie de 6 220 ha, le parc national du Lovćen s'étend au cœur du Vieux Monténégro et abrite l'imposant mausolée du héros national, Njegoš. Comme de nombreuses montagnes du pays, le Lovćen est un massif karstique composé d'affleurements escarpés gris et blancs, parsemé de grottes et couvert d'une végétation rare. Un peu partout, des sources jaillissent de la roche.

La partie la plus basse du mont Lovćen (1 749 m) est couverte de forêts de hêtres noirs. Chaque année, quand ces arbres perdent leurs feuilles, dévoilant leur tronc noir caractéristique, on comprend pourquoi les Vénitiens appelaient ce mont la "montagne noire". Plus haut, les hêtres s'accompagnent de pins endémiques appelés *munika*. Sur les versants rocheux poussent des herbes parfumées comme la sauge, le romarin, la monarde fistuleuse, la menthe, la camomille et le millepertuis commun.

Capitale historique du Monténégro, Cetinje fait une excellente base pour randonner ou faire du vélo dans le parc. Kotor et Budva sont également situées à proximité.

Parc national de Biogradska Gora

Le plus petit des parcs nationaux couvre 5 650 ha du massif de Bjelasica qui comprend 1 600 ha de forêt vierge – l'un des territoires intacts les plus importants en Europe. On y trouve des genévriers, des roses sauvages, des pins, des hêtres, des érables, des sapins et des ormes, dont le plus haut atteint 45 m.

Il n'y a aucun village mais il existe des campings et des bungalows près du bureau du parc. Si la ville la plus proche est Mojkovac, Kolašin fait une meilleure base. Agréables en été, les randonnées sont plus belles lorsque les feuilles se parent des couleurs de l'automne.

Plus de la moitié du Monténégro se trouve à plus de 1 000 m au-dessus du niveau de la mer, et 15% du pays est situé à plus de 1 500 m d'altitude.

Parc national du lac de Skadar

En 1983, le lac de Skadar est devenu le quatrième parc national du pays et le premier hors des montagnes. Plus grand lac d'Europe du Sud, le Skadar s'étend entre le Monténégro et l'Albanie, où il est appelé Shkodër. Alimenté principalement par la Morača au nord-ouest, il est relié à l'Adriatique par le fleuve Bojana, situé à l'opposé. Il occupe une dépression qui descend par endroits sous le niveau de la mer. Ses bords marécageux sont couverts de nénuphars blancs et jaunes, de roseaux, de saules, de châtaignes d'eau comestibles ainsi que de rares espèces endémiques d'orchidées.

Côté monténégrin, le parc national protège une superficie de 40 000 ha du lac, mais ce dernier est reconnu par la convention de Ramsar, comme "marais d'importance internationale". Il accueille un quart de la population mondiale des cormorans pygmées et 262 autres espèces, principalement migratoires, comme la bécassine double et la grande outarde. On y trouve aussi le pélican frisé, le plus grand des pélicans, qui est la mascotte du parc.

Outre l'observation des oiseaux, le parc se prête à la randonnée, au kayak, à la baignade et aux excursions en bateau sur des îles surmontées de monastères ou de forteresses. Le temps est souvent meilleur en août. L'accès se fait généralement par Virpazar mais il y a d'autres villages : Murići, Vranjina et Rijeka Crnojevića.

Il arrive que le Bojana coule à l'envers. Cet événement inhabituel se produit en hiver lorsqu'en crue, son affluent albanais, le Drin, vient se déverser et que le volume d'eau repousse une partie du courant jusqu'à sa source, le lac de Skadar.

Parc national des Prokletije

Créé en 2009, le parc le plus récent du Monténégro couvre 16 000 ha de région montagneuse aux frontières de l'Albanie et du Kosovo et abrite le plus haut sommet du pays, le Kolac (2 534 m). Du côté albanais, le massif des Prokletije culmine à 2 694 m. Un comité travaille depuis plusieurs années à la création d'un "parc de la Paix" transfrontalier, mais les responsables politiques doivent d'abord s'accorder.

Au pied des montagnes, d'anciens glaciers ont formé la vallée de Plav. Il existe sur le lac Visitor, dans la montagne éponyme au-dessus de Plav, une étrange île flottante qui serait selon la légende un ancien radeau utilisé autrefois par les bergers pour transporter leurs troupeaux. Bien fertilisé, son sol s'est développé et il dérive désormais sur le lac.

PROBLÈMES ÉCOLOGIQUES

Une bonne partie de la "beauté sauvage" du Monténégro repose sur sa géographie. Le relief accidenté a freiné les invasions, mais il a aussi limité l'expansion de la population et les excès du développement. Conscient de cet atout, le pays s'est autoproclamé premier "État écologique" du monde. Reste à savoir ce que cela signifie pour un pays où la chasse est populaire, où le recyclage n'existe presque pas et où la population produit évidemment des déchets. Le pays s'enorgueillit de l'existence d'ours, de lynx et de loups, mais personne ne sait combien il en reste. A priori ils sont fort peu nombreux et dans ces conditions, les pratiques des chasseurs soulèvent de réelles inquiétudes.

Le béton envahit la côte. Le littoral de Budva étant en grande partie jalonné d'imposants complexes hôteliers, l'attention des promoteurs (et de leurs opposants) se tourne désormais vers la péninsule de Luštica encore épargnée.

Les infrastructures touristiques sont limitées dans les villes voisines de Plav et de Gusinje, mais cela devrait s'améliorer. Le parc est un terrain propice au VTT, à la randonnée et à l'alpinisme.

Faune

De nombreuses espèces d'animaux trouvent refuge dans les endroits cachés du Monténégro. Les férus d'ornithologie seront comblés. Mais ceux qui espèrent apercevoir un ours ou un loup seront décus.

De nombreux oiseaux rares des marais se rassemblent autour du lac de Skadar et de gros rapaces survolent les montagnes. Le plus imposant est l'aigle royal. Son envergure va jusqu'à 2,40 m et son régime à base de rongeurs s'agrémente parfois d'agneaux et de petites chèvres.

Les grands mammifères (ours bruns, loups gris, lynx boréals) se font généralement discrets pour ne pas être tués. Les ours bruns vivent dans les forêts, à 900 m d'altitude ou plus haut. En 2000, on estimait à moins de 130 le nombre d'individus restants au Monténégro, concentrés dans les montagnes du Nord et de l'Est. Malgré un poids allant jusqu'à 200 kg pour les mâles, ils ne représentent pas une menace importante pour l'homme, sauf s'ils protègent un ourson ou sont surpris.

Les loups ne constituent pas non plus une grande menace, sauf s'ils sont enragés ou affamés. Ils vivent en forêt mais s'aventurent parfois dans les plaines pour s'approcher du bétail. C'est pour cela qu'ils sont encore pourchassés dans certaines régions.

Les loutres vivent autour du lac de Skadar et dans la Tara. Les parcs nationaux du Durmitor et de Biogradska Gora abritent des blaireaux. Dans le Durmitor, les chamois des Balkans côtoient les chevreuils, et l'on retrouve ces derniers également dans les massifs du Lovćen et de Bjelasica. Le chacal doré vit aux alentours de Bar et d'Ulcinj, trois meutes étant à demeure sur l'île d'Ada Bojana. Renards, belettes, taupes, marmottes, lièvres, musaraignes, chauves-souris, phacochères, écureuils roux et loirs viennent compléter la famille des mammifères.

Sur les sentiers reculés, vous apercevrez certains reptiles fuyant les chemins. Au Monténégro vit une impressionnante collection de lézards, de tritons, de grenouilles, de tortues et de serpents. Les lacs glaciaires isolés des montagnes karstiques abritent des espèces comme le triton alpestre du Monténégro qui n'existe que dans un petit lac du Durmitor. Quasi disparue, la tortue des marais peut être aperçue dans les parcs du Lovćen et du lac de Skadar.

Enfin, le serpent est l'animal qui intéresse et inquiète le plus les visiteurs. Régulièrement aperçu et souvent pris pour un serpent, l'inoffensif orvet est un lézard marron de 50 cm, aux pattes atrophiées. Beaucoup plus dangereuse, la vipère cornue peut mesurer jusqu'à 95 cm. C'est le serpent le plus grand et le plus venimeux d'Europe. Il aime les habitats rocheux (qui ne sont pas légion au Monténégro), possède une bande ondulante sur le corps et une "corne" écailleuse caractéristique sur le museau. Si vous arrivez à distinguer la corne, c'est que vous êtes probablement un peu trop près. La bonne nouvelle, c'est que ce serpent n'est pas du tout agressif et qu'il mord uniquement s'il se sent menacé, alors faites attention où vous mettez les pieds.

PROTÉE

Le protée, amphibien aveugle qui vit dans le parc national de Biogradska Gora, est l'une des espèces les plus curieuses du Monténégro. Son nom monténégrin, *č ovječja ribica*, signifie "poisson humain" car sa peau ressemble à celle de l'homme.

Monténégro pratique

Carnet pratique

Alimentation

Reportez-vous à la rubrique *La cuisine monténégrine* (p. 156) pour en savoir plus sur la cuisine locale.

Si vous achetez du poisson au kilo, comptez entre 200 et 250 g par personne. Si vous hésitez, demandez au vendeur de vous donner un ordre de prix avant de choisir un poisson.

Ambassades et consulats

Pour une liste complète des missions étrangères au Monténégro et des missions monténégrines à l'étranger, consultez le site www.mip.gov.me. Pour les Québecois, le consulat monténégrin le plus proche est celui de New York. Sauf mention contraire, les ambassades et consulats étrangers au Monténégro sont basés à Podgorica. La représentation la plus proche est en Serbie pour certains pays.

Ambassades et consulats monténégrins à l'étranger

France (☎01 53 63 80 30 ; www.amb-montenegro.fr ; 216 bd Saint-Germain, 75007 Paris)

Belgique (☎02 705 28 51 ; belgium@mfa.gov.me ; rue du Trône 117, 1050 Bruxelles)

États-Unis (☎212 661 5400 ; consulate.newyork@mfa.gov.me ; 801 2nd Avenue, 7th Floor, 10022 New York, NY).

Suisse (☎022 732 66 80 ; switzerland@mfa.gov.me ; rue de Lausanne 147, 1202 Genève)

Ambassades et consulats au Monténégro

Albanie (carte p. 102 ; ☎020-667 380 ; www.mfa.gov.al ; Stanka Dragojevića 14)

Belgique (☎11 323 00 18 ; http://diplomatie.belgium.be/serbia ; Krunska 18, 11000 Belgrade, Serbie)

Bosnie-Herzégovine (carte p. 102 ; ☎020-618 105 ; www.mvp.gov.ba ; Atinska 58)

Canada (☎00-381-11-306 3000 ; www.canada.rs ; Kneza Miloša 75, Belgrade, Serbie)

Croatie (www.mvep.hr) Podgorica (☎020-269 760 ; Vladimira Ćetkovića 2) Kotor (carte p. 46 ; ☎032-323 127 ; Trg od oružja bb)

France (carte p. 102 ; ☎020-655 348 ; Atinska 35)

Serbie Podgorica (carte p. 102 ; ☎020-667 305 ; www.podgorica.mfa.gov.rs ; Hercegovačka 18) Herceg Novi (carte p. 36 ; ☎031-350 320 ; www.hercegnovi.mfa.gov.rs ; Njegoševa 40)

Suisse (☎020 245 100 ; podgorica@honrep.ch ; Bulevar Svetog Petra Cetinjskog 1a)

TARIFS DES RESTAURANTS

Les indicateurs de prix utilisés dans ce guide se rapportent au prix du plat principal (qu'il soit présenté comme tel ou non) le moins cher du menu.

€ jusqu'à 5 €

€€ de 5 à 8 €

€€€ plus de 9 €

Argent

- La devise nationale est l'euro (€), et, sauf mention contraire, les prix indiqués dans ce guide sont en euros. Reportez-vous à la p. 17 pour les taux de change.
- On trouve des banques pourvues de DAB, acceptant pour la plupart les cartes Visa, MasterCard, Maestro et Cirrus, dans toutes les grandes villes. Les DAB ont tendance à délivrer de grosses coupures difficiles à écouler.
- Ne comptez pas trop trouver des restaurants, des magasins ou de petits hôtels acceptant la carte bleue.
- On n'attend pas que vous laissiez de pourboire, mais il est habituel d'arrondir à l'euro supérieur.

Assurance

Il est recommandé de souscrire une police

d'assurance en béton, qui vous couvrira en cas de vol, de perte ou de maladie. Bien que le vol ne soit pas un problème majeur, les voitures de location en sont parfois la cible, et les routes monténégrines ne sont pas les plus sûres du monde. Les assurances ne manquent pas : renseignez-vous et comparez (et vérifiez auprès de Visa ou de Mastercard les services compris avec votre carte bancaire).

Si vous êtes ressortissant de l'Union européenne, vous êtes couvert pour la plupart des soins médicaux d'urgence hors rapatriement. Les citoyens hors UE devront se renseigner sur l'existence d'un accord réciproque éventuel entre le Monténégro et leur pays leur donnant droit à des soins gratuits. Il est vivement conseillé de souscrire une police d'assurance couvrant les pires scénarios, comme un rapatriement d'urgence. Vérifiez avant le départ si votre assurance paie directement les soins ou si elle vous les rembourse à votre retour. La première option est toujours préférable, surtout si votre budget est serré.

Certaines polices d'assurance excluent spécifiquement les "activités à risque" comme la plongée, le parachutisme ascensionnel, le parapente, le rafting, le ski et même la randonnée. Si vous prévoyez de vous adonner à l'un ou l'autre de ces sports au Monténégro, assurez-vous d'être totalement couvert, notamment au niveau des secours et de l'évacuation médicale d'urgence.

Prenez soin d'obtenir et de conserver tous les documents requis pour une éventuelle réclamation, notamment une déclaration de vol en bonne et due forme le cas échéant ou les factures attestant des frais engagés en cas de soins médicaux. En cas de problème, certaines compagnies incitent leurs assurés à contacter un centre dans leur pays (appel en PCV) pour une évaluation immédiate de la situation.

Cartes et plans

À moins que vous ne prévoyiez d'emprunter souvent les routes secondaires, l'achat d'une carte routière (*auto karta*) ne s'impose pas. Vous trouverez des plans de ville en librairie et dans certains offices du tourisme. Intersistem Kartografija publie une carte routière du Monténégro (1:370 000).

Les randonneurs explorant les massifs du Lovćen, du Durmitor et de Bjelasica trouveront des cartes détaillées dans les centres d'accueil des parcs nationaux correspondants et dans les offices du tourisme voisins.

Cartes de réduction

➡ Au Monténégro, la carte d'étudiant internationale (ISIC ; www.isic.org), délivrée aux jeunes de 12 ans et plus scolarisés, donne droit à des réductions sur les billets de train et est acceptée chez de nombreux prestataires : restaurants, magasins, hébergements et autres. Vous pouvez vous la procurer auprès de votre syndicat étudiant, de certains réseaux internationaux d'auberges de jeunesse ou dans certaines

Climat

Podgorica

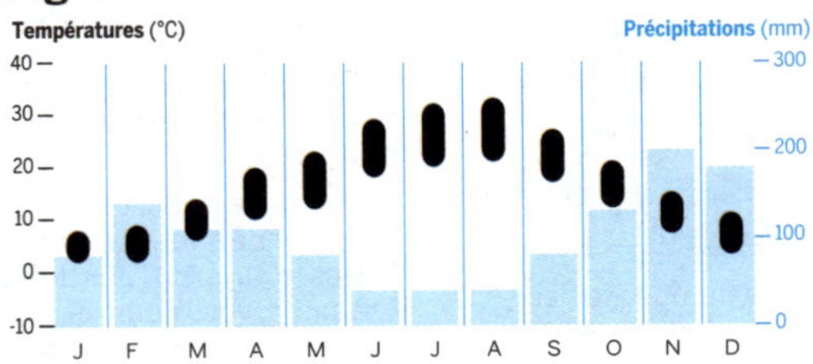

Kotor

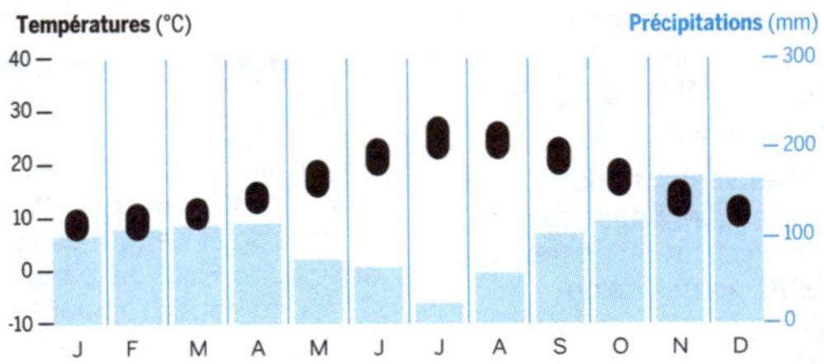

Bijelo Polje

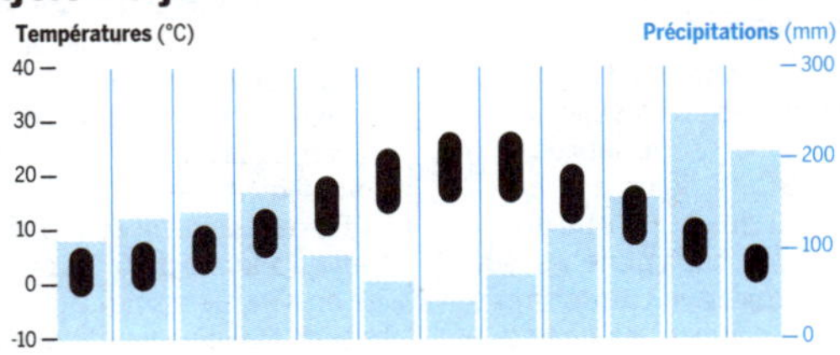

PRATIQUE

- **Presse :** *Vijesti* (Les Nouvelles), *Dan* (Le Jour) et *Pobjeda* (La Victoire) sont tous des quotidiens. *Monitor*, un magazine hebdomadaire d'actualités en monténégrin, côtoie les versions traduites des grands titres internationaux dans les kiosques à journaux.
- **Radio et télévision :** RTCG (Radio TV Montenegro) est la compagnie nationale de radiotélédiffusion, avec deux stations de radio et trois chaînes de télévision. En tout, on compte 11 chaînes de télévision plus ou moins nationales et 6 chaînes régionales au Monténégro. Il existe également plusieurs dizaines de stations radio indépendantes à travers le pays.
- **Poids et mesures :** système métrique.

agences de voyages partenaires.

- La même organisation délivre également les cartes IYTC (International Youth Travel Card, pour les jeunes entre 12 et 26 ans menant une activité professionnelle en plus de leurs études) et ITIC (International Teacher Identity Card, pour les professeurs), qui donnent droit à des réductions similaires à l'ISIC.

Douanes

- Pour empêcher les visiteurs en provenance des pays voisins de ramener toutes leurs provisions avec eux, le Monténégro limite à 1 kg la quantité de nourriture pouvant être introduite sur le territoire.
- Des restrictions s'appliquent également à l'importation de tabac (200 cigarettes ou 20 cigares ou 250 g de tabac), d'alcool (1 l de vin ou de tout autre alcool) et de parfum (250 ml).
- Les sommes d'argent (espèces ou travellers cheques) supérieures à 2 000 € doivent être déclarées à la sortie du pays. Si vous pénétrez sur le territoire avec une somme importante et estimez que vous quitterez probablement le pays avec plus de 2 000 € en poche, remplissez un formulaire de déclaration des devises sous peine de vous voir confisquer votre argent en quittant le Monténégro.
- La législation en matière de drogues est comparable à celle des autres pays européens. La possession et le trafic de drogue sont passibles de longues peines de prison.
- Votre passeport doit être tamponné à votre entrée dans le pays. En l'absence de tampon, vous pourriez être arrêté ou condamné à payer une amende pour entrée illégale sur le territoire.

Enfants

Au Monténégro, attendez-vous à ce que vos enfants soient l'objet de toutes les attentions. Pour les parents, c'est une bonne manière d'établir le contact. Les hôtels, restaurants et cafés leur réservent un accueil chaleureux, et on a même pu apercevoir de rares adolescents accompagnés de leurs parents faire la fête en discothèque.

En revanche, il n'est pas toujours facile de trouver les équipements adaptés. Les hôtels proposent parfois des lits pour bébé, mais mieux vaut s'en assurer à l'avance. Il en va de même pour le siège auto chez les loueurs ou dans les taxis, et, bien qu'il ne soit pas obligatoire, nous vous recommandons d'emmener le vôtre pour des questions de sécurité. Les restaurants proposant des chaises hautes sont une exception à la règle.

En l'absence de menu enfant, les pâtes, les pizzas et les frites sont des solutions faciles et disponibles partout. Seuls les hôtels les plus sélects proposent un service de garde d'enfants.

Vous trouverez des couches jetables partout (surtout des Pampers et des Huggies) ; les grands supermarchés vendent du lait en poudre, mais il peut être utile d'en prévoir de petites réserves. Les marques les plus répandues sont Bebelac et Nestlé, parfois Aptamil.

Il est très rare de voir des mères donner le sein en public, mais, l'allaitement étant encouragé au Monténégro, vous ne devriez pas susciter de réactions hostiles le cas échéant. Les coussinets d'allaitement sont difficiles à trouver : nous vous recommandons d'en prévoir un stock.

La qualité des soins médicaux est très bonne dans l'ensemble, mais la langue pose parfois problème. Chaque ville est dotée d'un centre médical (*Dom zdravlja*) dont le service infantile compte habituellement deux salles d'attente : l'une pour les enfants potentiellement contagieux et l'autre pour les bras cassés et autres bobos.

Le Monténégro est un pays relativement sûr, où vous devriez pouvoir lâcher un peu la bride aux plus grands : ils adoreront jouer au ballon avec les petits garnements du quartier, avec qui vous les retrouverez rapidement. La situation est malheureusement inverse pour les enfants en bas âge : les exigences en matière de sécurité étant globalement moins strictes (piscines non clôturées, absence de barrières, etc.), il vous faudra redoubler de vigilance.

Les ruelles pavées et les escaliers des quartiers historiques sont un cauchemar pour les poussettes, et il n'est pas rare que des voitures mal garées bloquent les trottoirs. Cela vaut tout de même le coup d'amener la vôtre, ne serait-ce que pour le plaisir de vous joindre au défilé des parents promenant leur progéniture les soirs d'été.

Les petits tracas que vous pourriez rencontrer ne sont rien au regard du merveilleux accueil réservé aux familles, à l'air frais et aux délicieuses baignades qui vous attendent au Monténégro. Retrouvez davantage de conseils pour prendre la route avec vos bambins dans le guide Lonely Planet *Voyager avec des enfants*.

Électricité

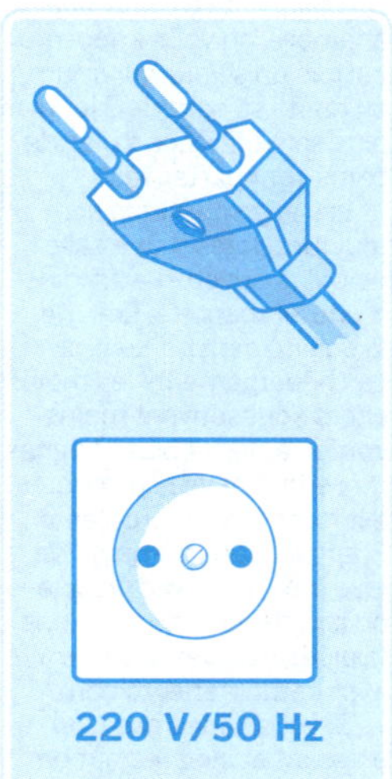

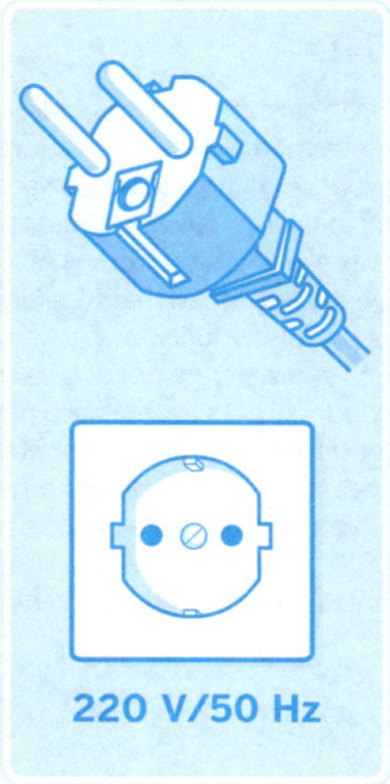

Formalités et visas

La plupart des ressortissants européens et canadiens peuvent séjourner jusqu'à 90 jours au Monténégro sans visa. Si votre pays ne bénéficie pas d'une exemption de visa, votre demande devra être accompagnée d'un passeport en cours de validité, d'une lettre d'invitation, d'un billet retour, d'une attestation de fonds et d'un certificat d'assurance médicale.

Handicapés

Les ruelles pavées et les nombreux escaliers compliqueront beaucoup la tâche aux personnes à mobilité réduite. De manière générale, il existe très peu d'infrastructures adaptées, que ce soit pour les voyageurs ou les résidents. Les hôtels les plus chics proposent parfois des chambres accessibles aux fauteuils roulants.

Hébergement

Les hôtels, les chambres chez l'habitant et les appartements de location constituent l'essentiel de l'offre en hébergement, bien que l'on assiste ces dernières années à l'ouverture d'auberges de jeunesse dans les zones les plus touristiques. Les campings fonctionnent l'été ; dans les régions montagneuses, on trouve des refuges ou des bungalows dans des "écovillages".

En haute saison (l'été), un séjour minimum est parfois demandé (entre 3 jours et une semaine). De nombreux établissements de la côte – même certains grands hôtels – ferment l'hiver.

Le prix des hôtels comprend généralement le petit-déjeuner, les draps de bain, les articles de toilette de base et (sauf mention contraire) une salle de bains privée. La plupart des chambres de catégorie moyenne sont également pourvues d'une TV, d'un réfrigérateur et de l'air conditionné (*klima*) – sauf en montagne, où la climatisation n'est pas nécessaire et où des radiateurs sont fournis l'hiver. Les établissements de catégorie supérieure offrent généralement le téléphone avec ligne directe et un minibar voire, pour les plus chics d'entre eux, un peignoir, des chaussons, un coffre, une piscine, un spa et un service de chambre 24h/24. Le Wi-Fi est de plus en plus répandu, même si on ne capte parfois que dans certaines parties des bâtiments.

Nous avons indiqué les sites Internet des établissements – lorsqu'ils en ont – ou, à défaut, leur adresse e-mail. Cependant, maintenir ces sites à jour n'est pas le fort des Monténégrins et les e-mails ne reçoivent pas toujours de réponse.

Si vous êtes disposé à payer une commission pour vous éviter des tracas, confiez l'organisation de

PRIX DE L'HÉBERGEMENT

Les prix fluctuent en fonction de la saison ; dans ce guide, nous avons pris le parti d'indiquer les prix de la saison intermédiaire (juin et septembre). Attendez-vous à payer plus en haute saison (juillet et août) et moins en basse saison. Des réductions sont souvent accordées en cas de long séjour. Dans les stations de ski, la haute saison s'étend de janvier à mars, avec un pic aux alentours du Nouvel An.

Une modeste taxe touristique est appliquée (habituellement moins de 1 € par personne et par nuit) ; bien que parfois incluse dans le prix, elle vient le plus souvent s'ajouter à la note finale. Elle est généralement collectée puis reversée par le logeur, mais certains hôtes privés laissent à leurs clients le soin de la payer directement. La procédure change d'une région à l'autre, et trouver l'autorité compétente relève parfois du parcours du combattant. En théorie, on peut vous demander de présenter les récépissés (ou la copie de vos factures d'hôtel) à votre sortie du pays, mais cette mesure est rarement appliquée dans la pratique.

Les indications de prix suivantes correspondent à l'option la plus économique pour un couple :

€ moins de 40 €

€€ de 40 à 99 €

€€€ plus de 99 €

votre voyage à une agence de voyages spécialisée. Essayez **Black Mountain** (☎067-640 869 ; www.montenegroholiday.com), **Montenegro Adventures** (carte p. 102 ; ☎020-208 000 ; www.montenegro-adventures.com ; Jovana Tomaševića 35) ou d'autres agences locales recommandées dans ce guide.

Auberges de jeunesse

L'apparition des auberges de jeunesse au Monténégro est toute récente car, entre chambre chez l'habitant et hôtel traditionnel, elles ne rentraient jusqu'alors dans aucune case bureaucratique. Le combat a été rude mais fructueux, et de formidables adresses ont vu le jour, en particulier à Kotor et à Budva. Certaines s'apparentent à des appartements réorganisés en dortoirs. Les meilleures d'entre elles proposent des zones communes bien pensées et tout un tas d'activités. On y trouve généralement de quoi cuisiner. Les salles de bains sont communes.

Campings

Les campings sont souvent basiques, avec des toilettes à la turque et un accès limité à l'eau. Certains parcs nationaux proposent des bungalows, mais ce n'est pas le cas de la plupart des campings. Les prix sont calculés en fonction du véhicule, de la taille de la tente, du nombre (et de l'âge) de ses occupants et de l'emplacement (nu ou avec électricité). Les campings sont essentiellement concentrés le long de la côte (y compris dans la baie de Kotor) et du côté de Žabljak.

L'été, lorsque les bergers conduisent leurs troupeaux vers les hauts pâturages, vous pouvez leur demander l'autorisation de planter votre tente près de leur *katun* (campement traditionnel).

Chambres chez l'habitant et locations

L'hébergement chez des particuliers, qu'il s'agisse d'une chambre chez l'habitant ou d'un appartement de location, est presque toujours l'option la plus économique.

Il est possible de réserver par le biais d'agences de voyages, mais à la haute saison les propriétaires vous aborderont directement aux arrêts de bus, et vous verrez des pancartes accrochées aux maisons (on y lit souvent "*Sobe/Zimmer/Rooms*", très rarement "Chambres"). Certains offices du tourisme publient des guides répertoriant ces hébergements. S'il n'est pas compliqué de trouver une chambre, on vous imposera parfois un séjour minimum en haute saison (de 3 jours le plus souvent). Les salles de bains sont partagées.

Les appartements sont toujours dotés d'une salle de bains privée et au moins d'une kitchenette. Ensuite, la qualité dépend du prix. Les hébergements les moins chers sont souvent moins confortables et plus éloignés du centre, mais la propreté est rarement un problème. Pour des appartements de luxe (certains avec piscine ou juchés au sommet d'une falaise), essayez le site www.exploremontenegro.com.

Si vous n'êtes pas trop exigeant et avez le goût de l'aventure, vous devriez pouvoir trouver à vous loger chez l'habitant jusque dans les villages les plus reculés pour peu que vous usiez de votre charme naturel et des quelques mots que vous aurez appris.

Hôtels

Les destinations les plus populaires ont vu le nombre d'hôtels, petits ou grands, croître de manière exponentielle. La plupart de ces établissements disposent d'un restaurant et proposent un hébergement en pension complète ou demi-pension (le petit-déjeuner plus un ou deux repas). Au Monténégro, les établissements avec spa sont appelés "wellness centre" et les lits doubles sont des "lits français" (*francuski ležaj*).

Les hôtels de Podgorica sont chers (ils s'adressent à une clientèle d'hommes d'affaires et à la classe politique). Vous en trouverez de plus abordables sur la côte où les prix baissent à mesure que l'on s'éloigne de Budva. Les villes touristiques de Žabljak et Kolašin sont les plus chères du nord du pays, mais vous trouverez des options bon marché ailleurs.

Heure locale

- Le Monténégro est à la même heure que la plupart des pays européens (GMT+1).
- Comme en France, les horloges sont avancées d'une heure à la fin mars, pour le passage à l'heure d'été, et retardées d'une heure à la fin octobre.

Heures d'ouverture

Au Monténégro, les horaires d'ouverture sont un concept relatif. Bien qu'affichés à l'entrée des musées ou des magasins, ne vous étonnez pas s'ils ne sont pas toujours respectés. Bon nombre de commerces à vocation touristique, notamment les hôtels, ferment totalement entre novembre et mars.

Poste Dans les grandes villes, les bureaux de poste sont habituellement ouverts de 7h à 20h du lundi au vendredi, parfois même le samedi. Dans les villes plus petites, il arrive qu'ils ferment plus tôt (en milieu d'après-midi) ou le midi entre 12h et 17h.

Banques Lun-ven 8h-17h, et jusqu'à 12h le samedi.

Magasins Dans les sites très fréquentés, les magasins ouvrent à 8h ou 9h et ferment à 20h ou 21h. Certains ferment quelques heures en fin d'après-midi.

Restaurants Les restaurants ouvrent à 8h et ferment autour de 23h ou minuit, tandis que les cafés/bars restent parfois ouverts jusqu'à 2h ou 3h du matin.

Homosexualité

Bien que l'homosexualité ait été dépénalisée en 1977, et que la discrimination soit prohibée depuis 2010, vous ne trouverez pas le moindre bar gay ou lesbien au Monténégro. Ne vous laissez pas tromper par les nombreux hommes marchant bras dessus, bras dessous ou se tenant par la main dans les régions albanaises : l'homosexualité se heurte encore à une farouche hostilité, et il est d'autant plus compliqué d'être homosexuel au Monténégro que l'on attend des jeunes qu'ils restent vivre chez leurs parents jusqu'au mariage. Des actes de violence à l'encontre d'activistes gays ont été rapportés ces dernières années.

De nombreux gays se rabattent sur des sites spécialisés (www.gayromeo.com) ou tentent leur chance sur une poignée de plages propices aux rencontres, notamment Jaz Beach près de Budva (extrémité gauche de la plage) ou au pied des ruines de Ratac, à proximité de Bar.

Pour les lesbiennes, accéder à la communauté locale est encore plus compliqué.

Internet (accès)

La plupart des hébergements (à l'exception des chambres chez l'habitant) proposent désormais le Wi-Fi gratuit. Cependant, la couverture se limite bien souvent à la seule réception de l'hôtel. De nombreux bars et cafés sont également équipés du Wi-Fi. Vous trouverez des cafés Internet dans la plupart des villes ; comptez autour de 50 cts de l'heure. Les habitants de Tivat disposent d'une connexion Wi-Fi gratuite étendue à toute la ville, contrepartie du projet Porto Montenegro (voir p. 52).

Dans ce guide, l'icône @ indique qu'un ordinateur relié à Internet est mis à disposition de la clientèle ; les endroits équipés du Wi-Fi sont indiqués par l'icône [Wi-Fi]. Attention : ces symboles n'impliquent pas la gratuité du service, bien que ce soit souvent le cas.

Jours fériés

Nouvel An 1er et 2 janvier

Noël orthodoxe 6, 7 et 8 janvier

Vendredi saint et lundi de Pâques orthodoxes Dates variables, généralement en avril-mai

Fête du travail 1er mai

Fête de l'indépendance 21 mai

Fête nationale 13 juillet

Offices du tourisme

La qualité des offices du tourisme officiels (*turistička organizacija*) est très variable. Dans certains, le personnel est incroyablement serviable et parle anglais, les horaires d'ouverture sont respectés et les brochures gratuites sont de qualité ; dans d'autres, rien de tout cela. Fort heureusement, l'office du tourisme national est plus efficace, et son site Internet (www.montenegro.travel) est une excellente ressource pour les voyageurs. Il ne possède pas de bureaux ouverts au public, mais vous pouvez contacter son personnel polyglotte à tout moment en composant le 1300 pour obtenir des renseignements touristiques.

Poste

Chaque ville est dotée d'un bureau de poste auquel les habitants recourent pour payer leurs factures ; préparez-vous donc à d'interminables files d'attente. Les colis doivent être apportés ouverts pour permettre leur inspection. Vous pouvez recevoir du courrier en poste restante partout pour un tarif raisonnable. Les services postaux internationaux sont lents.

Problèmes juridiques

Certaines évidences sont bonnes à rappeler : lors de votre séjour au Monténégro, vous serez soumis aux lois monténégrines, qui peuvent parfois différer de celles de votre pays d'origine.

➡ En cas d'arrestation, vous pourrez demander à ce que l'on prévienne votre ambassade ou votre consulat, et il est du devoir de la police de vous y aider. La police est également tenue de vous notifier immédiatement les charges retenues contre vous dans une langue que vous comprenez et de vous préciser que vous avez le droit de garder le silence. Vous avez le droit de faire appel à l'avocat de votre choix pour tout interrogatoire.

➡ En première instance, vous pourrez être condamné à trois mois de détention préventive, une durée qui pourra être rallongée de trois mois en deuxième instance. Les mineurs ne peuvent être retenus plus de 60 jours.

➡ La constitution monténégrine garantit le droit à un procès public et équitable avec l'assistance d'un avocat et le droit à la présomption d'innocence.

➡ La peine de mort a été abolie au Monténégro, mais la détention de drogue est passible d'un long séjour en prison.

➡ Il est de votre devoir de vous enregistrer auprès de la police locale au cours des premières 24 heures suivant votre arrivée au Monténégro et de notifier tout changement d'adresse aux autorités. Les logeurs s'en chargent généralement pour vous (c'est pourquoi votre passeport vous est habituellement demandé lors de votre enregistrement à l'hôtel).

➡ Il arrivait autrefois que la police soutire de l'argent aux auteurs d'infractions routières, mais il semblerait que ces pratiques ne soient plus d'actualité. Si cela devait vous arriver, exigez une explication claire de la situation et, si celle-ci ne vous convainc pas, demandez à parler à votre ambassade.

Santé

Des soins de qualité sont accessibles partout au Monténégro. Les pharmaciens sauront vous conseiller et vous vendre des médicaments sans ordonnance pour vos soucis de santé mineurs. La qualité des soins dentaires est bonne également.

Avant de partir

Quelques préparatifs, notamment pour les personnes ayant des soucis de santé, vous éviteront bien des tracas une fois en voyage. Avant un long départ, prévoyez une visite chez le dentiste. Emportez avec vous une paire de lunettes et des lentilles de contact de rechange (accompagnées de leur ordonnance). Transportez vos médicaments dans leur boîte d'origine. Il peut également s'avérer utile de faire rédiger à votre médecin une lettre décrivant votre maladie et votre traitement, en y précisant quelques noms génériques. Si vous transportez des aiguilles, assurez-vous de pouvoir présenter une lettre de votre médecin en expliquant la raison.

Vaccins

L'Organisation mondiale de la santé (OMS) recommande à tous les voyageurs d'être vaccinés contre la diphtérie, le tétanos, la rougeole, les oreillons, la rubéole, la coqueluche et la polio, indépendamment de leur destination. La vaccination contre les hépatites A et B est également conseillée. Sachant que l'immunité intervient au plus tôt deux semaines après l'inoculation pour la plupart des vaccins, il est prudent de consulter son médecin au moins six semaines avant le départ.

Les zones boisées du Monténégro sont considérées à risque pour l'encéphalite à tiques, une grave infection du cerveau qui se transmet par la morsure de tiques. Il est recommandé aux personnes exposées à la morsure de cet acarien (notamment les campeurs et les randonneurs) de se faire vacciner.

Eau du robinet

L'eau du robinet est potable au Monténégro, mais il peut y avoir des problèmes. Il est déconseillé de boire celle de Herceg Novi en mai, car les tuyaux du réservoir principal (en Croatie) sont condamnés pour nettoyage, et l'eau distribuée est alors acheminée depuis un réservoir local. L'eau en bouteille est bon marché et disponible partout.

Morsures de serpents

Par mesure de précaution, évitez de marcher pieds nus ou de glisser vos mains dans des trous ou des fissures. Sachez que, dans la moitié des cas de morsure, les serpents venimeux n'injectent pas de venin. Si vous vous faites mordre par un serpent, ne paniquez pas. Immobilisez le membre concerné (par exemple avec un bâton) et bandez-le fermement, comme pour une entorse. À ne pas faire : aspirer, inciser ou garrotter la morsure. Appelez immédiatement les secours afin de recevoir, en cas de besoin, un traitement antivenimeux.

Oursins

Prenez garde aux oursins sur les plages de galets. Si des piquants venaient à se ficher dans votre peau, utilisez de l'huile d'olive pour les ramollir et retirez-les rapidement pour limiter les risques d'infection. Par précaution, enfilez des sandales en plastique pour marcher sur les rochers et ouvrez l'œil lors de vos baignades.

Sécurité

- Les villes monténégrines sont globalement sûres. Vous y verrez des enfants jouer sans surveillance dans la rue et des jeunes femmes se promener seules la nuit ou faire du stop (ce que nous ne recommandons pas pour autant).
- Les routes peuvent être dangereuses. Bien qu'en bon état pour la plupart, elles sont souvent étroites et flanquées de falaises à pic. Le principal danger vient cependant des autres automobilistes, qui n'ont pas le moindre scrupule à doubler dans les virages en parlant au téléphone ou à s'arrêter en plein milieu de la route sans prévenir. Les Monténégrins klaxonnent à tout va ; ne vous laissez pas décontenancer. Mieux vaut garder son calme et respecter les limitations de vitesse, car la police veille.
- Si vous visitez des ruines l'été, il y a de fortes chances que vous croisiez des serpents. Le Monténégro compte deux types de vipères venimeuses, mais elles se tiennent habituellement aussi loin que possible de l'homme. En cas de morsure, vous aurez le temps de vous rendre au centre médical le plus proche pour que l'on vous administre un antivenin, mais ne tardez pas. Les serpents d'eau sont inoffensifs.
- Demandez l'autorisation de la police avant de prendre en photo un bâtiment officiel qu'elle garde.
- Le Monténégro est une zone sismique active et les tremblements de terre n'y sont pas rares. La dernière secousse meurtrière remonte à 1979.

Téléphone

- Le code d'accès international est le 00 ou + depuis un téléphone portable.
- Dans les cabines téléphoniques, appuyez sur la touche *i* pour des instructions en anglais.
- Les numéros de portable commencent par 06.
- L'achat d'une carte SIM locale peut être utile si vous prévoyez de séjourner longtemps. Les principaux opérateurs (T-Mobile, M:tel et Telenor) ont des boutiques dans la plupart des villes. De nombreux centres commerciaux abritent des terminaux où vous pourrez recharger votre compte prépayé. Les appels sur portable sont très onéreux, mais les principaux opérateurs proposent des tarifs très avantageux pour les appels inter-réseau ; ainsi, il n'est pas rare de voir des commerces affichant trois numéros de trois opérateurs différents.

NUMÉROS D'URGENCE

- **Ambulance** (☎124)
- **Pompiers** (☎123)
- **Police** (☎122)

Voyager seule

Pour les femmes seules, voyager au Monténégro ne présente pas de difficulté particulière, si ce n'est l'intérêt qu'elles soulèveront chez certains hommes. Dans les régions musulmanes, certaines femmes portent le voile, mais la plupart s'habillent à la mode européenne.

Transports

DEPUIS/VERS LE MONTÉNÉGRO

Que ce soit en avion, en train, en bateau ou en voiture, il est facile de se rendre au Monténégro. Bien que les lignes, déjà nombreuses, desservant les deux aéroports du pays ne cessent de se multiplier, aucune compagnie *low cost* n'est représentée pour le moment. Il est parfois moins cher et plus pratique de passer par un pays voisin, en particulier la Croatie. L'aéroport de Dubrovnik est très proche de la frontière, et la plus belle ville d'Adriatique pourrait être une agréable entrée en matière à vos vacances monténégrines.

Entrer au Monténégro

L'entrée au Monténégro ne pose pas de problèmes, le pays ne demandant pas mieux que d'accueillir les touristes. Toutefois, si vous arrivez par la route du côté croate, de longues files d'attente se forment aux postes-frontières sur la route de l'Adriatique (prévoyez une heure). Le passage de la frontière serbe à Dobrakovo peut également être long par moments.

Passeport

Vérifiez que la période de validité de votre passeport court bien 6 mois après la date de votre arrivée. De nombreux pays bénéficient d'une exemption de visa (notamment ceux de l'Union européenne, la Suisse et le Canada pour un séjour de moins de 3 mois), assurez-vous que c'est le cas du vôtre. Assurez-vous bien que l'on tamponne votre passeport lors de votre entrée sur le territoire sans quoi vous pourriez être embêté à la sortie.

Voie aérienne

Aéroports et compagnies aériennes

L'**aéroport de Podgorica** (TGD ; ☎020-444 244 ; www.montenegroairports.com), au sud de la capitale, est le plus grand et le plus moderne des aéroports du Monténégro. Tout le sud du pays et le centre jusqu'à Kolašin se trouvent dans un rayon de 100 km autour. Son code (TGD) est un vestige de l'ancien nom de la capitale : Titograd. Les Monténégrins l'appellent parfois l'aéroport de Golubovci, du nom du village voisin.

Le deuxième aéroport international du pays se trouve à **Tivat** (TIV ; ☎032-670 930 ; www.montenegroairports.com), un bon point d'arrivée pour les vacanciers se rendant dans les bouches de Kotor ou à

VOYAGES ET CHANGEMENTS CLIMATIQUES

Tous les moyens de transport fonctionnant à l'énergie fossile génèrent du CO_2 – la principale cause du changement climatique induit par l'homme. L'industrie du voyage est aujourd'hui dépendante des avions. Si ceux-ci ne consomment pas nécessairement plus de carburant par kilomètre et par personne que la plupart des voitures, ils parcourent en revanche des distances bien plus grandes et relâchent quantité de particules et de gaz à effet de serre dans les couches supérieures de l'atmosphère. De nombreux sites Internet utilisent des "compteurs de carbone" permettant aux voyageurs de compenser le niveau des gaz à effet de serre dont ils sont responsables par une contribution financière à des projets respectueux de l'environnement. Lonely Planet "compense" les émissions de tout son personnel et de ses auteurs.

Budva. Il accueille plus d'un demi-million de passagers chaque année.

Le troisième aéroport se trouve en réalité dans le pays voisin, en Croatie. L'**aéroport de Dubrovnik** (DBV ; ☎+385-20-773 100 ; www.airport-dubrovnik.hr), à 17 km seulement de la frontière, est le plus proche de Herceg Novi. Connu dans la région sous le nom d'aéroport de Čilipi, il voit passer plus de 1,3 million de voyageurs chaque année.

En monténégrin, aéroport se dit *aerodrom* (аеродром). Le même mot était employé en Croatie jusqu'à l'indépendance lorsque, dans un accès de nationalisme linguistique, il fut officiellement remplacé par le terme *zračna luka*, une traduction littérale des termes "air" et "port".

Montenegro Airlines, la compagnie aérienne nationale, est dotée d'une petite flotte d'avions d'une capacité de 102 et 116 passagers. Ses partenaires commerciaux sont Adria, Austrian et JAT Airways.

COMPAGNIES AÉRIENNES DESSERVANT LE MONTÉNÉGRO ET DUBROVNIK

Des dizaines de compagnies aériennes desservent le Monténégro et la ville voisine de Dubrovnik depuis toute l'Europe. Certaines ne volent que l'été ou réduisent drastiquement la fréquence de leurs vols le reste de l'année.

Adria Airlines (carte p. 102 ; www.adria.si) assure la liaison entre Ljubljana et Podgorica.

Croatia Airlines (carte p. 102 ; www.croatiaairlines.com) assure la liaison entre Zagreb et Podgorica, et entre Paris, Zagreb, Zurich et Dubrovnik.

easyJet (www.easyjet.com). Vols *low cost* pour Dubrovnik depuis Genève, Lyon et Paris.

Jat Airways (www.jat.com) dessert Podgorica et Tivat depuis Belgrade.

Jetairfly (www.jetairfly.com) assure la liaison entre Bruxelles et Dubrovnik, de mai à septembre.

Montenegro Airlines (www.montenegroairlines.com) dessert Tivat depuis Belgrade, et Podgorica depuis Belgrade, Ljubljana, Niš, Paris et Zurich.

Thomas Cook Airlines (www.thomascookairlines.com) dessert Tivat et Dubrovnik au départ de Bruxelles, d'avril à octobre.

Voie maritime

Montenegro Lines (☎030-303 469 ; www.montenegrolines.net) assure au moins deux liaisons par semaine entre Bar et Bari de mai à septembre (billet pont 44-48 €, cabine 56-210 €, 10 heures) ; et au moins une liaison par semaine entre Bar et Ancona de juillet à août (51-60 €, cabine 70-230 €, 16 heures). Comptez entre 68 et 90 € par voiture, sauf dans le cas de 4 passagers voyageant en cabine : le transport de la voiture est alors gratuit.

Voie terrestre

Le Monténégro est un petit pays, mais il partage ses frontières avec cinq autres États : la Croatie, la Bosnie-Herzégovine, la Serbie, le Kosovo et l'Albanie. Il est facile de pénétrer au Monténégro depuis n'importe lequel de ses voisins.

Bus

Un réseau de bus bien développé relie le Monténégro aux autres grandes villes de l'ex-Yougoslavie, et même à l'Europe de l'Ouest et à la Turquie. À la frontière, des contrôles de passeports sont souvent effectués à bord. Assurez-vous de bien récupérer le vôtre, et qu'il ait été tamponné.

Nous avons répertorié les principales liaisons de bus :

Belgrade (Serbie) vers Rožaje (14 €, 7/jour), Pljevlja (18 €, 3/jour), Podgorica (27 €, bus nombreux), Nikšić (26 €, 1 bus tous les 2 jours), Budva (26 €, 15/jour), Petrovac (29 €, 5/jour), Ulcinj (33 €, 4/jour), Tivat (28 €, 1/jour), Kotor (32 €, 7/jour) et Herceg Novi (33 €, 7/jour). Comptez 10 heures de trajet jusqu'à Podgorica, 13 heures jusqu'à Herceg Novi.

Dubrovnik (Croatie) vers Herceg Novi (10 €, 2/jour), Kotor (14 €, 2/jour), Petrovac (18 €, 1/jour) et Podgorica (19 €, 1/jour). Comptez 2 heures de trajet jusqu'à Herceg Novi.

Peć (Kosovo) vers Rožaje (5 €, 2/jour) et Plav (8 €, 1/jour). Comptez 2 heures de trajet jusqu'à Rožaje, davantage s'il y a de la neige.

Priština (Kosovo) vers Rožaje (10 €, 1/jour), Podgorica (17 €, 1/jour) et Ulcinj (18 €, 6/jour). Comptez 8 heures de trajet jusqu'à Ulcinj.

Sarajevo (Bosnie-Herzégovine) vers Pljevlja (9 €, 1/jour), Nikšić (15,50 €, 3/jour), Podgorica (19 €, 6/jour), Budva (22 €, 4/jour), Herceg Novi (24 €, 2/jour) et Ulcinj (26 €, 1/jour). Comptez 7 heures de trajet jusqu'à Herceg Novi.

Shkodra (Albanie) vers Ulcinj (6 €, 2/jour) ; comptez 1 heure 30.

Trebinje (Bosnie-Herzégovine) vers Nikšić (6,50 €, 3/jour) ; comptez 1 heure 45.

Train

La principale ligne ferroviaire du Monténégro part de Bar et traverse tout le pays jusqu'en Serbie. Au moins deux trains circulent quotidiennement entre Bar et Belgrade (21 €, 11 heures), l'un d'eux continuant sa route jusqu'à Novi Sad et Subotica. Pour les horaires, consultez le site des **chemins de fer monténégrins** (www.zpcg.me). Depuis Belgrade, les **chemins de fer serbes** (www.serbianrailways.com) permettent de rejoindre facilement la Slovénie, l'Autriche, la Hongrie et l'Allemagne. Depuis/vers la France, la **Deutsche Bahn** (☎01 44 58 95 49, numéro payant : www.bahn.com) est la compagnie la plus pratique pour gagner Belgrade.

- Le Monténégro peut être inclus dans le Select Pass d'**Eurail** (www.eurail.com), un forfait proposant plusieurs jours de voyage en train sur une période de deux mois dans 3, 4 ou 5 pays voisins (le Monténégro et la Serbie comptent comme un seul et même pays). Le prix adulte du Select Pass varie entre 234 € (5 jours, 3 pays) et 514 € (15 jours, 5 pays). Des réductions s'appliquent pour les jeunes de 25 ans et moins.

- Les forfaits **InterRail** (www.interrailnet.com) ne s'adressent qu'aux ressortissants européens vivant en Europe depuis plus de 6 mois. Le Global Pass donne droit à un nombre illimité de voyages en train dans 30 pays (dont le Monténégro) durant une période donnée. Certains sont valables sur une période continue, d'autres sont plus flexibles. Les prix varient en fonction de l'âge et de la classe ; les forfaits jeunes (moins de 25 ans) sont moins chers que les forfaits adultes, et les forfaits enfants moitié moins chers. À titre d'exemple, un Global Pass donnant droit à 5 jours de voyage en 2e classe sur une période de 10 jours vaut 276/181 € par adulte/jeune ou 658/435 € pour autant de voyages que l'on souhaite sur une période continue d'un mois. Certains trains sont soumis à conditions ou entraînent un supplément.

- Le forfait Balkan Flexipass de **Rail Europe** (www.raileurope.com) couvre vos voyages en train dans les pays suivants : Monténégro, Bosnie-Herzégovine, Macédoine, Bulgarie, Grèce, Roumanie et Turquie, en 1re classe uniquement. Le prix varie en fonction du nombre de jours de voyage que vous retenez. Par exemple, pour 5 jours de voyage pendant un mois comptez 250 $ (200 €) et 525 $ (405 €) pour 15 jours de voyage pendant un mois. Des tarifs réduits sont disponibles pour les jeunes et les seniors.

Si vous prévoyez de nombreux déplacements en train, procurez-vous le guide Thomas Cook répertoriant tous les horaires des trains et ferrys européens (en anglais), avec des informations relatives à la réservation et aux suppléments éventuels. En vente dans les agences Thomas Cook ou en ligne sur www.thomascookpublishing.com/RailGuides.

Vélo

Faire entrer un vélo au Monténégro ne pose aucun problème. Attention cependant : les cyclistes sont rares et les automobilistes n'y prêtent guère attention, et ce n'est pas pour rien qu'on retrouve le mot "*monte*" (montagne) dans "Monténégro".

La plupart des compagnies aériennes accepteront votre vélo. Vous pouvez le démonter et ranger toutes les pièces dans un sac ou une boîte, ou simplement l'enregistrer au comptoir de la compagnie comme un bagage. Il vous sera peut-être demandé d'en retirer les pédales et de tourner le guidon de manière à ce qu'il occupe moins de place dans la soute de l'avion. Renseignez-vous auprès de la compagnie aérienne de votre choix avant d'acheter votre billet. Si votre vélo et vos autres bagages dépassent la limite de poids autorisé, renseignez-vous sur une éventuelle alternative ou vous devrez vous acquitter de frais d'excès de bagage.

Voiture et moto

Passer au Monténégro en véhicule privé ou de location ne devrait pas poser problème si vos papiers sont en règle : certificat d'immatriculation du véhicule et justificatif d'assurance automobile valide localement. Vérifiez bien la police d'assurance de votre véhicule de location, car certains loueurs d'Europe de l'Ouest ne couvriront pas votre voyage au Monténégro.

Depuis les principaux postes-frontières avec la Croatie, la Serbie, le Kosovo et l'Albanie, vous n'aurez pas à rouler plus de 25 km pour trouver une station-service ou un garage. Depuis le poste-frontière avec la Bosnie en revanche, vous ne trouverez rien avant Nikšić.

Des cas de vandalisme ont été reportés en Croatie contre des véhicules immatriculés au Monténégro (en particulier du côté de Dubrovnik) et au Monténégro contre des véhicules immatriculés en Croatie (en particulier du côté des bouches de Kotor). Il ne s'agit généralement que de dégradations mineures.

Passage des frontières

ALBANIE

Les deux principaux postes-frontières entre l'Albanie et le Monténégro sont Sukobin (entre Shkodra et Ulcinj) et Hani i Hotit (entre Shkodra et Podgorica). Si vous naviguez sur le lac de Skadar, n'oubliez pas que la frontière le traverse et prenez garde à ne pas la dépasser. En raison des nombreux trafics (cigarettes, drogues et réseaux de prostitution), la police monténégrine patrouille sur le lac. Les mêmes précautions s'appliquent aux randonneurs explorant le massif des Prokletije.

BOSNIE-HERZÉGOVINE

Les deux principaux postes-frontières entre le Monténégro et la Bosnie-Herzégovine sont Dolovi (entre Trebinje et Nikšić) et Šćepan Polje. Certaines cartes indiquent d'autres postes plus reculés, mais ils ne sont généralement ouverts (quand ils le sont) qu'aux habitants des deux pays et des voyageurs ont témoigné y avoir été refoulés.

CROATIE

L'attente peut être longue au poste-frontière de Debeli Brijeg (sur l'autoroute qui longe l'Adriatique entre Herceg Novi et Dubrovnik). Vous pouvez l'éviter en rejoignant le poste de Kobila par la péninsule de Prevlaka ; bien que nous ayons entendu dire que ce dernier était réservé aux Monténégrins et aux Croates, nous n'avons jamais eu écho d'expériences négatives ou personnellement connu de problème. Pour le rejoindre côté croate, quittez l'autoroute quelques kilomètres avant le principal poste-frontière, et traversez Pločice et Vitaljina. Une fois au Monténégro, la route rejoint l'autoroute juste avant Igalo.

KOSOVO

Il n'existe qu'un poste-frontière, celui de Kulina, sur la route entre Rožaje et Peć.

SERBIE

Le poste-frontière le plus fréquenté est celui de Dobrakovo (au nord de Bijelo Polje), suivi de Dračenovac (nord-est de Rožaje) et Rančе (est de Pljevlja). Le train traverse à Dobrakovo.

COMMENT CIRCULER

Bateau

Il n'existe pas de ligne de ferry régulière au Monténégro, mais de nombreux bateaux-taxis circulent en été. On les hèle depuis le rivage pour un trajet court le long de la côte ou vers les îles. Ils sont plus difficiles à trouver en basse saison, cherchez alors du côté des ports de plaisance. Certains bateaux proposent un trajet défini, mais la plupart fonctionnent à la demande.

Bus

Le réseau de bus national est fiable et bien développé. Les véhicules sont confortables et climatisés, et rarement pleins. Les horaires et les tarifs sont généralement affichés aux arrêts de bus, mais ils ne sont pas toujours à jour. Les agents ne parlant pas l'anglais vous écriront les prix et les horaires de bus sur un bout de papier.

Il est légèrement plus avantageux d'acheter son billet à bord du bus qu'à la gare routière, mais cette dernière option vous garantit une place assise. Réservation recommandée : a) pour les bus internationaux ; b) pendant les vacances ; c) là où les bus longue distance sont rares. Comptez 1 € par bagage en soute.

Il est interdit de fumer à bord des bus, et cette mesure est généralement respectée. La conduite n'est ni meilleure ni pire qu'ailleurs.

Vélo

Vous ne verrez pas beaucoup de vélos, même en ville, et il n'existe pas de pistes cyclables. Les automobilistes n'ont pas l'habitude de partager la route avec les cyclistes ; autant que possible, essayez d'éviter les routes principales. Le port du casque n'est pas obligatoire.

L'office national du tourisme a néanmoins développé une série de pistes de VTT en pleine nature, rendant envisageable l'idée d'un tour du Monténégro à vélo. Le relief du pays étant accidenté, l'expérience est cependant réservée aux sportifs confirmés.

Le secret d'une expédition à vélo réussie ? Voyager léger et ne pas trop en faire les premiers jours. Même pour un trajet court et sans effort, emportez toujours de quoi réparer une crevaison. Il peut être utile d'avoir avec soi des freins, des câbles et des rayons de rechange, des clés Allen et à molette et de la bande adhésive ultra résistante. L'entretien est essentiel : examinez consciencieusement votre vélo matin et soir. Prévoyez un bon cadenas et utilisez-le chaque fois que vous laissez votre vélo sans surveillance.

Un cycliste chevronné parcourt environ 80 km par jour, mais tout dépend du terrain et du poids qu'il transporte.

Voiture et moto

La voiture et la moto sont d'excellents moyens d'explorer le pays en toute liberté ; certaines routes vous réservent des paysages à couper le souffle. La police est partout : respectez les limitations de vitesse et ayez votre permis de conduire international avec vous.

Calculez large : au-delà des distances, tenez compte du terrain. Vous roulerez rarement à plus de 60 km/h dans les bouches de Kotor, par exemple. L'état des routes est globalement bon, un peu moins dans les zones rurales (surtout en hiver ou après une mauvaise météo). Réputée dangereuse, la route Podgorica-Belgrade qui traverse le canyon de la Morača est souvent soumise à de mauvaises conditions et très fréquentée. Il est préférable de se montrer très prudent au volant, et de se méfier de tout le monde. Que l'on vous klaxonne à outrance ou que l'on vous double dans les virages, rappelez-vous : il est préférable d'éviter la confrontation.

Le seul péage du Monténégro est celui du tunnel de Sozina, entre le lac de Skadar et la mer (2,50 €/voiture).

Associations automobiles

L'**association auto-moto du Monténégro** (Auto Moto Savez Crne Gore ; ☎assistance routière 9807 ; www.amscg.org) propose assistance d'urgence, dépannage et réparation.

Assurance

Une assurance au tiers est obligatoire, et vous devrez présenter un certificat pour faire entrer votre voiture au Monténégro. Faites-vous délivrer une carte verte internationale par votre assureur, et vérifiez qu'elle couvre bien tous les pays que vous prévoyez de visiter. Vous en aurez besoin en cas d'accident dans un pays autre que celui où le véhicule est assuré. Vous pourrez vous procurer un formulaire de constat d'accident européen (l'équivalent du constat amiable en France) auprès de votre police d'assurance ; en deux exemplaires, il sert de preuve aux deux parties pour d'éventuelles réclamations à l'assurance. Ne signez jamais un constat que vous ne comprenez pas : exigez qu'il soit traduit, et signez uniquement s'il vous convient.

Certaines polices d'assurance (en particulier celles prenant les voitures de location en charge) ne couvrent pas tous les pays européens, et le Monténégro fait souvent partie des exclus ; vérifiez la vôtre avant de louer une voiture. Lors de la location, étudiez soigneusement l'assurance qui vous est proposée, y compris la franchise (vous voudrez peut-être payer plus pour la réduire) et les restrictions (rouler sur les routes en terre par exemple).

Code de la route

- Comme dans le reste de l'Europe continentale, on roule à droite et double à gauche. Tenez votre droite sauf lorsque vous doublez, et utilisez vos clignotants pour changer de voie ou pour décrocher.
- Il est interdit de doubler les bus scolaires lorsqu'ils sont arrêtés pour faire monter ou descendre des passagers, ou lorsque leurs clignotants sont allumés.
- Les véhicules s'engageant sur un rond-point ont la priorité.
- La signalisation routière internationale est employée.
- Vous êtes tenu de boucler votre ceinture (y compris à l'arrière si le véhicule en est équipé) et de rouler avec vos feux de croisement allumés (même de jour) ; le port du casque est obligatoire à moto.
- L'usage du siège auto n'est pas obligatoire, mais les enfants de moins de 12 ans et les adultes en état d'ébriété n'ont pas le droit de s'asseoir à l'avant.
- L'usage du téléphone portable est interdit au volant.
- Il est interdit de conduire pieds nus.
- Les sanctions pour conduite en état d'ébriété sont sévères, pouvant aller jusqu'à l'emprisonnement. Votre taux d'alcool dans le sang ne doit pas dépasser 0,05%. La police peut vous délivrer une amende sur le moment, mais n'a pas le droit d'en percevoir le paiement.
- La vitesse est limitée à 50 km/h en agglomération, 80 km/h en dehors des agglomérations et 100 km/h sur certaines routes. Il n'est pas rare que la limitation change à plusieurs reprises sur une même section de route en raison de la nature montagneuse du terrain. Un dépassement de la limitation de vitesse de plus de 30 km/h est passible du retrait temporaire de votre permis.
- Les voitures doivent être équipées de phares de rechange, d'une trousse de secours, d'un triangle et d'une veste réfléchissante.
- Si vous êtes impliqué dans un accident provoquant des blessures graves ou d'importants dommages, vous êtes légalement tenu d'en informer la police.

Essence et pièces détachées

Toutes les villes de taille moyenne ont une station-service, mais n'attendez pas d'être à sec. Les pompes ouvertes la nuit sont rares. Vous trouverez du diesel, du sans-plomb 95 et de l'octane 98 un peu partout. Les pièces détachées des grands constructeurs sont faciles à se procurer en ville, et les mécaniciens de manquent pas pour les petites réparations.

Location

Rien de plus simple que de louer une voiture dans les grandes villes. Budva en particulier compte de nombreux loueurs. La plupart des grandes sociétés de location européennes sont représentées, notamment à l'aéroport, mais les sociétés locales sont souvent plus compétitives. Si vous avez atterri à Dubrovnik, le plus simple est sans doute de récupérer votre voiture à l'aéroport, mais c'est s'exposer au (faible) risque de voir votre voiture, immatriculée en Croatie, vandalisée au Monténégro (voir p. 172).

Alamo (☎020-445 555 ; www.alamo.com). Au centre de Podgorica et aux aéroports de Podgorica et Dubrovnik.

Avis (www.avisworld.com). Aéroports de Podgorica, Tivat et Dubrovnik, et à Budva.

Europcar (☎020-653 141 ; www.europcar.com). Aéroports de Podgorica, Tivat et Dubrovnik.

Hertz (☎020-441 555 ; www.hertz.me). Au centre de Podgorica, et aux aéroports de Podgorica, Tivat et Dubrovnik.

In Montenegro (☎031-345 700 ; www.inmontenegro.com). Herceg Novi, et aux aéroports de Tivat et Podgorica.

Meridian Rentacar (☎020-234 944 ; www.meridian-rentacar.com). Une agence locale fiable possédant des bureaux à Budva, Bar, Podgorica et à l'aéroport de Podgorica ; à partir de 30 €/jour.

National (☎020-445 555 ; www.roksped.com). Au centre de Podgorica, et aux aéroports de Podgorica et Dubrovnik.

Sixt (☎033-453 100 ; www.sixt.com). À Herceg Novi, Tivat, Budva, au centre de Podgorica et aux aéroports de Podgorica, Tivat et Dubrovnik.

Permis de conduire

Il est conseillé de vous faire délivrer un permis de conduire international avant le départ. Bien que de nombreux loueurs acceptent les permis étrangers, ce n'est pas toujours le cas de la police routière et vous risquez une amende.

Stationnement

Le stationnement n'est pas une mince affaire, et vous pourriez bien vous retrouver coincé derrière une voiture garée en double file. Parfois, des places que l'on penserait illégales ne le sont pas (sur le trottoir par exemple).

Véhicules privés

Conduire votre propre voiture au Monténégro ne devrait pas poser de problème, pour peu que vous ayez avec vous les papiers du véhicule à jour et une assurance en cours de validité. Si votre voiture est abîmée à votre entrée dans le pays, les gardes-frontières vous remettront un certificat qu'il vous faudra présenter en quittant le Monténégro pour prouver que les dommages n'ont pas eu lieu durant votre séjour.

En stop

Faire du stop n'est jamais sans risque, mais c'est une pratique assez courante au Monténégro. Il est toujours plus prudent de voyager à deux et d'avertir quelqu'un de vos plans. Une fois à bord, il est préférable de vous asseoir près d'une porte que vous pourriez ouvrir en cas de problème. Demandez toujours au conducteur où il se rend plutôt que d'annoncer votre destination en premier. Fiez-vous à votre instinct, ne montez pas en voiture si vous ne le "sentez" pas, et descendez au moindre doute. Pour plus de conseils et d'informations sur le sujet, consultez le site www.hitchhikers.org.

Transports locaux

La plupart des villes monténégrines, même la capitale, sont suffisamment petites pour être explorées à pied. Podgorica est la seule à être dotée d'un réseau de bus (80 cts le trajet). On trouve des taxis dans la plupart des villes. En l'absence de compteur, convenez du prix de la course à l'avance. À Budva, certains taxis règlent leurs compteurs à des taux abusifs, demandez à ce que l'on vous dépose si vous soupçonnez une escroquerie.

Train

Les **chemins de fer du Monténégro** (Željeznica Crne Gore ; www.zpcg.me) proposent une ligne partant de Bar, au sud du pays et le traversant vers le nord jusqu'en Serbie ; Virpazar, Podgorica, Kolašin et Mojkovac sont notamment desservies le long du trajet. Une deuxième ligne relie le Nord-Ouest au départ de Podgorica, en direction de Danilovgrad et Nikšić.

Les trains sont vieux et il y fait parfois très chaud l'été, mais les prix sont bas et le parcours à travers les montagnes est spectaculaire.

Langue

Le monténégrin appartient au groupe occidental des langues slaves du Sud. Il diffère peu des autres langues de ce groupe (serbe, croate et bosniaque), avec lesquelles il ne présente que de légères variations de prononciation et de vocabulaire.

Les alphabets latin et cyrillique sont tous deux employés au Monténégro. Il est conseillé de vous familiariser avec ce dernier car vous pourriez en avoir besoin pour lire un menu, des horaires ou un panneau – voir l'encadré page ci-contre.

En lisant nos transcriptions phonétiques comme si vous lisiez du français, vous devriez être compris. Les syllabes accentuées sont indiquées en italique ; l'accent tombe généralement sur la première syllabe du mot.

Certains mots ont une forme masculine et une forme féminine, nous l'avons précisé au moyen des lettres "m" et "f". Les formules de vouvoiement "v"et de tutoiement "t"ont également été signalées le cas échéant.

CIVILITÉS ET EXPRESSIONS DE BASE

Bonjour.	*Zdravo.*	zdra·vo
Au revoir.	*Do viđenja.*	do vi·dje·nya
Oui.	*Da.*	da
Non.	*Ne.*	ne
S'il vous plaît.	*Molim.*	mo·lim
Merci.	*Hvala.*	hva·la
Je vous en prie	*Nema na čemu.*	ne·ma na tche·mou
Excusez-moi.	*Oprostite.*	o·pro·sti·te
Pardon.	*Žao mi je.*	za·o mi ye

Comment allez-vous ?
Kako ste/si? (v/t) — ka·ko ste/si

Bien. Et vous ?
Dobro. A vi/ti? (v/t) — do·bro a vi/ti

Je m'appelle ...
Zovem se ... — zo·vem se ...

Comment vous appelez-vous ?
Kako se zovete/zoveš? (v/t) — ka·ko se zo·ve·te/zo·vech

Parlez-vous (anglais) ?
Govorite/Govoriš li (engleski)? (v/t) — go·vo·ri·te/go·vo·rich li (en·gle·ski)

Je (ne) comprends (pas).
(Ne) Razumijem. — (ne) ra·zou·mi·yem

HÉBERGEMENT

Avez-vous une chambre libre ?
Imate li slobodnih soba? — i·ma·te li slo·bod·ni so·ba

Le petit-déjeuner est-il compris ?
Da li je doručak uključen? — da li ye do·rou·tchak ouk·lyou·tchen

Combien coûte-t-elle (par nuit/par personne) ?
Koliko košta (za noć/po osobi)? — ko·li·ko koch·ta (za notch/po o·so·bi)

Avez-vous une chambre ?	*Imate li ... sobu?*	i·ma·te li ... so·bou
simple	*jednokrevetnu*	yed·no·kre·vet·nou
double	*dvokrevetnu*	dvo·kre·vet·nou
climatisation	*klima-uređaj*	kli·ma·ou·re·djai
salle de bains	*kupatilo*	kou·pa·ti·lo
lit	*krevet*	kre·vet
camping	*kamp*	kamp
lit d'enfant	*dječji krevet*	dyetch·yi kre·vet
pension	*privatni smještaj*	pri·vat·ni smyech·tai

hôtel	*hotel*	ho·tel
Wi-Fi	*bežični internet*	be·zhitch·ni in·ter·net
fenêtre	*prozor*	pro·zor
auberge de jeunesse	*omladinsko prenoćište*	om·la·din·sko pre·no·chich·te

DIRECTIONS

Où est ...? *Gdje je ...?* gdye ye ...

Quelle est l'adresse ?
Koja je adresa? ko·ya ye a·dre·sa

Pouvez-vous me montrer (sur la carte) ?
Možete li da mi pokažete (na mapi)? mo·zhe·te li da mi po·ka·zhe·te (na ma·pi)

à l'angle	*na uglu*	na ou·glou
au feu	*na semaforu*	na se·ma·fo·rou
derrière	*iza*	i·za
devant	*ispred*	is·pred
loin (de)	*daleko (od)*	da·le·ko (od)
gauche	*lijevo*	li·ye·vo
près	*blizu*	bli·zou
près de	*pored*	po·red
en face	*nasuprot*	na·sou·prot
droite	*desno*	de·sno
tout droit	*pravo naprijed*	pra·vo na·pri·yed

AU RESTAURANT

Que me recommandez-vous ?
Šta biste preporučili? chta bi·ste pre·po·rou·tchi·li

Je suis végétarien(ne).
Ja sam vegetarijanac/ vegetarijanka (m/f) ya sam ve·ge·ta·ri·ya·nats / ve·ge·ta·ri·yan·ka

C'était délicieux !
To je bilo izvrsno! to ye bi·lo iz·vr·sno

Pouvez-vous m'apporter la carte/l'addition ?
Molim vas donesite jelovnik/račun. mo·lim vas do·ne·si·te ye·lov·nik/ra·tchoun

Je voudrais une table pour ...	*Htio/Htjela (m/f) bih sto za ...*	hti·o/ htye·la bi sto za ...
(huit) heures	*(osam) sati*	(o·sam) sa·ti
(deux) personnes	*(dvoje) ljudi*	(dvo·ye) lyou·di

Je ne mange pas de ... *Ne jedem ...* ne ye·dem ...

- **poisson** *ribu* ri·bou
- **viande** *meso* me·so
- **noix** *orahe* o·ra·he

ALPHABET CYRILLIQUE

En 2009, deux nouvelles lettres – indiquées ci-dessous par un astérisque (*) – ont été introduites dans l'alphabet monténégrin.

А а	a	"a" comme dans "papa"
Б б	b	"b" comme dans "bébé"
В в	v	"v" comme dans "verre"
Г г	g	"g" comme dans "goût"
Д д	d	"d" comme dans "dur"
Ђ ђ	j	"dj" comme dans "jazz"
Е е	e	"é" comme dans "blé" ou "è" comme dans "brève"
Ж ж	zh	"j" comme dans "jaune"
З з	z	"z" comme dans "zoo"
*** З́ з́**		zh mouillé ("jie")
И и	i	"i" comme dans "marine"
Ј ј	y	"ie" comme dans "lieu"
К к	k	"k" comme dans "képi"
Л л	l	"l" comme dans "lampe"
Љ љ	ly	"lli" comme dans "million"
М м	m	"m" comme dans "main"
Н н	n	"n" comme dans "nous"
Њ њ	ny	"nie" comme dans "canyon"
О о	o	"o" comme dans "olive"
П п	p	"p" comme dans "paire"
Р р	r	"r" comme dans "route" mais roulé
С с	s	"s" comme dans "son"
*** С́ с́**		sh mouillé (comme dans "chien")
Т т	t	"t" comme dans "table"
Ћ ћ	tch	"tch" comme dans "Tchèque"
У у	ou	"ou" comme dans "loup"
Ф ф	f	"f" comme dans "flan"
Х х	h	"h" comme dans "haut"
Ц ц	ts	"ts" comme dans "tsar"
Ч ч	tch	"tch" comme dans "Tchèque"
Џ џ	j	"j" comme dans "jaune"
Ш ш	ch	"ch" comme dans "chat"

Mots-clés

assiette	*tanjir*	ta·nyir
bar	*bar*	bar
bouteille	*boca*	bo·tsa
café	*kafić*	ka·fich
chaud	*toplo*	top·lo
couteau	*nož*	nozh
cuillère	*kašika*	ka·chi·ka

Panneaux

Ulaz	Entrée
Izlaz	Sortie
Ženski	Dames
Muški	Messieurs
Otvoreno	Ouvert
Zatvoreno	Fermé
Zabranjeno	Interdit
Toaleti/WC	Toilettes/WC

déjeuner	*ručak*	rou·tchak
dîner	*večera*	ve·tche·ra
fourchette	*viljuška*	vi·lyouch·ka
froid	*hladno*	hlad·no
petit-déjeuner	*doručak*	do·rou·tchak
restaurant	*restoran*	re·sto·ran
verre	*čaša*	tcha·cha

Viandes et poissons

agneau	*jagnjetina*	yag·nye·ti·na
bœuf	*govedina*	go·ve·di·na
cabillaud	*bakalar*	ba·ka·lar
calamar	*lignje*	lig·nye
carpe	*šaran*	cha·ran
colin	*oslić*	o·slich
crabe	*račići*	ra·tchi·chi
crevettes	*škampi*	chkam·pi
dinde	*ćuretina*	chou·re·ti·na
homard	*jastog*	ya·stog
huître	*školjke*	chkoly·ke
jambon	*šunka*	choun·ka
moules	*dagnje*	dag·nye
porc	*svinjetina*	svi·nye·ti·na
poulet	*piletina*	pi·le·ti·na
saucisse	*kobasica*	ko·ba·si·tsa
saumon	*losos*	lo·sos
truite	*pastrmka*	pas·trm·ka
veau	*teletina*	te·le·ti·na

Fruits et légumes

abricot	*kajsija*	kaï·si·ya
banane	*banana*	ba·na·na
betterave	*cvekla*	tsve·kla
carotte	*šargarepa*	char·ga·re·pa
cerise	*višnja*	vich·nya
champignons	*pečurke*	pe·tchour·ke
chou	*kupus*	kou·pous
chou-fleur	*karfiol*	kar·fi·ol
citron	*limun*	li·moun
concombre	*krastavac*	kra·sta·vats
épinards	*spanać*	spa·nach
figue	*smokva*	smok·va
fraise	*jagoda*	ya·go·da
haricots	*pasulj*	pa·souly
laitue	*zelena salata*	ze·le·na sa·la·ta
melon	*dinja*	di·nya
oignon	*crni luk*	tsr·ni louk
olives	*masline*	mas·li·ne
orange	*pomorandža*	po·mo·ran·ja
pastèque	*lubenica*	lou·be·ni·tsa
pêche	*breskva*	bres·kva
petits pois	*grašak*	gra·chak
poire	*kruška*	krou·chka
pomme	*jabuka*	ya·bou·ka
poivron	*paprika*	pa·pri·ka
prune	*šljiva*	chlyi·va
pomme de terre	*krompir*	krom·pir
raisin	*grožđe*	grozh·je
tomate	*paradajz*	pa·ra·daïz

Autres

fromage	*sir*	sir
œuf	*jaje*	ya·ye
miel	*med*	med
pain	*hljeb*	hlyeb
poivre	*biber*	bi·ber
riz	*pirinač*	pi·ri·natch
sel	*so*	so
sucre	*šećer*	chi·cher

Boissons

bière	*pivo*	pi·vo
café	*kafa*	ka·fa
eau minérale	*mineralna voda*	mi·ne·ral·na vo·da
(fruit) jus	*(voćni) sok*	(voch·ni) sok
lait	*mljeko*	mlye·ko
thé	*čaj*	tchaï
vin (rouge/blanc)	*vino (crno/bijelo)*	vi·no (tsr·no/ bye·lo)

URGENCES

Au secours ! *Upomoć!* ou·po·moch

Laissez-moi !
Ostavite me na miru! o·sta·vi·te me na *mi*·rou

Je suis perdu/e.
Izgubio/ Izgubila sam se (m/f) iz·*gou*·bi·o/ iz·*gou*·bi·la sam se

Appelez un médecin !
Zovite ljekara! *zo*·vi·te lye·*ka*·ra

Appelez la police !
Zovite policiju! *zo*·vi·te po·*li*·tsi·you

Je suis malade.
Ja sam bolestan/ bolesna. (m/f) ya sam *bo*·le·stan/ *bo*·le·sna

Je suis allergique à...
Ja sam alergičan/ alergična na (m/f) ya sam a·*ler*·gi·tchan/ a·*ler*·gitch·na na ...

Où sont les toilettes ?
Gdje su toaleti? gdye sou to·a·*le*·ti

COMMERCES ET SERVICES

J'aimerais acheter ...
Želim da kupim ... *zhe*·lim da *kou*·pim ...

Je ne fais que regarder.
Samo razgledam. *sa*·mo *raz*·gle·dam

Puis-je voir ?
Mogu li da pogledam? *mo*·gou li da *po*·gle·dam

Combien cela coûte-t-il ?
Koliko košta? ko·*li*·ko *koch*·ta

C'est trop cher.
To je preskupo. to ye *pre*·skou·po

Avez-vous quelque chose de moins cher ?
Imate li nešto jeftinije? *i*·ma·te li *nech*·to yef·*ti*·ni·ye

Il y a une erreur dans l'addition.
Neka je greška na računu. *ne*·ka ye *grech*·ka na *ra*·tchou·nou

banque	*banka*	*ban*·ka
marché	*pijaca*	*pi*·ya·tsa
poste	*pošta*	*poch*·ta

office du tourisme
turistički biro tou·*ri*·stitch·ki *bi*·ro

Pronoms interrogatifs

Comment ?	*Kako?*	*ka*·ko
Que ?	*Šta?*	chta
Quand ?	*Kada?*	*ka*·da
Où ?	*Gdje?*	gdye
Qui ?	*Ko?*	ko
Pourquoi ?	*Zašto?*	*za*·chto

JOURS ET HEURES

Quelle heure est-il ?
Koliko je sati? ko·*li*·ko ye *sa*·ti

Il est (10) heures.
(Deset) je sati. (*de*·set) ye *sa*·ti

(10 heures) et demie.
(Deset) i po. (*de*·set) i po

matin	*jutro*	*you*·tro
après-midi	*poslijepodne*	*po*·sli·ye·*pod*·ne
soir	*veče*	*ve*·tche
hier	*juče*	*you*·tche
aujourd'hui	*danas*	*da*·nas
demain	*sjutra*	*syou*·tra

lundi	*ponedjeljak*	po·*ne*·dye·lyak
mardi	*utorak*	*ou*·to·rak
mercredi	*srijeda*	sri·*ye*·da
jeudi	*četvrtak*	tchet·*vr*·tak
vendredi	*petak*	*pe*·tak
samedi	*subota*	*sou*·bo·ta
dimanche	*nedjelja*	*ne*·dye·lya

janvier	*januar*	*ya*·nou·ar
février	*februar*	*feb*·rou·ar
mars	*mart*	mart
avril	*april*	*ap*·ril
mai	*maj*	maï
juin	*jun*	youn
juillet	*jul*	youl
août	*avgust*	*av*·goust
septembre	*septembar*	*sep*·tem·bar
octobre	*oktobar*	*ok*·to·bar
novembre	*novembar*	*no*·vem·bar
décembre	*decembar*	*de*·tsem·bar

TRANSPORTS

Transports publics

avion	*avion*	a·*vi*·on
bateau	*brod*	brod
bus	*autobus*	a·ou·*to*·bous
train	*voz*	voz

Je souhaite me rendre à (Dubrovnik).
Htio/Htjela bih (m/f) *da idem u (Dubrovnik).* *hti*·o/*htye*·la bih da *i*·dem ou (*dou*·brov·nik)

S'arrête-t-il à (Budva) ?
Staje li u (Budvi)? *sta*·ye li ou (*boud*·vi)

Nombres

1	*jedan*	ye·dan
2	*dva*	dva
3	*tri*	tri
4	*četiri*	tche·ti·ri
5	*pet*	pet
6	*šest*	chest
7	*sedam*	se·dam
8	*osam*	o·sam
9	*devet*	de·vet
10	*deset*	de·set
20	*dvadeset*	dva·de·set
30	*trideset*	tri·de·set
40	*četrdeset*	tche·tr·de·set
50	*pedeset*	pe·de·set
60	*šezdeset*	chez·de·set
70	*sedamdeset*	se·dam·de·set
80	*osamdeset*	o·sam·de·set
90	*devedeset*	de·ve·de·set
100	*sto*	sto
1000	*hiljadu*	hi·lya·dou

À quelle heure part-il ?
U koliko sati kreće? — ou ko·li·ko sa·ti kre·tche

À quelle heure arrive-t-il à (Podgorica) ?
U koliko sati stiže u (Podgoricu)? — ou ko·li·ko sa·ti sti·zhe ou (pod·go·ri·tsou)

Pouvez m'indiquer lorsque l'on arrive à (Cetinje) ?
Možete li mi reći kada stignemo do (Cetinja)? — mo·zhe·te li mi re·chi ka·da stig·ne·mo do (tse·ti·nya)

Je souhaite descendre à (Kotor).
Želim da izađem u (Kotoru). — zhe·lim da i·za·jem ou (ko·to·rou)

Un billet...	*Jednu... kartu.*	yed·nou ... kar·tou
1re classe	*prvo-razrednu*	pr·vo·raz·red·nou
2e classe	*drugo-razrednu*	drou·go·raz·red·nou
aller	*jedno smjernu-*	yed·no·smyer·nou
retour	*povratnu*	po·vrat·nou

premier	*prvi*	pr·vi
dernier	*poslednji*	pos·led·nyi
siège côté couloir	*sjedište do prolaza*	sye·dich·te do pro·la·za
quai	*peron*	pe·ron
billetterie	*blagajna*	bla·gaï·na
horaires	*red vožnje*	red vozh·nye
gare	*stanica*	sta·ni·tsa
siège côté fenêtre	*sjedište do prozora*	sye·dich·te do pro·zo·ra

Voiture et vélo

Je souhaiterais louer un/une...	*Htio/Htjela (m/f) bih da iznajmim ...*	hti·o/ htye·la bih da iz·naï·mim ...
jeep	*džip*	jip
moto	*motocikl*	mo·to·tsi·kl
vélo	*bicikl*	bi·tsi·kl
voiture	*auto*	a·ou·to

pompe à vélo	*pumpa za bicikl*	poum·pa za bi·tsi·kl
siège enfant	*sjedište za dijete*	sye·dich·te za di·ye·te
diesel	*dizel gorivo*	di·zel go·ri·vo
casque	*kaciga*	ka·tsi·ga
mécanicien	*auto-mehaničar*	a·ou·to·me·ha·ni·tchar
essence	*benzin*	ben·zin
station-service	*benziska stanica*	ben·zin·ska sta·ni·tsa

Est-ce la bonne route pour (Herceg Novi) ?
Je li ovo put za (Herceg Novi)? — ye li o·vo pout za (her·tseg no·vi)

(Combien de temps) Puis-je me garer ici ?
(Koliko dugo) Mogu ovdje da parkiram? — (ko·li·ko dou·go) mo·gou ov·dye da par·ki·ram

La voiture/moto est tombée en panne (à Bar).
Automobil/ Motocikl se pokvario (u Baru). — a·ou·to·mo·bil/ mo·to·tsi·kl se pok·va·ri·o (ou ba·rou)

J'ai besoin d'un mécanicien.
Treba mi automehaničar. — tre·ba mi a·ou·to·me·ha·ni·tchar

Mon pneu est à plat.
Imam probušenu gumu. — i·mam pro·bou·chi·nou gou·mou

Je n'ai plus d'essence.
Nestalo mi je benzina. — ne·sta·lo mi ye ben·zi·na

J'ai perdu les clés.
Izgubio/Izgubila (m/f) sam ključeve. — iz·gou·bi·o/iz·gou·bi·la sam klyou·tche·ve

GLOSSAIRE

aerodrom – *aéroport*

autocamp – *camping pour tentes et caravanes*

Avars – *peuple d'Europe de l'Est qui combattit l'Empire byzantin du VIe au IXe siècle*

bb – *dans une adresse, les lettres bb apposées à un nom de rue (par ex. Jadranski Put bb) signifient bez broja (sans numéro), et indiquent que le bâtiment n'a pas de numéro*

Bokelj – *habitant de Boka Kotorska (bouches de Kotor)*

Bosniaque – *musulman slave, pas nécessairement originaire de Bosnie*

burek – *pâtisserie salée fourrée à la viande ou au fromage*

čaršija – *vieux marché*

Cattaro – *nom vénitien de Kotor*

ćevapčići – *petite saucisse épicée (au bœuf ou au porc)*

čojstvo i junaštvo – *littéralement "humanité et bravoure" (la devise de la chevalerie monténégrine)*

crkva – *église*

Crna Gora – *nom monténégrin du Monténégro (littéralement "montagne noire")*

Dom kulture – *centre culturel*

Dom zdravlja – *centre médical*

donji (m), donja (f) – *plus bas*

Duklja – *ancien État serbe considéré comme le prédécesseur du Monténégro*

džamija – *mosquée*

galerija – *galerie*

garderoba – *bureau des objets perdus*

Glagolitic – *ancien alphabet slave (ancêtre de l'alphabet cyrillique) inventé par les Grecs Cyrille et Méthode*

gora – *montagne*

gornji (m), gornja (f) – *plus haut*

gorske oči – *littéralement "yeux de la montagne" ; désigne les lacs glaciaires dans les régions montagneuses*

grad – *ville*

guslar – *ménestrel narrant des épopées en s'accompagnant de la gusle*

gusle – *instrument traditionnel à une corde*

hajduk – *brigand originaire des Balkans à l'époque ottomane*

hammam – *bains turcs*

Hitna pomoć – *service des urgences*

Illyriens – *peuple de la côte adriatique, vaincu par les Romains au IIe siècle av. J.-C.*

ispod sača – *(viande) cuite entre deux feux (le plat est surmonté d'un couvercle en métal recouvert de braises)*

jezero – *lac*

karst – *roche calcaire très poreuse*

katun – *refuge de montagne traditionnel des bergers*

klapa – *chant traditionnel a cappella originaire de Dalmatie*

klima – *climatisation*

kolo – *ronde traditionnelle slave, avec alternativement un homme et une femme*

konoba – *terme désignant autrefois un petit restaurant (taverne), souvent aménagé dans une cave ; il s'applique désormais à une grande variété d'établissements simples, tenus par une famille*

kula – *habitation massive aux allures de tour édifiée pour se défendre contre les pillages*

mali (m), mala (f) – *petit/e*

manastir – *monastère*

most – *pont*

muzej – *musée*

novi (m), nova (f) – *nouveau/nouvelle*

obala – *front de mer*

oro – *ronde traditionnelle monténégrine*

ostrvo – *île*

palačinke – *crêpes*

partisans – *combattants de la résistance communiste durant la Seconde Guerre mondiale.*

pivo – *bière*

plaža – *plage*

polje – *champ*

pršut – *jambon fumé*

put – *chemin, route, sentier*

rakija – *eau-de-vie*

ražnjići – *brochette de porc grillée*

restoran – *restaurant*

rijeka – *rivière*

rruga – *terme albanais pour "rue" (utilisé dans les noms de rue d'Ulcinj)*

šetalište – *trottoir*

sladoled – *glace*

sobe (pl) – *chambres (en location)*

stara maslina – *littéralement "vieille olive", désigne un arbre célèbre vieux de 2 000 ans à Bar*

stari (m), stara (f) – *vieux/vieille*

Stari Grad – *vieille ville*

stećci – *mystérieux monuments funéraires de pierre gravés datant du Moyen Âge que l'on retrouve un peu partout dans le nord du Monténégro*

sveti (m), sveta (f) – *saint/e*

trg – *place*

turbofolk – *type de musique serbe entre le folk et la pop*

ulica – *rue*

veliki (m), velika (f) – *grande/e*

vladika – *prince-évêque*

vrh – *sommet*

Zakonik – *code juridique (terme historique)*

Zdravstvena stanica – *centre médical ou hôpital*

Zeta – *ancien État serbe considéré comme le prédécesseur du Monténégro*

En coulisses

VOS RÉACTIONS ?

Vos commentaires nous sont très précieux et nous permettent d'améliorer constamment nos guides. Notre équipe lit toutes vos lettres avec la plus grande attention. Nous ne pouvons pas répondre individuellement à tous ceux qui nous écrivent, mais vos commentaires sont transmis aux auteurs concernés. Tous les lecteurs qui prennent la peine de nous communiquer des informations sont remerciés dans l'édition suivante, et ceux qui nous fournissent les renseignements les plus utiles se voient offrir un guide.

Pour nous faire part de vos réactions, prendre connaissance de notre catalogue et vous abonner à notre newsletter, consultez notre site Internet : **www.lonelyplanet.fr**

Nous reprenons parfois des extraits de notre courrier pour les publier dans nos produits, guides ou sites web. Si vous ne souhaitez pas que vos commentaires soient repris ou que votre nom apparaisse, merci de nous le préciser. Notre politique en matière de confidentialité est disponible sur notre site Internet.

UN MOT DES AUTEURS

Peter Dragičević

Je remercie toutes les personnes merveilleuses qui m'ont aidé sur le terrain au Monténégro, en particulier Ivica Erdelja, Hayley Wright et Jack Delf, Emma et Ben Heywood, Krstinja Petranović, Danica Ćeranić et Matthew Lane. Je suis également extrêmement reconnaissant envers James et Lorraine Hedderman, Tim Benzie et Kerri Tyler pour leurs contributions avant et après le voyage.

Vesna Marić

Un grand merci à Rafael, Frida et ma mère, ainsi qu'à Sanja, Jon, et au bel Irian, de Dubrovnik.

REMERCIEMENTS

Données de la carte des climats adaptées de Peel MC, Finlayson BL & McMahon TA (2007) 'Updated World Map of the Köppen-Geiger Climate Classification', Hydrology and Earth System Sciences, 11, 1633-44.

Extrait (p. 154) de la chanson *Euro Neuro* © Rambo Amadeus 2012. Reproduit avec l'aimable autorisation de l'éditeur.

Photo de couverture : forteresse Kastio, Petrovac, © Johanna Huber/4Corners

À PROPOS DE CET OUVRAGE

Cette 1re édition française du guide Monténégro est la traduction de la 2e édition en anglais du guide *Montenegro* de Lonely Planet, écrite par Peter Dragičević. Vesna Marić a rédigé le chapitre sur Dubrovnik. La 1re édition anglaise avait été écrite par les mêmes auteurs. Le chapitre *Histoire* est signé Will Gourlay.

Traduction Aurélie Belle, Anne Caron, Xavière Quillien

Direction éditoriale Didier Férat

Coordination éditoriale Dominique Bovet

Responsable prépresse Jean-Noël Doan

Maquette Marie Dautet

Cartographie Caroline Sahanouk

Couverture Annabelle Henry

Remerciements à Charlotte Bories, Christiane Mouttet et Sylvie Rabuel pour leur contribution au texte. Merci à Sarah Arfaoui pour son travail de référencement. Enfin, un grand merci à Dominique Spaety ; sans oublier Darren O'Connell, Chris Love, Craig Kilburn, Carol Jackson, Sally Darmody et Jacqui Saunders du bureau australien, et Clare Mercer, Tracey Kislingbury, Joe Revill et Luan Angel du bureau londonien.

Index

INDEX DES ENCADRÉS

Légende des cartes

À voir
- Château
- Monument
- Musée/galerie/édifice historique
- Ruines
- Église
- Mosquée
- Synagogue
- Temple bouddhiste
- Temple confucéen
- Temple hindou
- Temple jaïn
- Temple shintoïste
- Temple sikh
- Temple taoïste
- Sentō (bain public)
- Cave/vignoble
- Plage
- Réserve ornithologique
- Zoo
- Autre site

Activités, cours et circuits organisés
- Bodysurfing
- Plongée/snorkeling
- Canoë/kayak
- Cours/circuits organisés
- Ski
- Snorkeling
- Surf
- Piscine/baignade
- Randonnée
- Planche à voile
- Autres activités

Où se loger
- Hébergement
- Camping

Où se restaurer
- Restauration

Où prendre un verre
- Bar
- Café

Où sortir
- Salle de spectacle

Achats
- Magasin

Renseignements
- Banque
- Ambassade/consulat
- Hôpital/centre médical
- Accès Internet
- Police
- Bureau de poste
- Centre téléphonique
- Toilettes
- Office du tourisme
- Autre adresse pratique

Géographie
- Plage
- Refuge/gîte
- Phare
- Point de vue
- Montagne/volcan
- Oasis
- Parc
- Col
- Aire de pique-nique
- Cascade

Agglomérations
- Capitale (pays)
- Capitale (région/État/province)
- Grande ville
- Petite ville/village

Transports
- Aéroport
- Poste frontière
- Bus
- Téléphérique/funiculaire
- Piste cyclable
- Ferry
- Métro
- Monorail
- Parking
- Station-service
- Station de métro
- Taxi
- Gare/chemin de fer
- Tramway
- U-Bahn
- Autre moyen de transport

Les symboles recensés ci-dessus ne sont pas tous utilisés dans ce guide

Routes
- Autoroute à péage
- Voie rapide
- Nationale
- Route secondaire
- Petite route
- Chemin
- Route non goudronnée
- Route en construction
- Place/rue piétonne
- Escalier
- Tunnel
- Passerelle
- Promenade à pied
- Promenade à pied (variar
- Sentier

Limites et frontières
- Pays
- État/province
- Frontière contestée
- Région/banlieue
- Parc maritime
- Falaise
- Rempart

Hydrographie
- Fleuve/rivière
- Rivière intermittente
- Canal
- Étendue d'eau
- Lac asséché/salé/intermittent
- Récif

Topographie
- Aéroport/aérodrome
- Plage/désert
- Cimetière (chrétien)
- Cimetière (autre)
- Glacier
- Marais/mangrove
- Parc/forêt
- Site (édifice)
- Terrain de sport

LES GUIDES LONELY PLANET

Une vieille voiture déglinguée, quelques dollars en poche et le goût de l'aventure, c'est tout ce dont Tony et Maureen Wheeler eurent besoin pour réaliser, en 1972, le voyage d'une vie : rallier l'Australie par voie terrestre via l'Europe et l'Asie. De retour après un périple harassant de plusieurs mois, et forts de cette expérience formatrice, ils rédigèrent sur un coin de table leur premier guide, *Across Asia on the Cheap*, qui se vendit à 1 500 exemplaires en l'espace d'une semaine. Ainsi naquit Lonely Planet, qui possède aujourd'hui des bureaux à Melbourne, Londres et Oakland, et emploie plus de 600 personnes. Nous partageons l'opinion de Tony, pour qui un bon guide doit à la fois informer, éduquer et distraire.

NOS AUTEURS

Peter Dragičević

Auteur coordinateur ; Baie de Kotor, Côte adriatique, Centre du Monténégro, Montagnes du Nord Après avoir travaillé une dizaine d'années pour des journaux et des magazines dans sa Nouvelle-Zélande natale et en Australie, Peter a cédé à son envie de voir le monde. Il a quitté son emploi pour partir aux antipodes, à la recherche de ses diverses racines à travers l'Europe. Si ce sont les liens familiaux qui l'ont attiré dans les Balkans la première fois, ce sont désormais l'histoire, la beauté naturelle, la politique complexe, le *rakija* bon marché et, surtout, les habitants fascinants, qui le poussent à y retourner. Il a rédigé la première édition de ce guide alors que le pays venait d'obtenir son indépendance et il a contribué à des dizaines d'autres titres de Lonely Planet, notamment à quatre éditions successives du guide *Eastern Europe*.

Auteur contributeur

Vesna Marić a rédigé le chapitre Dubrovnik (Croatie). Née en Bosnie-Herzégovine, quand elle faisait encore partie de la Yougoslavie, Vesna n'a jamais considéré la Croatie comme un pays étranger. Amoureuse depuis toujours des plages, des pins, de la cuisine et du vin de la Dalmatie, ce fut pour elle un véritable plaisir de travailler à ce chapitre.

Monténégro
1re édition
Traduit et adapté de l'ouvrage *Montenegro, 2nd edition, June 2013*

Dépôt légal juillet 2013
ISBN 978-2-81613-362-2

Imprimé par IME (Imprimerie Moderne de l'Est), Baume-les-Dames, France

En Voyage Éditions | un département place des éditeurs